교회교육을 위한

은혜의 수단

교회교육을 위한

은혜의 수단

정택은 지음

삼원서원

목마른 사슴 시냇물을 찾아 헤매이듯이 내 영혼 주를 찾기에 갈급하나
이다. (시 42:1)

늘 진리 앞에서 부족해 하고 목말라하는 연약한 자를 세우셔서 강하
고 담대하게 주의 일을 감당케 하신 하나님의 은혜에 감사드립니다.

감리교회에서 목회를 하며 또한 다양한 목회 현장을 기자記者의 눈
으로 조망하며 이런저런 글을 쓰는 가운데 특별히 교회 교육에 대한
희망과 안타까움을 느끼곤 했습니다. 교회학교 어린이들의 초롱초롱
한 눈에서 희망을 보았지만, 이를 지도해야할 교회학교 관계자들의
부족에서 안타까움을 느꼈습니다. 교회학교 교사들의 열정과 헌신은
부족함이 없었지만 이들의 수고와 헌신을 뒷받침할 교육적, 행정적
지원은 너무나 부족했기 때문입니다. 또한 아이들의 교육 수준과 신
앙 수준을 고려하지 않고 일괄적으로 진행되는 교회학교 교육은 한국
교회의 미래를 짊어질 차세대를 양육하기에는 너무나 부족하다는 생
각이 들었습니다.

이런 생각들로 고민할 때 존 웨슬리는 저에게 길 잃은 배가 멀리서
반짝이는 등대의 빛을 만나는 순간과도 같았습니다. 특별히 그의 구
원론과 이를 추구하기 위한 은혜의 수단(means of grace)은 교회교육이
무엇을 추구하며 나아가야 하는지를 제시하는 불빛이었습니다. 부족
한 필력이지만 이를 소개하고픈 마음이 생겼고 교회교육을 위한 작은

도움이 되었으면 하는 바람을 담아 이 책을 출간하게 되었습니다.

진리를 사모하게 하시고, 위대한 신앙의 선배들의 발자취를 더듬으며 기웃거리던 우둔한 자에게 존 웨슬리의 열정을 만나게 하시고, 그 열정의 흔적을 더듬으며 조금씩 목말랐던 갈증이 해소되는 느낌을 받고 즐거워했던 나 자신을 떠올리게 됩니다.

웨슬리에 대한 작은 작업을 마치자마자 이제 새롭게 또 시작해야겠다는 느낌이 동시에 드는 것은 그만큼 존 웨슬리의 품이 너무나 크기 때문이라고 생각됩니다. 계속해서 그 품속에서 느낄 것들을 생각하니 벌써부터 행복합니다.

나는 감리교회를 사랑합니다. 내가 사랑하는 감리교회를 위해, 특별히 감리교회를 든든히 세우는 교회교육을 위해 미약하나마 도움이 되도록 노력할 것입니다.

내게 능력 주시는 자 안에서 내가 모든 것을 할 수 있느니라.(빌 4:13)

2012년 10월

정택은

차 례 ～

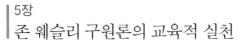

📌 1장
들어가는 말

1. 연구의 의의 및 목적

현재 한국 교회의 기독교 교육에 대한 우려의 목소리가 높아지고 있다. 포스트모더니즘의 영향과 다원주의 및 상대주의의 영향으로 갈수록 기독교 진리를 주장하는 목소리가 약화되면서 기독교 신앙을 가르치는 교육 현장에서도 어려움을 토로하고 있다.

또한 기독교 내부적으로 그동안 문자적 신앙 이해와 성경 지식 위주의 교회교육이 한계에 부딪히면서 신앙적 지식을 삶 속에서 실천하고 적용할 수 있는 실천적 지침이 부족하다는 지적이 있어 왔다.

이는 비단 기독교 교육 분야의 문제만이 아니라 한국 교회 전체가 위기의식을 갖고 해법을 모색해야 할 과제임에 분명하다. 이원규는 한국 교회가 최근 교인 감소 및 교회폐쇄 등과 같이, 쇠퇴의 길로 접어들고 있는 배경에는 교회가 교회답지 못하고, 교인이 교인답지 못하게 된 현실에 근거하고 있다고 지적한다.[1] 한국 교회와 교인들이 자신들의 삶의 자리에서 신앙인으로서 빛과 소금의 역할을 다하는 참된 그

---

1 이원규, 『한국 교회 어디로 가고 있나』 (서울: 대한기독교서회, 2000), 276.

리스도인, 즉 실천적인 신앙인의 모습을 보여주지 못하고 있기 때문이다.

토머스 그룸Thomas H. Groome은 기독교 교육은 과거와 현재와 미래의 세 가지 시제가 공존하는 활동이라고 말했다. 기독교 교육은 현재에서 과거와 미래를 동시에 관조하면서 살도록 도와주는 독특한 교육방식이라고 말한다. 그런데 우리가 살아 왔고 살고 있는, 과거와 현재도 중요하지만, 기독교 공동체의 미래인 차세대를 제대로 준비시키지 않으면 기독교의 미래는 불투명할 수밖에 없다. 그래서 한미라는 '차세대 교육의 의무'를 기독교 교육의 중요한 기능 중 하나라고 강조하고 있다.[2]

그런데 어떤 차세대를 양육할 것인가를 먼저 논의할 필요가 있다. 이는 단지 머리로만 신의 존재를 인식하고 가슴은 냉기로 가득 찬 이기적 인간의 육성이 아니라, 따뜻한 마음을 가진 전인적 인격체로서의 차세대를 양성하는 것을 뜻하며, 그것이 바로 이 시대 기독교 교육자들의 당면 과제일 것이다.

이와 같은 기독교 교육의 시대적 과제를 수행하기 위해서는 무엇보다도 기독교 신앙의 기본에 충실한 교육의 방향이 제시되어야 한다. 나는 그것을 '인간 구원'의 본질에 대한 교육에서 찾고자 한다.

내가 그 방안을 감리교회의 창시자인 존 웨슬리John Wesley의 구원론으로부터 탐색하고자 하는 데는 다음과 같은 이유 때문이다. 인간 구원을 주장한 많은 선구자들 중에 존 웨슬리를 택한 것은 그의 구원 이해가 다른 사람들의 그것보다도 더 발달 단계를 고려한 것으로써 차세대를 기독교 신앙으로 인도하는 데 적합하다고 판단되었으며, 무엇보다도 내가 속한 교파이기 때문이다.

존 웨슬리는 실제로 교육에 지대한 관심을 가지고 있었고, 이를 삶

---

2 한미라 외, 『기독교 교육 개론』 (서울: 대한기독교서회, 2006), 58.

속에서 적용하고자 노력한 실천가였다. 존 웨슬리는 또한 옥스퍼드 대학Oxford University의 신성클럽holy club을 통해 자신의 교육적 관심을 삶에서 적용하고, 실천하고자 노력했던 사람이었다. 교육에 대한 그의 지속적인 관심은 브리스틀Bristol 지역의 킹스우드Kingswood 학교를 설립하는 계기가 되었으며, 이러한 교육적 관심과 실천을 통해 그 시대의 문제들을 해결하고자 노력한 영국의 대중 교육의 창시자가 되었다.

뿐만 아니라 웨슬리는 종교적으로 암울했던 18세기 영국의 교회와 사람들을 소생시킨 훌륭한 전도자였다. 올더스게이트Aldersgate 거리에서의 가슴이 뜨거워졌던 신앙 체험에서 시작된 웨슬리의 신학은 예수 그리스도 안에 나타난 하나님의 은총의 심층적 의미를 재발견하면서 이것을 그의 구원 이해와 생활 윤리에 적용시켜 나갔다.

특별히 웨슬리 신학의 핵심인 구원론은 성화가 그 중심 개념이자 목표였다. 웨슬리는 성화를 이루기 위한 방편들로써 경건 훈련을 실천하였고, 특히 은혜의 수단means of grace이라고 하는 영적 지도를 통해, 당시 혼란하고 타락한 영국 교회와 사회를 변화시키는 데 기여했다.

그러나 오늘날 웨슬리의 은혜의 수단들은 제대로 실천이 되지 못하고 상징적 수단이 되어 버렸다. 생명력 없는 '기도', 감동이 사라진 '성찬', 형식적인 사교 모임이 되어 버린 '속회' 등은 교회의 책임이 아니라고 말할 수는 없을 것이다. 이는 웨슬리가 말하는 구원에 이르는 방편으로서의 은혜의 수단들에 대해 목회와 교육의 현장에서 제대로 가르치지 않았기 때문에 야기된 문제다.

나는 웨슬리의 구원론을 목회와 교육의 현장에서 실천하고 교육적으로 적용할 수 있도록 재해석할 필요가 있다고 본다. 웨슬리의 구원론을 교육적으로 재해석하기 위해 내가 사용한 해석의 준거 틀은 제임스 파울러James W. Fowler의 신앙의 단계론 또는 신앙발달이론이다. 파울러의 신앙발달이론에 근거하여 웨슬리의 구원의 단계를 해석하고 이를 기독교 교육의 현장에서 적용할 수 있는, 구원론에 토대를 둔 은혜의 수단의 교육적 적용educational application을 개발하고자 한다.

나아가 발달이론으로 구원론을 해석하고자 하는 이유는 하나님이 인간을 위해 주신 은총을 생활 속에서 지키고 실천할 수 있도록 교육하기 위해서다. 신자들의 신앙의 상태나 수준이 다양하기 때문에, 그들의 신앙발달 단계를 분석해 적절한 영적 처방을 하고, 각 단계에 맞는 은혜의 수단을 실천하여 영적 성숙을 얻을 수 있도록 하기 위함이다.

그러나 물론 강제적 적용은 오히려 신앙발달을 저해할 수 있는 요인이 될 수도 있다. 또한 처방이 적합하게 이루어졌다고 확신할 수도 없다. 예를 들어 교회학교에서 개인의 특성을 고려하지 않고 중등부, 고등부와 같이 집단적으로 분류하는 것은 이미 그 자체가 처방을 한 것이라 할 수 있는데, 이런 집단적인 처방으로 영적인 수준을 분류하고 조직하는 것은 무리가 있다고 할 수 있다. 왜냐하면 교회학교 학생의 신앙의 수준이 천차만별이며, 다양한 단계에 속한 학생들이 몰려 있는 곳이 교회학교이기 때문이다. 그래서 개별적 단계의 처방이 필요하다. 같은 집단에 속해 있다고 해서 신앙의 수준을 고려하지 않고 집단적으로 처방해서는 안 된다. 신앙은 개인의 문제이기 때문이다.

오늘날 그리스도인들의 신앙과 삶이 거리를 두고 있다는 말을 자주 듣는다. 기독교 신앙의 근본은 구원에서 나온다. 구원받은 자가 진정 자기의 상태나 삶 속에서 확신이 없다면 이는 구원관의 문제다. 한국 신자들의 구원관의 문제가 있다는 말은 한국 교회에 많은 책임이 있다고 할 수 있다. 이 이유를 심층적으로 해결하기 위해서는 웨슬리의 구원론을 보다 교육적으로 접근하여 성찰하고 해석하는 작업이 필요하다고 본다. 따라서 구원받은 그리스도인들이 삶의 상황에서 책임적 존재로서 살아갈 수 있도록 교육하는 실천praxis 방안을 탐구하는 것은 한국 교회와 교회학교를 회복시키는 데 있어서 중요한 실마리를 제공하게 될 것이다.

2. 연구 방법과 범위

이 책은 존 웨슬리의 구원에 관한 텍스트인 1738년부터 웨슬리 서거 이전인 1791년까지의 그의 설교 및 일기를 기본 자료로 사용했다. 또한 이후 20세기 초반부터 현재까지 저술된 웨슬리 신학자들의 단행본 및 논문들도 기본 문헌으로 포함되었다. 존 웨슬리는 일생 동안 방대하고 왕성한 저술 활동을 했는데, 그는 설교집, 신학논문집, 신구약 성서주해, 일기, 잡지, 편지, 찬송가, 의학에 관한 안내서 등 많은 저술들을 남겼다. 나는 그의 설교와 일기, 편지 등을 1차 자료로 참고했고, 웨슬리에 대한 국내외 학자들의 연구문헌 및 자료들을 2차 자료로 활용하여 연구했다.

이 책은 웨슬리의 구원론을 조직신학이나 성서신학적으로 연구하는 것이 아니라 웨슬리의 구원에 대한 이해를 기독교 교육적으로 적용하기 위해 요구되는 실천적 해석 방법을 탐구했다. 따라서 웨슬리의 구원론에 관한 텍스트를 발달이론의 준거 틀을 활용하여 해석하는 방법이 연구의 도구로 차용되었다.

먼저, 존 웨슬리 자신이 집필한 구원론에 대한 자료는 그의 설교에서 조사되었다. 웨슬리의 설교는 토머스 잭슨Thomas Jackson에 의해 1958–1959년에 웨슬리의 설교의 원문을 그대로 반영한 14권으로 집대성된 *The Works of the Rev. John Wesley*와 2006년 한국웨슬리학회에서 편집한 『웨슬리설교전집』전 7권을 사용하였다. 특히 웨슬리의 구원론 및 은혜의 수단에 관한 자료는 그가 행한 설교 가운데, '믿음으로 말미암은 구원salvation by faith'[3], '성서적 기독교scriptural Christianity'[4], '믿음에 의한 칭의justification by faith', '믿음으로 얻는 의the righteousness of faith'[5], '종의 영과 양자의 영the spirit of bondage and of adoption'[6], '신자 안에 있는 죄on sin in believers', '신자의 회개the repentance of believers', '은 혜의 수단the means of grace', '신생의 표적the marks of the new birth'[7], '그 리스도인의 완전Christian perfection'[8], '성서적 구원의 길the scripture way of

---

3 이 설교는 그가 1738년 5월 24일 올더스게이트에서의 회심 체험 이후 6월 11일 옥 스퍼드에서 행한 첫 공식적인 설교였다. 이 설교에서 웨슬리는 자신이 체험한 구원 의 확신을 가지고 구원을 얻는 믿음은 어떤 것이며 믿음으로 얻게 되는 구원은 어떤 것인지를 선포하고 있다.

4 1744년 옥스퍼드 대학에서 행한 '성서적 기독교'라는 설교는 어떻게 구원의 역사가 한 사람에게서 시작해 온 세계에 전파되었는지를 고찰하는데, 이 전파야말로 기독교 에 대한 하나님의 의지였다고 보았다. 웨슬리는 성서적 기독교는 처음부터 성령 충 만한 교회였으나 웨슬리 당시 경건의 능력을 상실한 모습에 대해 비판했다.

5 이 설교는 1746년 출판된 것으로 '율법으로 얻는 의'와 상반되는 '믿음으로 얻는 의' 는 그리스도의 공로와 중재를 통하여 값없이 주어지는 의이며, 이것이야말로 구원과 참된 행복을 가져다준다고 설교했다. 1742년 6월 12일 일기에 '믿음으로 얻는 의'라 는 동일한 주제의 설교를 엡워스에 있는 그의 아버지의 무덤에서 설교했을 때 많은 청중들이 회개하고 쓰러지는 역사가 일어났다고 기록하고 있다.

6 웨슬리는 이 설교에서 인간의 상태를 세 가지, 즉 자연적인 상태, 율법적인 상태, 복 음적인 상태로 구분했다. 자연적 상태의 인간은 죄의 종으로서 하나님과 분리되어 있는 상태다. 그러나 선행은총에 의해 회복된 양심이 있기 때문에 순수한 자연적인 상태는 없다고 설교했다. 율법적인 상태의 인간은 하나님을 두려워하고 고의로 죄를 짓지 않는 인간의 상태를, 그리고 복음적인 상태의 인간은 하나님을 사랑하고 죄를 범하지 않고 죄와 싸워 이긴다고 설교했다.

7 웨슬리는 '신생의 표적'이라는 설교에서 칭의의 확신과 함께 진정한 변화를 수반하 는 신생, 즉 중생이 있음을 설교했다. 하나님의 영으로 거듭난 사람들은 믿음, 소망, 사랑이라는 표적을 갖게 된다. 믿음은 단순한 지적 동의가 아니라 예수 그리스도의 대속을 통하여 나타나신 하나님의 자비에 대한 확신이며, 소망은 하나님의 영이 우 리의 영과 더불어 하나님의 자녀라고 증거 하는 확신을 말하며, 사랑은 새로운 생에 대한 동기로서 하나님이 먼저 우리를 사랑하심으로 일어나 이웃을 사랑하는 데까지 나아가고 있음을 설교했다. 한국웨슬리학회 편, 『웨슬리설교전집 2』 (서울: 대한기 독교서회, 2006), 15.

8 웨슬리는 이 설교에서 믿음으로 의롭게 된다는 것과 아울러 여기에 만족하지 않고 의롭다 함을 얻은 후에도 그리스도인은 계속해서 성화되며 완전을 추구해 나가야 한다는 것을 설교 했다.

salvation'[9], '원죄original sin', '신생the new birth'[10], 그리고 '하나님의 형상the image of God'[11], '인류의 타락에 대하여on the fall of man', '우리 자신의 구원을 성취함에 있어서on working out our own salvation', '인간이란 무엇인가what is man' 등과 같이 구원에 관련된 설교 17편이 해석을 위해 사용되었다. 이 외에도 웨슬리의 기독교 교육과 관련된 설교 3편인 '가정의 신앙생활에 대하여on family religion', '자녀 교육에 관하여on the education children', '부모에게 순종함에 대하여on obedience to parents' 등도 구원론을 이해하는 데 포함되었다.

둘째, 국내외 학자들의 웨슬리의 구원론에 대한 문헌으로는, 윌리엄 캐넌William R. Cannon의 『웨슬레 신학』, 조지 셀George C. Cell의 『존 웨슬레의 재발견』, 랜디 매덕스Randy L. Maddox의 『웨슬리신학 다시 보기』, 테오도어 러넌Theodore Runyon의 『새로운 창조』, 마르틴 슈미트Martin Schmidt의 『존 웨슬리(상, 중, 하)』, 하워드 스나이더Howard A. Snyder의 『혁신적 교회갱신과 웨슬레』, 콜린 윌리엄스Collin W. Williams의 『존 웨슬리의 신학』 등과 김진두의 『웨슬리의 실천신학』, 김홍기의 『존 웨슬리 신학의 재발견』, 『존 웨슬리의 구원론』, 김영선의 『존 웨슬리와 감리교신학』 등을 분석의 범위로 삼았다.

셋째, 이 책은 또한 웨슬리의 구원론을 바탕으로 기독교 교육의 실천 방안을 연구하는 것이므로 웨슬리 자신이 기독교 교육에 대한 관심

---

9 이 설교는 구원의 성서적 의미를 밝히고 있는데, 넓은 의미로 구원은 선행은총에서 시작해서 영화에 이르는 과정이지만, 좁은 의미로 구원은 칭의와 성화로 설명할 수 있다. 이 칭의와 성화의 조건으로 믿음이 있음을 설명했다. 이 설교는 웨슬리의 구원론의 단계를 밝히고 있는 설교다.

10 웨슬리는 원죄에 대한 근본적인 치유는 세례에 의한 것이 아니라 회심에 의한 거듭남이라고 보았다. 이 거듭남의 근거는 그리스도를 닮도록 성장하는 것이며, 거듭남은 구원을 얻기 위해 반드시 필요한 것이라고 이 설교에서 말하고 있다.

11 웨슬리는 이 설교에서 인간 본성의 본래의 목적은 하나님의 형상을 회복하는 것이라고 강조했다. 그러나 인간의 타락으로 하나님의 형상이 손상되었지만 은혜의 신비를 통해 회복될 것이라는 기독교적 인간론의 주제를 구원의 과정으로 다루고 있다.

을 가졌는가에 대한 문헌 조사를 수행했다. 웨슬리가 기독교 교육에 관심을 갖고 실천적인 활동을 했음에도 불구하고 그의 교육 목회나 사상에 대한 조명이나 연구는 거의 전무한 상태다. 앨프리드 버디Alfred H. Body가 출간한 『존 웨슬리 & 교육』과 장종철의 『존 웨슬리의 교육신학』 그리고 소수의 논문 외에는 매우 희소하다. 이런 이유로 웨슬리의 교육적 관심을 연구하기 위해 그의 설교와 일기, 편지, 잡지 등으로 제한하여 해석할 수밖에 없었다.

넷째, 웨슬리의 구원론을 교육적으로 해석하는 데 사용한 준거 틀은 제임스 파울러의 신앙발달이론이다. 제임스 파울러는 1982년 제7차 옥스퍼드 학회에서 '존 웨슬리의 신앙의 발달John Wesley's Development in Faith'이라는 논문을 통해 웨슬리의 생애를 자신의 신앙발달이론에 근거하여 해석한 바 있다. 나는 웨슬리 구원론이 가지고 있는 발달적 측면을 파울러가 최초 저술한 『신앙의 발달 단계』에 근거하여 해석했다.

다섯째, 한 위대한 사람의 사상을 연구하기 위해서는 그가 살았던 시대를 조사하는 것은 필수적이다. 이 연구는 웨슬리의 구원론의 본격적인 연구에 앞서 웨슬리가 활동하던 18세기 당시의 시대적 배경과 상황을 연구했다. 이를 위해 18세기 영국의 시대 상황들을 『웨슬리 총서』를 비롯한 노로 요시오의 『존 웨슬리의 생애와 사상』, 김홍기의 『존 웨슬리 신학의 재발견』, 조종남의 『요한 웨슬레의 신학』, 김진두의 『웨슬리와 사랑의 혁명』, 『웨슬리의 뿌리』 등을 참조하였다.

여섯째, 웨슬리의 교육 사상을 탐구하는 데 있어서 먼저 그의 교육사상의 주요한 배경이 되는 어머니 수재너Susanna Wesley의 가정교육과 그 영향을 조명한 존 뉴턴John A. Newton의 『수재너 웨슬리와 감리교에서의 청교도 전통Susanna Wesley and the Puritan Tradition in Methodism』와 김진두의 『웨슬리의 뿌리』 등의 저술을 참고했다. 아울러 존 로크John Locke

를 비롯한 인문주의자들의 영향과 청교도Puritan, 그리고 모라비아교도Moravian의 교육 사상을 통해 존 웨슬리가 어떤 영향을 받았고 어떤 사상적 교류를 했는지에 관한 문헌들도 고찰했다.

일곱째, 이 연구는 웨슬리가 어떻게 구원을 이해했는가를 심층적으로 이해하기 위해 20세기 이후 웨슬리 신학자들의 작업을 통해 공통되게 언급되는 역사적 뿌리들을 기초 자료로 삼고 관련 문헌을 연구했다. 웨슬리 신학의 핵심인 구원론의 역사신학적 배경으로는 동방 교회, 서방 교회, 그리고 종교개혁적 배경, 아르미니우스적 배경, 영국 성공회와 가톨릭 배경들이 차례대로 조사되었다. 이 과정에서 이 연구의 주제와 가장 밀접하게 관련되어 있는 웨슬리의 구원론의 여섯 단계, 즉 선행은총, 회개, 칭의, 중생, 성화, 영화의 단계를 웨슬리의 설교와 국내외 문헌들을 중심으로 심층적으로 살펴보았다.

여덟째, 이 연구 방법에는 두 개의 축이 있는데, 하나는 웨슬리의 구원론이고, 다른 하나는 파울러의 신앙발달론이다. 위에서 웨슬리의 구원론에 관련된 역사적·신학적 배경을 살펴보았다면, 이제 파울러의 신앙발달론에 관련된 선행이론들의 기초에 대해서도 조사할 필요가 있다. 이를 위해 먼저 인간발달과 신앙발달의 차이를 살피고, 파울러의 신앙발달이론에 영향을 준 인지발달의 장 피아제Jean Piaget와 도덕발달의 로런스 콜버그Lawrence Kohlberg, 에리크 에릭슨Erik Erikson의 심리사회적인 발달이론과 대니얼 레빈슨Daniel J. Levinson의 발달이론들에 대한 연구를 수행했다. 이 연구는 파울러의 신앙발달 단계 이론에서 단계를 3단계로 재분류했다. 이에 따라 웨슬리의 구원론을 3단계의 신앙발달 특성에 따라 재해석했다. 재해석의 과정에서는 세 가지 은혜의 수단, 즉 일반적, 제도적, 상황적 은혜의 수단들이 아동기, 청소년기, 성인기의 발달 수준에 따라 어떻게 교육되어야 하는 것을 교육 현장의 프락시스 중심으로 설명했다.

끝으로, 웨슬리의 구원론의 교육적 적용은 웨슬리의 '은혜의 수단'을 파울러의 신앙발달론의 견지에서 교육적으로 재해석함으로써 얻어진다. 즉, 교회교육 현장에서 어떻게 구원론을 제대로 교육할 수 있으며, 어떤 원리가 동원되어야 하는가, 연령층에 따른 지도 방법과 과제는 무엇인가 등을 고려하여 웨슬리의 구원론을 재조명하는 것이다. 다시 말하면, 웨슬리의 구원론을 보다 실질적으로 가르치기 위해 크게 아동기, 청소년기, 성인기로 구분하고 각 단계에서 강조되어야 할 구원론의 지도 원리와 방법을 개발했다.

3. 연구사

존 웨슬리가 서거한 1791년 3월 2일 이후, 그의 생애에 관한 전기傳記들이 나오기 시작했다. 존 햄프슨John Hampson, 로버트 사우디Robert Southey, 루크 타이어만Luke Tyerman 등은 웨슬리 생전에 동역자거나 지도력을 이어받은 사람들로 자신들이 경험한 웨슬리의 생애와 초기 감리교회에 관한 이야기들을 기록했다.[12]

20세기 들어와서 대표적인 웨슬리 전기로는 비비언 그린Vivian H. Green의 『존 웨슬리John Wesley』(1964)와 『젊은 시절의 웨슬리: 웨슬리와 옥스퍼드The Young Mr. Wesley: A study of John Wesley and Oxford』(1961)를 들 수 있는데, 이 두 책은 웨슬리의 생애에 대한 역사적이고 최초의 비평적 연구서로서, 웨슬리의 실제 모습과 그의 생애와 활동의 의미를 밝

---

12 존 햄프슨은 『고 존 웨슬리의 전기Memoirs of the late Rev. John Wesley』(1791)를 썼고, 로버트 사우디는 『웨슬리의 생애와 감리교의 발흥과 진보The Life of Wesley and the Rise and Progress of Methodism』(1820), 루크 타이어만은 『감리교의 창시자 존 웨슬리의 생애와 시대The Life and Times of the Rev. John Wesley, M. A., Founder of the Methodists』(1870-1871)를 썼다.

힌 연구서라 할 수 있다.[13]

웨슬리에 대한 신학적 연구가 시작된 것은 그리 오래되지 않았다. 웨슬리를 전도자, 목회자, 경건주의자, 사회개혁가로 여기다가 20세기 초, 중반부터 조지 셀 등과 같은 학자들이 웨슬리를 신학자로 취급하면서 그에 대한 본격적인 연구가 시작되었다. 셀은 그의 저서 『존 웨슬레의 재발견The Rediscovery of John Wesley』(1935: 송흥국 옮김, 대한기독교출판사)에서 웨슬리를 개신교의 은총과 가톨릭의 성화의 성공적인 통합을 이룬 에큐메니컬 신학자라고 주장했다.[14] 그동안 많은 사람들이 웨슬리를 자유주의적인 아르미니우스주의 신학자로 여겨 그의 신학이 종교개혁자들의 신학과는 거리가 멀다고 보았지만, 셀은 오히려 웨슬리는 종교개혁자들의 신학의 중요한 원리들을 재확인했고, 계몽주의의 영향아래 있었던 기독교의 퇴보를 극복했다고 주장했다.[15]

웨슬리 신학과 종교개혁 전통과의 관계에 대한 연구가 마르틴 슈미트, 콜린 윌리엄스, 존 데쉬너John Deschner 등에 의해서 연구되었다. 그 가운데 콜린 윌리엄스는 『존 웨슬리의 신학Wesley's Theology Today』(1960: 이계준 옮김, 전망사)에서 감리교 교리의 성격과 중심을 규명하면서, 웨슬리의 구원론을 구원의 질서order of salvation라는 틀에서 설명했고, 구원론뿐만 아니라 교회론, 성례론, 윤리와 종말론 등 중요한 주제들에 대한 해석을 했다.

프랭크 베이커Frank Baker는 『존 웨슬리와 영국 성공회John Wesley and the Church of England』(1967)라는 저서에서, 웨슬리 생애와 감리교의 초기 역사를 영국 성공회와의 관계를 중심으로 연구했다. 이 책은 웨슬리와 초기 감리교회를 영국 교회사적 배경에서 이해하도록 돕는 역사적

---

13 김진두, 『웨슬리의 실천신학』 (서울: kmc, 2006), 22.
14 박창훈, 『존 웨슬리, 역사비평으로 읽기』 (서울: 대한기독교서회, 2008), 16.
15 조종남, 『웨슬리의 갱신운동과 한국 교회』 (서울: 대한기독교서회, 2006), 119-20.

연구서로, 감리교회가 영국 성공회로부터 받은 유산과 감리교의 특징을 설명하면서 감리교회의 교회사적 위치와 전통을 밝혀주고 있다.[16]

미국에서의 웨슬리에 대한 연구는 1960년부터 앨버트 아우틀러 Albert Outler가 웨슬리 신학의 대표적인 해석자 역할을 해왔다. 아우틀러는 그의 편집 저서 『존 웨슬리John Wesley』(1964)의 서론에서 웨슬리가 '그리스도인의 완전'을 지향하는 과정으로서의 목적론적 구원론 신학 사상을 동방 교부들에게서 배웠다고 주장해 웨슬리와 동방 교회와의 관계를 연구하는데 새로운 전환점을 열어 주었다.

테오도어 러년은 그의 저서 『새로운 창조The New Creation: Wesley's Theology Today』(1998: 김고광 옮김, 기독교대한감리회 홍보출판국)에서 '위대한 구원'을 지향하는 웨슬리의 목적론적 구원론을 '새로운 창조'라는 의미의 희망과 실천 가능한 인간의 현실로 해석했다. 러년은 웨슬리에게 있어서 구원이 갖는 의미를 우리 안에 하나님의 형상의 갱신과 회복이라고 보고, 원 자료와 현대 신학의 다양한 예증을 적용하여 체험적 성격의 웨슬리 구원론을 해석했다. 러년은 위대한 구원, 즉 새로운 창조를 하나님의 형상의 사회적 회복이라고 보고 웨슬리의 구원론을 현대 인류의 현실적 문제들, 즉 인권, 경제 정의, 빈곤, 여권, 환경, 교회일치, 종교다원주의에 적용하여 해석했다.[17]

현대의 웨슬리 연구에 있어서 획기적인 작업은 미국 감리교회 200주년 기념으로 출판한 『존 웨슬리 전집The Work of John Wesley, 1-35』이라 할 수 있다. 1985년부터 출판이 시작된 200주년 기념 전집은 웨슬리 저작 전체를 포함하고 있다. 이 작업을 위해 앨버트 아우틀러, 프랭크 베이커, 리처드 하이젠레이터Richard P. Heizenrater 등이 참여했다. 아우틀러는 웨슬리의 모든 설교에 대한 각주와 편집 과정, 그리고 설교

16 김진두, 『웨슬리의 실천신학』, 22.
17 같은 책, 48.

의 장소와 용도에 대한 설명을 제공했다. 베이커는 존 웨슬리와 찰스 웨슬리의 시, 편지 및 단편을 폭 넓게 수집하여 발표했다. 하이젠레이 터는 암호로 적혀 있던 웨슬리의 옥스퍼드 시절 일기를 해독해 역사적 웨슬리 읽기의 모범을 제공했다는 평가를 받고 있다.[18]

한국에서의 웨슬리에 대한 연구는 웨슬리 전통을 따르는 감리교회 학자들과 성결교회 학자들에 의해 이루어졌다. 본격적으로 웨슬리를 전공하여 권위 있는 저서를 출판한 학자는 송흥국이다. 송흥국은 한 국인으로서는 처음으로 웨슬리 전기인 『요한 웨슬레』(1972)를 썼고, 웨슬리 신학 사상을 담은 『웨슬레 신학: 구원론을 중심으로』(1975)를 저술했다. 이 책은 웨슬리의 신론, 기독론, 성령론, 그리고 인간론으 로 시작해서 구원론을 중심으로 하고 교회론, 종말론, 윤리론을 포함 하는 웨슬리의 조직신학을 시도했다. 또한 송흥국은 1970년대 초에 마경일, 김선도, 이계준과 함께 '웨슬리 사업회'를 구성해 웨슬리 저 작의 번역 작업을 시도했다. 웨슬리 사업회는 『존 웨슬리 총서』(1976) 전 9권을 출판했는데, 이 총서에는 웨슬리의 일기, 편지, 설교, 논문, 총회록 등 웨슬리 원 자료와 연구서들이 포함되어 있다.

변선환은 감리교 신학을 강의하면서 감리교의 정체성을 새롭게 확 립하려고 했으며 존 웨슬리의 신학에 대하여 여러 편의 논문을 썼으 며,[19] 존 웨슬리 신학의 선행은총과 현대적 의미, 감리교의 미래에 대 해 의미 있는 통찰을 제공했다.

조종남은 성결교를 중심으로 웨슬리 신학을 지도해 온 조직신학자

---

18 박창훈, 『존 웨슬리, 역사비평으로 읽기』, 17.
19 변선환은 더글라스 미크스 편저, 『감리교 신학의 미래』, 변선환 편역(서울: 기독교 대한감리회 교육국, 1987)과 데오도어 러년 편, 『웨슬리와 해방신학』, 변선환 옮김 (서울: 전망사, 1987)을 번역했으며, 사후에 웨슬리 관련 논문이 변선환 아카이브 편 집, 『요한 웨슬리 신학과 선교』(천안: 한국신학연구소, 1998) 출간되었다.

로 조직신학적 구조를 갖고 웨슬리의 구원론을 취급하였다.[20] 조종남은 『요한 웨슬레의 신학』(1984)에서 웨슬리 신학의 출처와 성격 그리고 구원론을 중심으로 한 조직신학적 주제를 연구했다.

이성주는 『웨슬리 신학』(1987)에서 웨슬리의 생애와 감리교회의 부흥운동의 역사, 그리고 웨슬리의 구원론 중심의 조직신학을 시도했으며, 웨슬리 전통을 계승하는 교단의 역사를 간략히 소개했다.

위와 같은 성결교 계통의 웨슬리 학자들은 웨슬리를 조직신학적으로 연구하면서, 웨슬리 전통의 복음주의 교리와 내적 성결을 강조하는 데 치중하였다. 그러나 감리교 학자들은 주로 조직신학만이 아니라 교회사적 연구에 더 많은 관심을 갖고 웨슬리의 목회, 영성, 설교, 찬송, 예배, 성례전, 사회운동, 교육, 에큐메니즘 그리고 토착화 신학 등 보다 포괄적 관점에서 다양하게 연구해 왔다.[21]

이후정은 웨슬리 신학과 동방 교회 교부들의 영성신학과의 본질적인 연관을 강조하는 앨버트 아우틀러의 방법론을 중심으로 웨슬리를 해석했다.[22] 이후정은 동방 교부들의 영성신학으로부터 웨슬리를 해석하는 아우틀러의 신학과 웨슬리의 구원론을 사회적인 인간 실존의 차원을 변혁시키는 새로운 창조로 해석하는 테오도어 러년의 신학을 한국에 소개했다. 이후정은 웨슬리를 조직신학적 체계 속에서만 연구하던 한국에서 역사신학적으로 해석하는 새로운 연구의 문을 열어 놓았다.

김홍기는 『존 웨슬리의 재발견』(1993)을 통해 웨슬리의 성화론의 의미를 재해석하고 한국의 민중신학과 비교하면서 웨슬리의 사회적 성화사상을 한국 상황에 적용해 보려고 시도했다. 김홍기의 이러한 연

20 김홍기, 『존 웨슬리 구원론』(서울: 성서연구사, 2007), 7.
21 김진두, 『웨슬리의 실천신학』, 65.
22 이후정은 『성화의 길』(서울: 대한기독교서회, 2001)에서 웨슬리의 영성신학과 웨슬리 전통의 영성생활에 관하여 소개하고 있다.

구는 웨슬리의 개인적 구원론, 즉 개인적 성화론에만 익숙해 있는 한국 교회에 웨슬리 구원론의 본질적 요소인 사회적 구원, 즉 사회적 성화론을 체계적으로 소개하는 최초의 학문적 공헌과 동시에 웨슬리를 한국적으로 이해하고 실천하려는 일종의 토착화 작업이라는 점에서 높이 평가할 수 있다. 김홍기는 웨슬리의 구원론을 개인적 구원과 내적 성결에 치중했던 전통적 방식에서 벗어나 사회적 성화, 민족의 성화, 세계와 우주의 성화라는 관점에서 해석함으로써 웨슬리 신학의 지평을 넓혀 주었다는 평가를 받고 있다.[23]

이선희는 김홍기와의 구원론 논쟁을 통하여 자신의 웨슬리 해석을 감리교회에 알리게 되었는데, 이선희의 웨슬리 해석은 칭의와 성화의 유일한 조건은 오로지 믿음뿐이라는 웨슬리의 확신에 근거하여 행위에 의한 구원론 내지는 신인협동설의 구원론을 부정하고 있다.

장종철은 『존 웨슬리의 교육신학』(1990)에서, 웨슬리의 교육의 역사, 성격, 공헌, 그리고 웨슬리의 교육신학 사상을 연구하고 소개했다. 이 책은 한국에서 웨슬리의 교육 사상에 대해 연구한 유일한 책이다.

이원규는 종교사회학적 관점에서 웨슬리의 사회운동에 관한 논문들을 발표했는데, 웨슬리의 사회윤리와 사회 개혁운동의 성격을 분석하고, 한국 교회의 사회에 대한 태도와 영향을 비판하면서 웨슬리 전통의 바람직한 기독교적 사회변혁운동과 기독교적 사회윤리 형성을 제시하고 있다.

김진두는 웨슬리의 원 자료를 정리해 가면서 다양한 저작 활동을 벌이고 있는데, 『웨슬리의 실천신학』(2000), 『웨슬리와 사랑의 혁명』(2003), 『웨슬리와 우리의 교리』(2003), 『웨슬리의 뿌리』(2005), 『존 웨슬리의 생애』(2006) 등을 통해 웨슬리에 대한 기초적, 배경적 자료들을 제공해 주고 있다.

---

23 김진두, 『웨슬리의 실천신학』, 66-67.

'한국웨슬리신학회'는 1999년 8월에 『웨슬리와 감리교신학』이라는 논문집을 출간했다. 이 논문들은 웨슬리의 생애, 신학, 역사, 실천, 그리고 웨슬리 연구의 새로운 동향에 관련된 작품들을 수록하고 있다.

  '한국웨슬리학회'는 감리교, 성결교, 나사렛성결교회 등 웨슬리 전통을 가진 교회의 신학자들이 참여하는 모임으로, 150개의 웨슬리 설교 전부를 번역해 2006년 『웨슬리설교전집 1-7』을 출간했다. 또한 2009년에는 『존 웨슬리 논문집 I』을 출간했는데, 여기에 수록된 논문들은 웨슬리의 대표적 저작으로 웨슬리의 신학과 사상 및 감리교회에 대한 변증과 설명들이 기록되어 있다. 1997년 이후 앞에서 언급하지 않은 존 웨슬리 관련 책들이 나왔는데, 앞으로 더욱 많이 나왔으면 한다.[24]

24 존 캅, 『은총과 책임』, 심광섭 옮김(서울: 기독교대한감리회 홍보출판국, 1997); 랜디 매닥스 엮음, 『웨슬리 신학 다시 보기』, 이후정 옮김(서울: 기독교대한감리회 홍보출판국, 2000); 이성덕, 『소설 존 웨슬리』(서울: 기독교대한감리회 홍보출판국, 2003); 로벳 윔즈, 『존 웨슬리의 신학과 유산』, 이은재 · 이관수 옮김(서울: 진흥, 2005); 알버트 아우틀러, 『웨슬리 설교 해설』, 조종남 옮김(서울: 대한기독교서회, 2005); 클라이버 · 마르쿠바르트, 『감리교회 신학』, 조경철 옮김(서울: kmc, 2007); 알버트 아우틀러, 『웨슬리 영성 안의 복음주의와 신학』, 전병희 옮김(서울: 한국신학연구소, 2008); 케네스 콜린스, 『존 웨슬리의 생애』, 박창훈 옮김(부천: 서울신학대학교 출판부/현대기독교역사연구소, 2009); 데이비드 햄튼, 『성령의 제국 감리교』, 이은재 옮김(서울: CLC, 2009); 이성덕, 『존 웨슬리, 나의 삶이 되다』(서울: 신앙과지성사, 2011); 케네스 콜린스, 『존 웨슬리의 신학』, 이세형 옮김(서울: kmc, 2012).

2장

18세기 영국과 웨슬리의 교육관

존 웨슬리는 감리교회의 창시자 이전에 인간 교육에 대한 남다른 관심과 소명을 가졌던 고뇌하는 하나님의 사람이었다. 그가 교육에 특별한 관심을 갖게 된 것은 훗날 그의 구원론에 영향을 끼쳤으며, 더 나아가 근대 기독교 학교 설립을 이해하는 데 중요한 실마리를 제공한다. 이 장에서는 웨슬리 구원론을 이해하는 전 단계로써 그의 교육적 관심의 배경 요인들을 18세기의 영국의 시대적 상황을 중심으로 탐구하고자 한다.

18세기 영국은 사회적으로 혼란한 시대, 종교적으로 냉랭한 시대, 영적으로 어두운 시대, 도덕적으로 타락한 시대였다.[1] 산업혁명의 여파로 파생된 사회적인 문제들로 인해 영국 사회는 모든 면에 질병이 만연하여 사회 전반에 걸쳐 개혁되어야 할 과제들로 가득했다.

또한 18세기 영국은 교육의 황무지였다. 가난한 빈민층의 자녀들에게는 교육의 기회가 전혀 주어지지 않았다. 이러한 시대에 웨슬리는 교육의 중요성에 대한 확고한 믿음을 가지고 가난한 민중을 위한 교육을 과감하게 실천했다.

---

1 김진두, 『웨슬리와 사랑의 혁명』 (서울: 감리교신학대학교 출판부, 2006), 22.

웨슬리의 교육적 이상은 첫째, 인도주의에 기초했고, 둘째, 교육을 복음 선교의 도구로 삼았으며, 셋째, 실천적 교육철학을 지니고 있었다. 그는 또한 교육은 나이, 재산, 사회적 지위에 관계없이 만인을 위한 것이어야 한다고 주장했다. 웨슬리의 가정적 배경, 차터하우스 Charter House 학교에서의 생활, 옥스퍼드 대학의 교육, 그리고 링컨 칼리지Lincoln College의 교수로서의 모든 경험들이 교육에 대한 그의 관심을 지속적으로 고조시켜 왔다.

또한 웨슬리는 당시 영국 및 유럽의 많은 학교들을 방문하면서 보고 느낀 것을 중심으로 교육 이론에 대한 연구를 하였으며, 후에 본인이 직접 킹스우드 학교를 설립하여 교육 현장에서 직접 자신의 교육적 신념을 실행에 옮겼던 교육실천가이기도 하였다.

웨슬리는 또한 성인들을 위한 교육 프로그램도 개발하여 감리교의 밴드Band나 신도회Society 등은 성인 신자들의 영적 성장과 훈련을 위한 조직이면서 동시에 중요한 신앙 공동체의 교육수단이 되기도 했다.[2]

1. 18세기 영국의 시대적 상황

1) 영국의 사회적 상황

18세기 영국은 세 가지 중요한 변화를 겪었다. 첫째, 자본주의 형성, 둘째, 기계기술의 발명으로 인한 공업발전과 산업도시의 형성, 셋째, 인구의 급격한 증가가 그것이다. 오랫동안 목축과 농사를 주로 하던 영국은 18세기에 들어 산업혁명이 일어나고 산업도시가 형성되면서 생활 방식의 급격한 변화를 겪게 되었다.

---

2 랄프 월러, 『존 웨슬리』 강병훈 옮김(서울: kmc, 2004), 210.

산업혁명은 각종 기계의 발달로 실업률을 급격히 악화시켰고, 지주들은 소작을 주었던 토지와 공동경작지를 자본가들에게 위탁했다. 자본가들은 기계기술 영농을 도입하여 대규모적인 농업생산 체계로 전환하여 결국 농민들은 토지를 잃고 산업도시로 몰려가 공장이나 광산의 노동자들이 되어 적은 임금에 시달려야 했다. 갑자기 형성된 산업도시에는 무지하고 가난한 노동자들로 인해 다양하고 긴급한 생활문제와 이로 인한 심각한 사회문제가 발생하였다. 특별히 노동자들의 생활 습관과 도덕 수준은 매우 낮았지만 고용주들은 이들을 이용할 뿐 어려운 사정을 배려하지 않았고, 정부나 사회도 이들을 돌볼 만한 준비가 되어 있지 않았다.

18세기 사회적 상황 가운데 특히 하층민들의 삶은 비참함 그 자체였다. 대부분 노동자 계층으로, 인구의 70-80퍼센트를 차지했던 이들은 주로 영세한 농민, 상인, 항구 및 도시의 노동자들, 광산지대의 광부와 산업지대의 공장노동자들이었다. 이들은 철저하게 소외되었고 극도로 열악한 환경 속에서 살았으며, 대부분 고향을 떠나 도시 변두리의 슬럼지역에서 거주하였다. 학교교육이나 직업교육을 제대로 받지 못했으며 사실상 이들에게는 교육 자체가 불가능했다.

18세기의 사회윤리는 부패하고 그 정도가 심각해 영국 역사 중에서 가장 어두운 시기였다고 평가된다. 도시에는 술집이 즐비했고, 사창私娼, 공창公娼, 개싸움, 도박이 난무했으며, 음주의 폐단도 심해 습관적인 폭음으로 인해 사망하는 사람들이 증가했으며, 강도와 싸움, 살인 등도 자주 발생되었다. 이러한 범죄로 인해 감옥은 항상 포화 상태였고, 극장에서 공연되는 연극은 각본들도 저속하고 노골적으로 음란한 내용을 공연해 관람객의 풍기를 문란하게 했다.

이러한 도덕적 타락으로 인해 가정은 파괴되고 무너져 갔으며, 이혼을 조장하는 등 영국 사회를 부패하게 하는 원인이 되었다. 사람들이 모이는 곳이면 어디든지 도박장이 되어서 가산을 탕진하고 도둑질, 자살, 가정불화, 가정파탄의 진원지가 되었으며, 특히 군왕이나 대정치가들도 도박에 깊이 빠져 있었다. 음주 문제는 거리의 집들 가운데 1/4이 술집일 정도여서 그 피해는 악정과 전쟁의 피해 못지않게 컸다. 국가의 도덕적 타락은 잔인하고 모욕적인 닭싸움, 거위타기, 개교미, 소 놀리기 등 각종 경기로 나타났는데, 이러한 일로 말미암아 나타난 결과는 실로 엄청난 것이었다. 사소한 일로 격투와 폭행을 일삼는가 하면, 불량 청년들이 횡행하여 통행인들을 괴롭히며 금품을 강탈하고 부녀자를 농락하곤 하였다.[3] 웨슬리는 그 당시의 영국 사회를 향해 "오늘의 영국 사회의 특징은 불경건이다"[4]라고 평가할 정도였다.

2) 영국의 종교적 상황

영국 교회는 1534년 로마로부터 독립하여 국가가 설립하고 통치한다는 의미에서 국교회The Church of England를 이루게 되었다. 국교회 중에 대다수는 국가의 정치적 권력에 예속되고 타협하면서 점차로 왕족과 상류층을 위한 귀족들과 부자들의 교회가 되어 갔으며, 노동자 계층에게는 아무런 관심도 갖지 않았다. 대부분의 국교회의 성직자들은 귀족과 상류층과의 교제를 그들의 특권으로 여기었고, 상당수의 성직자들은 엄청난 금액의 생활비와 부수입을 받으면서 호화로운 생활을 하고 있었다. 당시 다수의 국교회는 일반 평민의 종교가 아니라, 일부 특권층의 교회로써 평등과 사랑을 상실한 계급차별적인 종교로 전락했다.[5]

---

3 송홍국, "웨슬리 생애," 『웨슬리 총서 4』 (서울: 한국교육도서출판사, 1976), 7.
4 같은 책, 5.
5 당시의 국교회 지도자들은 대부분 토리당Tories에 속해 있거나 토리당 지지자들이었으며, 그렇지 않으면 휘그당Whigs에 속해 있었다. 토리당은 왕권을 존중하고 귀족과 지주층에

지위가 높은 성직자들은 교회의 사명을 다하기보다는 궁중의 환심을 사고 호의를 얻으려는 일에 열중했다. 그들의 설교는 기존 질서와 체제하에서 일하는 중요 거물급 인사들을 두둔하고 찬양하는 내용을 담은 것이었고, 일반 청중들의 영혼을 염려하기보다는 때로는 정치 강연이었다. 일반 사제들에 대한 감독은 소홀했고, 많은 사제들은 자기 교구 안에서 살지 않고 도회지로 나와 생활했는데, 이는 풍족한 생활비를 받을 수 있었기 때문이었다. 뿐만 아니라 어떤 사제들은 다른 명목의 부수입을 얻는 경우도 있었는데, 이런 사람들은 자신이 일하지 않고 자기 비용으로 사제보curate를 고용하여 교구의 일을 돌보게 했다.[6]

이러한 특권층을 위한 교회가 되어 버린 영국 국교회는, 고교회high church라는 전통의 권위를 주장했고, 엄숙한 예배 의식만을 고수했다. 그래서 교육받지 못한 노동자 계층의 사람들은 이러한 교회에 다니거나 적응하기가 힘들었으며, 교회의 축제들은 존중되지 못했고, 일상적인 예배는 거부되었으며, 주교들과 성직자들은 타성적이 되어 그들의 영적 의무를 태만히 했다. 결국 이러한 종교적 타락은 도덕적 타락을 가져오게 되었다.

18세기 영국 교회를 향한 또 하나의 도전은, 이성을 존중하는 이신론deism 사상이 종교에 지배적이어서 기독교를 인간의 이성으로부터 시작하는 종교로 변화시켰다. 영국에서 이신론이 확산되고 있을 때에 독일은 합리주의rationalism 또는 계몽주의enlightment가 성행했고, 프랑

뿌리를 두고 있었으며, 휘그당은 의회주의를 주장하고 부르주아 성향의 중산층에 뿌리를 둔 정당이었다. 일반적으로 토리당은 귀족과 지주를 대표하고 휘그당은 평범한 시민을 대표한다고 알려졌으나 사실은 두 당 모두 권력층을 위한 정당이지 가난한 대중을 위한 정당은 결코 아니었다. 김진두, 『웨슬리와 사랑의 혁명』, 27-28.

6 노로 요시오, 『존 웨슬리의 생애와 사상』, 김덕순 옮김(서울: 기독교대한감리회 홍보출판국, 1998), 49.

스에서는 자연주의naturalism 또는 낭만주의romanticism가 일어나 기독교에 도전이 되었다.

웨슬리 시대의 이신론은 곧 자연신론으로, 이는 진리 탐구에 있어서 전통과 외적 권위보다 인간 이성의 권위에 더 중점을 두는 태도였다. 따라서 이신론자들은 기독교를 자연주의화 하는 데 주력했으며, 기독교에서 초자연적 요소를 제거하는 작업에 몰두하게 되었다.[7]

당대의 종교가들은 계시와 이성의 조화를 시도하기 시작했고, 마침내 신앙을 이성에 예속시키는 일을 강조했다. 이신론자들은 이성을 종교로 재해석하고 성서의 특수 계시를 부인하며 종교의 보편성을 주장하고, 하나님을 마치 시계 제조업자로 생각했다. 완성된 시계가 제조업자의 간섭 없이도 저절로 돌아가듯이 하나님의 역사, 간섭 없이 역사는 인간에 의해 저절로 돌아간다는 것이다.[8]

이신론의 대표자라 불리우는 매슈 틴들Matthew Tindal은 인간에게는 이성이 궁극적인 기준이기 때문에, 이 이성이 곧 계시의 기초요 신앙의 표준이 된다고 주장하면서 기독교도 인간 사상의 또 하나의 집대성에 불과한 것이라고 일축해 버렸다. 이러한 공격에 대해 교회는 그러한 적들과 싸워 이겨낼 만큼 강력하지 못했다. 따라서 기독교 신앙이 차지했던 영역들은 점점 축소될 수밖에 없었다. 기독교의 초자연적 요소들은 그러한 세속적인 사상들에 의해 배제되고 말았다.

이렇게 당시 영국 교회는 냉철한 이신론과 합리주의적 신학의 영향을 받아 이성을 중시하는 지적 신앙 추구에 관심했기 때문에, 배우지 못한 다수의 가난한 보통 사람들은 자연히 소외될 수밖에 없었다. 당시 영국 교회는 기독교에서 모든 초월적 계시와 성령의 신비적 요소를 제거해 버리고, 성서에 나타난 복음의 교리와 구원의 은혜를 경시

---

7 김영선, 『사진으로 따라가는 존 웨슬리』 (서울: kmc, 2007), 27.
8 김홍기, 『존 웨슬리 신학의 재발견』 (서울: 대한기독교서회, 1993), 19.

함으로써 기독교를 하나의 이성적이고 지적인 종교 체계로 만들어 놓았다.[9]

이처럼 17, 18세기의 종교가들은 계시와 이성의 조화를 시도하며, 위로부터 임하시는 하나님의 계시의 가능성과 전통적인 초자연주의에 대해 질문을 제기하여 마침내 신앙을 이성에 예속시키는 일을 강조했다.[10] 왜냐하면 신의 존재는 인정하지만 그 신은 우주를 창조할 때 자연법칙을 세웠고 인간에게는 양심과 이성과 자유를 주어 자연이 법칙을 따라 운행하듯이 인간도 양심을 따라 도덕률을 준수함으로 완전해진다고 주장했던 것이다.

이로 인해 신앙은 영력을 잃어 갔고 형식주의로 기울어져 갔으며 지도자들은 아무런 종교적 열정이나 영감, 죄인을 구원하려는 뜨거운 열정도 없었다. 나아가 상류사회는 종교에 대한 무용론이 널리 퍼져 있었으며 정치인들은 타락하였고, 종교인들조차 세속화되어 설교의 권위를 추락시켰고 경전을 사문화시켰다.

당시 국교회는 약 500만 명의 교인에 엄청난 자원과 힘을 자랑하는 교회였지만 영혼 구원에 대한 복음적인 열정과 이웃에 대한 사랑을 잃어버린 채, 교회의 전통과 제도와 의식에 치중하는 권위주의적이고 냉랭하고 생명력과 실천력이 없는 종교로 전락했다.[11]

웨슬리는 당시의 종교의 무력감에 대하여 "누가 그들을 사람으로 돌보는가? 누가 그들이 은총으로 성장할 것을 생각하는가? 누가 때때로 그들을 권고하고 칭찬하는가? 누가 그들이 필요할 때 그들과 함께 그들을 위해 기도했는가? 그러나 보라! 그것이 어디에 있는가? 동서남북을 돌아보고 어느 교구의 이름을 대보라!"[12] 하면서 한탄하였다.

---

9 김진두, 『웨슬리와 사랑의 혁명』, 28.
10 조종남, 『웨슬레 신학의 개요』(부천: 서울신학대학출판부, 1984), 38.
11 김진두, 『웨슬리와 사랑의 혁명』, 29.
12 송홍국, 『웨슬리 총서 10』, 104.

그러나 웨슬리는 자기 시대의 악과 종교적 무기력을 한탄하는 것으로 시간을 낭비하지 않고, 18세기의 지적 성격을 특징짓는 합리주의적이고 이신론적 철학에 직면한 기독교를 소생시키고, 그 당시 영국의 부도덕과 타락에 대한 정화를 가능하게 하기 위하여 철저한 목회관 확립의 필요성을 절감했고, 그것을 가능하게 하고자 실천적인 노력을 했던 것이다.

3) 영국의 교육적 상황

18세기 영국의 교육은 귀족의 자녀들에게만 교육을 받을 수 있는 기회가 부여되었고, 가난한 빈민층의 자녀들은 교육을 받을 수 없는 상황이었다. 가난한 사람들에게 교육을 시키는 일은 결과적으로 귀족계급을 위태롭게 만드는 일이라고 생각하여 영국 교회조차도 귀족 계급의 편에 서서 빈민층을 구제하여 주는 일에만 관심을 가졌을 뿐 교육은 전혀 생각할 수도 없는 일이었다.[13]

그러나 산업혁명은 종래의 지주와 소작, 귀족과 평민이라는 사회의 이원적 구조를 깨뜨렸고 정적인 사회가 동적인 사회로 바뀌게 됐다. 1000년간 기독교 교권 지배 아래 있던 교육 환경 사회 경제체제가 산업혁명으로 와해되고 능력에 따라 대우를 받게 됨으로써 중산층 계급이 형성되었다. 교육 주도권이 세속사회로 넘겨져 교회와 연결된 전통학교, 부유층을 위한 사립학교, 중세기 공립학교로 남아 있던 자선학교와 같은 세 가지 형태로 학교가 개설되었다.[14] 그리고 이와 같이 새로운 형태의 학교와 더불어 이전부터 있었던 고전학교들도 병행해서 유지되고 있었다.

---

13 장종철, 『존 웨슬리의 교육신학』 (서울: 감리교신학대학교 출판부, 1990), 201.
14 오인탁 외, 『기독교 교육론』 (서울: 대한기독교교육협회, 1984), 135-36.

빈민층의 가난한 아이들은 그 시대의 박애주의의 정신을 일으켰고, 빈민 교육은 순수한 박애주의적 동기에서 귀족들이 그 시대에 악하고 조절되지 않은 거리의 아이들로부터 많은 위험이 일어나는 것을 보았기 때문에, 그러한 위험에 대처하기 위한 모험이라는 측면에서 행해졌다. 성 제임스가 성 자일스St. Giles같은 선구적 교구에서는 구빈원救貧院, workhouse을 지어서 마을 안에 사는 젊은 세대들이 더 낫고, 빈민의 자녀들이 게으른 부랑자 생활 속에서 종교 없이 죄 가운데 자라나지 않고, 그들의 눈에 하나님에 대한 경외감이 있고, 덕성스런 습관을 가지며 노동에 익숙하여 사회에 필요한 인물로 자라나기를 바랐다.

그들이 달성하려고 한 교육은 교리문답과 읽기, 다소간의 '계산'과 이따금씩 하는 직업훈련이었다. 노동계급의 자녀들에게는 견습공 훈련 전에 잠시 동안 가진 배움 외에는 교육이라는 개념조차도 18세기 말까지는 존재하지 않았다. 자선학교에서는 그 목표조차 노골적으로 공리주의적이었다. 그럼에도 이런 보잘것없는 교육조차도 많은 사람이 받지 못했다. 그 까닭은 가난한 아이가 이 세상에서 해야 할 일이란 가계를 돕는 것이라고 생각했고, 이러한 미성년 노동자를 고용하고 있는 사람들이 하루 종일 또는 반나절씩이나 학교에서 시간을 '낭비'한다고 불평했기 때문이다. 주일학교는 주중의 일과 겹치지 않는 반면에 그 동기가 근본적으로 종교적이었고, 주로 감리교 운동의 결과로서 생겨난 것으로 이전에는 그 영향이 별로 크지 못했다.[15]

웨슬리가 활동하던 시기의 영국은 산업혁명의 초창기로서 사회질서는 무너지고, 노동자들은 빈곤과 과로로 고통 받으며, 도덕은 땅에 떨어져 있던 퇴폐의 세기였다. 그리고 교육은 귀족 계급의 자녀들만이 받을 수 있었고 빈민층은 교육에서 소외되었다. 그러한 상황에서

---

15 알프레드 버디, 『존 웨슬리와 교육』, 장종철 · 주신자 옮김(서울: 기독교대한감리회 교육국, 1995), 40-41.

웨슬리는 가난한 계층의 자녀들도 교육을 받을 수 있도록 교육환경을
만들어 갔다.

웨슬리는 18세기 당시의 교육의 문제점에 대해 다음과 같이 지적했
다. 첫째, 그는 학교 환경의 나쁜 위치를 지적했다. 학교가 대도시의
밀집된 곳에 위치하고 있어서 지방에 사는 아이들에게는 거리가 멀고
도시의 나쁜 환경으로 인해 어린이들에게 좋지 않은 영향을 끼친다며
학교 환경의 부적절함을 지적했다. 둘째로, 좋은 학교에 난잡한 아이
들이 입학해 학교의 분위기를 나쁘게 만들어, 좋은 아이들까지 악영
향을 받을 수 있다고 지적했다. 셋째, 종교 교육의 극단적인 결함을
지적했다. 당시의 교장 선생님들이 종교에 대한 무관심함을 지적했
다. 넷째, 종교의 선택, 종교 교육의 방법, 범위에 결점이 있음을 지
적하고 있다.[16]

존 웨슬리는 이렇게 교육여건과 환경이 열악한 시기에 모든 계층의
사람들을 향한 교육에 관심을 기울였다. 그는 영혼 구원에 있어서는
하나님이 유일한 의사이지만 인간도 그 치료를 도울 수 있으며, 그 도
움은 바로 교육을 통해서 효과적으로 이루어갈 수 있다고 믿었다.

2. 존 웨슬리의 교육관

18세기는 아무도 교육의 평등을 주장하지 못하는 시기였고, 빈민층
들은 자신들이 교육을 받을 권리가 있는지도 몰랐으며, 그 사실을 입
밖으로도 낼 수조차 없는 시대였다. 그럼에도 불구하고, 존 웨슬리는
브리스틀에 킹스우드 학교를 세워 빈민층의 교육을 종교적 사명으로
알고 이를 실천했고, 성공적으로 완수하여 영국의 대중 교육의 창시

16 장종철, 『존 웨슬리의 교육신학』, 179-80.

자이자 종교 교육의 이상적인 모델을 만들었다.

　존 웨슬리는 사람들에게 두 가지 방법으로 그의 사상을 전달했다. 한 가지는 설교였고, 다른 한 가지는 교육이었다. 그의 설교 내용은 복음이었으며, 교육 내용은 자유liberal 사상이었다. 사람들은 설교와 교육을 통해 웨슬리의 사상을 함께 공감하면서 받아들일 수가 있었다. 앨프리드 버디는 웨슬리의 교육관과 그의 위치에 대해 다음과 같이 기술하고 있다.

> 18세기의 특징을 살펴보면 영국 역사상 이때처럼 교육의 근거 발전에 순조롭지 못한 시기가 없었음에도 불구하고, 그 시대의 대표적 인물인 존 웨슬리가 대중 교육의 창시자가 되었다는 것은 사실 믿기 어려운 일이다. 당시는 교육이 불가피하게 초래하는 계급 평등을 원하지 않았고, 특히 가난한 자를 위한 교육의 필요성에 대해 대개 찬성하지 않았으며, 또한 빈민층도 분명히 교육받을 권리가 있다고 감히 주장할 수 없던 때였다. 그러나 우연한 행운으로 웨슬리는 그의 종교적 사명을 완수하는 데 교육이 기초가 됨을 알았다. 그리하여 그는 교육의 이론적 체계를 만들었을 뿐만 아니라 사도 시대에도 부끄럽지 않을 이상적인 학교를 건설하는 작업을 시작한 것이다.[17]

　존 웨슬리는 교육을 통하여 그 시대에 적합한 임무를 수행하려고 했던 실천적인 인물이었다. 뿐만 아니라, 그는 당시 영국의 교육 불평등 문제를 해결하기 위한 교육 원리들을 기독교 신앙의 관점에서 성찰하면서, 종교와 교육의 이상적인 융합을 대중 교육의 기초로 삼았던, 18세기 영국의 교육개혁을 주도한 중심인물이었다고 평가할 수 있을 것이다.

---

17 앨프레드 버디, 『존 웨슬리와 교육』, 32-33.

1) 존 웨슬리의 교육 사상 형성 배경

존 웨슬리에게 영향을 미친 요소는 다양하다. 그는 영국 성공회, 청교도, 모라비아 경건주의Pietism, 마르틴 루터Martin Luther를 비롯한 종교개혁자들, 가톨릭교회의 신비주의, 동방 교회의 교부들 등으로부터 많은 영향을 받았다. 그뿐 아니라 웨슬리는 토마스 아 켐피스Thomas à Kempis, 제러미 테일러Jeremy Taylor, 윌리엄 로William Law와 같은 신비주의 저자들에 의해서도 영향을 받았다. 또한 퀘이커교도와 미국의 조너선 에드워즈Jonathan Edwards도 웨슬리에게 영향을 주었다.[18] 그러나 무엇보다도 웨슬리의 어머니 수재너Susanna Wesley로부터 받은 가정교육은 그에게 지대한 영향을 미쳤다.

① 수재너의 가정교육

존 웨슬리에게 신앙적으로나 교육적으로 가장 큰 영향을 준 것은 그의 어머니 수재너의 가정교육이었다. 수재너는 자녀 교육을 하나님께서 자신에게 위탁하신 가장 큰 의무요 신성한 직무라고 믿고 자녀들의 종교 교육에 전념했다. 교육을 '인간을 변화시키려는 계획적인 노력'이라고 정의한다면, 수재너는 엄격한 규칙 아래 교육을 실시했다. 그녀는 자신이 세운 규칙들을 철저히 준수하게 했고, 자녀들의 행동과 생활을 통제했으며, 그 규칙들은 빈틈없이 조직적인 것이었다.

수재너의 자녀 교육은 사실상 아이가 태어나면서부터 시작되었다고 할 수 있다. 그녀는 자녀들을 갓난아이 때부터 일정한 규칙에 따르는 생활을 하도록 세심하게 종교 교육의 원리와 방법들을 연구해 냈는데, 물론 그것은 단순한 규칙에 따라서 생활하는 훈련이었다. 예를 들

---

18 홍성철, 『불타는 전도자 존 웨슬리』 (서울: 도서출판 세북, 2005), 15.

어 잠자는 시간, 잠에서 깨는 시간, 먹는 시간, 노는 시간, 그리고 기도 시간 등 일정한 규칙과 시간표에 따라서 매일의 생활을 하게 하는 것이었다. 이와 같이 수재너는 자녀 교육의 제일의 목표를 규칙적인 생활로 정하고 아이들의 방종을 제재하고 착실하게 종교 교육을 시켰으며, 매일 저녁 시간을 정해 놓고 개별 상담과 기도를 통해 자녀 교육을 해 나갔다.

1732년 웨슬리는 어머니 수재너에게 교육 원리와 방법과 실천에 대해 설명해 줄 것을 요청했다.[19] 그는 어머니의 교육 방법을 배워서 옥스퍼드 신성클럽 회원들의 신앙 훈련에 적용하기 위해서였다. 이에 대해 수재너는 자신의 교육에 관하여 자세하게 써 보냈다. 웨슬리에게 보낸 1732년 7월 24일 편지에는 수재너의 교육 원리와 방법이 잘 나타나 있는데, 편지에 나타난 수재너의 교육 원리를 정리하면 다음과 같다.

첫째, 아이들이 스스로 할 수 있는 일은 자기의 힘으로 하여 정신적인 독립심과 사회적인 독립심을 길러주는 것이었다. 둘째, 질서 있고 절제하는 생활을 엄격하게 가르쳤다. 무엇에든지 자신의 욕구를 따라서 제 맘대로 하도록 내버려 두지 않았다. 셋째, 잘못한 행동에 대하여는 반드시 책임을 져야만 하고 또한 형벌의 고통이 따른다는 것을 알게 하고, 그로 인한 불행을 예방하게 하는 것이었다. 넷째, 온 가족이 행복한 생활을 하기 위하여 가정을 언제나 조용하고 평온하게 만드는 것이었다. 다섯째, 모든 말과 행동에서 정확하고 엄격한 예절을 지키도록 했다. 무엇에든지 무례하거나 천박한 행동을 금했다. 여섯째,

---

19 웨슬리가 어머니 수재너에게서 받은 교육의 영향에 관한 자료들은 웨슬리 자신이 설교 형태로 쓴 4편의 글 안에 있다. 4편의 글은 다음과 같다. "가정종교에 관하여on family religion"(1783), "어린이 교육에 관하여on education of children"(1783), "부모에 대한 순종에 관하여on obedience to parents"(1784), "교역자에 대한 순종에 관하여on obedience to pastors"(1785).

모든 언행은 언제나 신중하고 이성적이어야 했다. 일곱째, 아이들은 부모의 말씀에 기꺼이 순종해야 했다.[20]

수재너의 교육 원리와 방법은 대표적으로 두 가지 사상의 영향을 받은 것이라고 여겨진다. 첫째는 아버지 새뮤얼 아네슬리Samuel Annesley와 리처드 백스터Richard Baxter를 비롯한 철저한 청교도의 경건주의 교육이었으며, 둘째는 당시 중산층 계급의 부모들에게 유행했던 존 로크John Locke의 교육 이론에 깊은 영향을 받은 것으로 여겨진다. 실제로 수재너는 로크의 교육에 관한 책들을 읽고 경탄했으며, 그의 교육 이론과 방법을 잘 이해하고 있었고, 특별히 로크의 '의지 정복conquering the will'이라는 교육 원리에 깊이 공감했다.

수재너는 아이들의 마음과 성품을 형성하기 위해서 가장 먼저 필요한 것은 아이들의 악한 의지를 정복하고 파괴하는 일이며, 그것은 빠르면 빠를수록 좋다는 기본적인 신념과 원칙을 가지고 있었다. 왜냐하면 인간의 원죄에 가득히 오염된 자기 의지self-will는 죄와 불행의 뿌리이며, 복종된 의지mortified will만이 경건과 행복을 생산할 수 있다고 믿었기 때문이다. 그래서 그녀는 '일찍부터 매를 두려워하고 조용히 우는 것'은 나중에 어른이 되어서 고통과 불행을 당하지 않는 지름길이라고 믿었다. 수재너는 신앙이란 우리 자신을 하나님의 의지에 복종시키고 죄를 정복하기 위해서 우리의 의지를 꺾는 일이며, 이것을 이루기 위해서 먼저 자녀들은 부모로부터 엄격한 훈련을 받아야 한다고 생각했다.

한편, 수재너의 교육 방법 중에 회초리로 때리는 체벌 때문에 수재너를 비판하는 사람도 있었지만, 그녀는 아이들을 회초리로 다스려야 하는 이유를 아이들의 악한 '의지 파괴will breaking'에 있다고 설명했다.

---

20 김진두, 『웨슬리의 뿌리』(서울: kmc, 2009), 107-10.

아이들의 마음을 형성하기 위해서 가장 먼저 해야 하는 일은 그들의 의지를 정복하고, 그들이 순종적인 기질을 갖도록 기르는 것이다. 이것을 이해시키는 것은 시간이 걸리는 일이며, 아이들과 함께 아이들이 감당할 수 있는 단계들을 천천히 밟아가는 과정이 필요하다. 그렇지만 의지를 복종시키는 일은 단번에 이루어져야 하며, 빠르면 빠를수록 좋은 것이다. 제때에 교정하는 일을 소홀히 하면 고집이 강해지고 나중에는 그 고집을 정복하는 것이 불가능하다. 그리고 그 악한 고집을 파괴하기 위해서는 아이에게나 나에게나 너무나 고통스러운 가혹한 방법을 사용하지 않을 수 없게 되는 것이다.[21]

그러나 수재너는 아이들의 잘못을 교정하기 위해서 가혹한 방법을 사용하는 것이 필요하다고 주장했지만, 그렇게 하는 것을 좋아하거나 좋은 방법이라고 생각한 것은 결코 아니었다. 수재너는 자기 자신에게 이렇게 경고한다.

자녀들을 벌할 때에는 결코 너의 욕망을 만족시키기 위해서 하지 말고 다만 그들의 잘못을 바로잡아주어야 하는 부모 된 책임감에서 하라. 그리고 벌이 지나치지 않도록 극히 조심하고 그 잘못에 적절한 분량의 벌을 주어야 한다. 또한 자녀들의 이성의 연약함과 판단의 미성숙함을 늘 배려해야 한다.[22]

수재너는 아이들의 의지가 경건한 부모의 신앙적 의지에 따라서 정복되고 다스려지고 훈련되고 인내되어야 한다고 믿었다. 여기서 말하

---

21 John A. Newton, *Susanna Wesley and the Puritan Tradition in Methodism* (London: Epworth Press, 2002), 113.
22 같은 책, 113-14.

는 의지는 아이의 자기 의지이며, 인간의 본성적 의지를 의미한다. 수재너는 아이들을 인간의 본성적 의지로 키운다면 불경건하고 비참하고 불행한 인생을 살게 될 것이라고 믿었다. 말하자면 수재너의 교육의 분명한 목적은 아이들이 하나님 안에서 행복한 삶을 살 수 있는 길을 가르쳐 주는 것이었다. 수재너는 이것에 관하여 다음과 같이 주장한다.

> 인간의 본성적인 자기 의지는 모든 죄악의 뿌리이며, 이것이 아이들에게서 자라나면 반드시 불경건과 비참함과 고통과 온갖 불행이 발생한다. 반면에 아이들에게서 이것을 굴복시키고 죽일수록 경건과 행복이 증진된다. 종교란 인간의 의지를 따라서 행하는 것이 아니라 하나님의 의지를 행하는 것 이상의 아무것도 아니다. 현세적인 행복과 영원한 행복에 가장 큰 장애물은 바로 이 자기 의지이다. 자기 의지에 방종하면 인생은 허망하게 되고, 자기 의지를 부인하지 않으면 인생은 아무것도 얻지 못한다. 천국과 지옥은 오로지 자기 의지를 어떻게 다스리느냐에 달려 있다. 그러므로 자녀의 의지를 굴복시키기를 가르치는 부모는 영혼을 갱신하고 구원하는 일에서 하나님의 동역자가 되는 것이며, 자녀의 자기 의지를 방종하는 부모는 마귀의 동역자가 되는 것과 같다. 자녀의 자기 의지를 방종하면 종교는 아무 소용이 없게 되고, 구원도 잃어버리고, 종국에는 자녀의 영혼과 육체를 영원한 저주에 떨어지게 하는 꼴이 되고 만다.[23]

수재너는 자녀들에게 진정한 행복은 성결에서 나오는 것임을 알도록 교육시켰고, 자녀들이 행복하기 위해서는 먼저 행복한 성품을 소유해야 한다고 보았는데, 행복한 성품은 성결한 성품이라고 가르쳤다.

---

23 Clarke Wallace Jr., ed., *Susanna Wesley-The Complete Writings* (New York: Oxford University Press, 1997), 12. 김진두, 『웨슬리의 뿌리』, 138에서 재인용.

수재너는 그녀의 자녀들을 양육함에 있어서 8가지 규칙을 가지고 있었다. 첫째, 누구든지 잘못했다고 생각될 때 그것을 솔직하게 고백하고 다시 안 하기로 약속하면 매를 들지 않는다. 둘째, 거짓말이나 훔치는 일이나 복종을 안 하는 일이나 싸우거나 하는 죄가 되는 일을 하였을 때는 반드시 벌을 준다. 셋째, 똑같은 잘못 때문에 두 번 야단치거나 매를 때리는 법은 없다. 넷째, 스스로 생각해서 순종의 모습을 보였을 때는 항상 칭찬해 주고 결과에 따라서 상을 준다. 다섯째, 어떤 아이든지 순종하는 행동을 하거나 남을 기쁘게 해주기 위하여 마음 먹고 행동했을 때는 그것이 비록 제대로 되지 않았어도 그것을 잘 받아들여 주고 다음에는 더욱 잘하도록 사랑으로 가르친다. 여섯째, 예의범절을 바르게 하고 남의 물건이면 비록 값어치가 보잘것없는 것이라도 손대지 말아야 한다. 일곱째, 약속을 하면 엄격히 지켜야 한다. 여덟째, 글을 잘 읽게 될 때까지는 여자에게 일을 가르쳐서는 안 된다.[24]

수재너는 이러한 자녀들을 양육하는 기본 원칙 위에 자신의 교육 방법의 기초를 만들었지만, 결코 이를 기계적으로 사용하지는 않았다. 이는 수재너가 아이들의 영혼을 하나님께로부터 위탁받은 보화라고 생각하여, 그 보화를 증식하고 다듬는 일이 하나님께 대한 책임을 지는 것이라고 생각했고, 아이들 하나하나를 돌보는 일에 철저한 의무감을 느꼈다. 그리고 수재너는 아이들의 고집을 꺾고 규칙적인 생활을 하게 하는 가정교육의 수단으로 육체적인 징벌에만 의존하지 않았다. 웨슬리는 후에 '가정 종교에 관하여'라는 설교에서 그의 어머니가 사용했던 가정교육 방법을 회상하면서 수재너가 행한 육체적인 징벌은 가장 마지막 수단으로 사용했음을 말하고 있다.

이러한 수재너의 가정교육은 웨슬리가 그의 삶을 살아가는 데 중요

---

24 John A. Newton, *Susanna Wesley and the Puritan Tradition in Methodism*, 112.

한 기준처럼 작용했다. 웨슬리는 옥스퍼드 대학 링컨 칼리지의 교수로 있을 때에 어머니 수재너에게 드리는 편지에서 어릴 적 매주 목요일 저녁마다 어머니와의 데이트를 이렇게 추억했다.

어머니는 매우 분주한 생활 속에서도 귀중한 시간을 내어 나를 만나 주셨으며 나에게 깊은 감동을 주셨습니다. 어머니의 방법은 진정 성공적이었습니다. 만일 어머니께서 그 옛날 어렸을 때에 나에게 하셨던 것처럼 오늘 나에게 적은 시간이라도 내어주신다면 얼마나 좋을까요? 정말 그럴 수만 있다면 그때 나의 마음을 만들어 주었던 것처럼 지금도 나의 마음을 교정하는 데 매우 유익할 것입니다. 어머니, 오늘 나의 나 된 것은 그때 어머니와의 만남 속에서 된 것입니다. 어머니 그때가 그립습니다.[25]

웨슬리는 자신의 설교 '가정 종교에 관하여'에서 자신의 어머니가 지켰던 교육의 원리와 방법들에 대해 매우 긍정적으로 평가했고, 본문 내용인 "오직 나와 내 집은 주님을 섬기겠노라"(수 24:15)는 말씀을 강해할 때에 다음과 같이 역설했다.

여러분의 자녀들이 어린 동안에는 충고나 설득이나 꾸지람으로 죄를 짓지 않게 할 수 있을 것입니다. 또한 제재를 가함으로도 할 수 있지만 이 수단은 다른 모든 수단을 시도했지만 그것들이 효과가 없을 때 마지막 수단으로 사용되어야 합니다. 그리고 그럴 경우에라도 여러분은 화난 모습을 피하고 최상의 돌봄을 취해야 합니다. 온유함으로 이 모든 일은 이루어져야 합니다. 또한 부드러움을 가지고 해야 합니다. 그렇지 않으면 여러분의 영혼은 상실을 경험할 것이고, 아이들

---

25 김진두, 『웨슬리의 뿌리』, 135.

에게도 어떤 유익이 되지 않을 것입니다.[26]

웨슬리는 어머니의 종교 교육의 목적이 인간의 마음을 자기 의지, 교만, 혈기, 원수 갚음, 세상에 대한 사랑으로부터의 자기 부정, 낮아짐, 온유함, 하나님 사랑, 이웃 사랑에로 돌이키게 하는 것이라고 믿었다. 그는 가능한 한 종교 교육은 친절함과 부드러움과 따뜻함에 의해서 이루어져야 하며, 특별한 경우에는 '친절한 엄격함kind severity'으로써 교정하는 것이 필요한데, 그럴지라도 벌은 극히 조심스럽게 최후의 수단으로서만 사용되어야 한다고 가르쳤다.[27]

웨슬리는 감리교회의 경건의 특징으로서 가정 종교family religion를 강조했으며, 모든 감리교회의 가정에 매일 가족 기도회family devotion를 실천할 것을 가르쳤다. 실제로 가족 기도회는 초기 감리교회 경건생활에서 가장 중요한 은혜의 방편이었다.

수재너는 모든 자녀들을 두 번씩 낳았다. 첫 번째는 몸을 낳았고, 두 번째는 성품을 낳았다. 그녀는 규칙에 따르는 훈련된 생활을 통하여 자녀들이 평생토록 행복하게 살아갈 수 있게 해주는 마음과 정신과 성품과 생활 습관을 낳아 주었다.[28]

② 사상적 배경[29]

---

26 한국웨슬리학회 편, 『웨슬리설교전집 5』(서울: 대한기독교서회, 2006), 296.

27 John A. Newton, *Susanna Wesley and the Puritan Tradition in Methodism*, 120.

28 김진두, 『웨슬리의 뿌리』, 124.

29 웨슬리는 제러미 테일러의 『거룩한 삶과 거룩한 죽음의 규칙과 훈련*The Rules and Exercises of Holy Living and Holy Dying*』, 윌리엄 로의 『그리스도인의 완전에 대한 실천적 논문*Practical Treatise upon Christian Perfection*』과 『경건하고 거룩한 생활에의 엄숙한 부름*A Serious Call to a Devote and Holy Life*』 그리고 토마스 아 켐피스의 『그리스도를 본받아*Of the Imitation of Jesus Christ*』, 헨리 스쿠걸Henry Scougall의 『인간 영혼 속에서의 하나님의 삶*Life of God in the Soul of Man*』을 읽고 많은 영향을 받았다. 이 책들은 개인의 성결과 상실한 하나님의 형상의 회복을

인문주의자들의 영향

로크는 18세기 영국의 교육 이론을 정립하는 데 가장 지대한 공을 세운 사람으로, 그의 교육은 종종 '교육은 규율이다'라는 슬로건으로 축약되고 있다. 즉, 아주 엄격한 규율 아래서 아이들을 양육할 것을 권고했다. 로크의 사상은 웨슬리의 어머니 수재너에게 깊은 영향을 주었고, 웨슬리 자신도 로크의 영향을 받아 교육은 아주 엄격한 통제 아래 아이들을 교육해야 한다는 입장을 견지했다. 웨슬리의 교육 가운데 '의지 파괴'는 로크의 영향을 받은 그의 어머니 수재너의 가르침으로, 어릴 때부터 그의 가정에서 경험한 것이었다. 수재너는 자녀들의 의지를 꺾고 부모에게 순종하도록 가르쳤다. 웨슬리는 '자녀 교육에 관하여'라는 설교에서 다음과 같이 언급하고 있다.

> 자녀들에게 비위 맞추는 것은 그들의 병을 불치의 병으로 만드는 것입니다. 반면에 현명한 부모는 그들의 의지가 처음 나타날 때 꺾어버리는 것을 시작합니다. 기독교 교육의 전반적인 기법에서 이보다 더 중요한 것은 없습니다. 부모의 의지는 어린이들에게는 하나님의 의지와 같은 위치에 있는 것입니다. 그러므로 그들이 어린이일 동안 이것에 순종하도록 그들을 지속적으로 가르쳐야 합니다. 그러면 그들이 성인이 되었을 때 하나님의 의지에 순종할 준비가 되었을 것입니다.[30]

웨슬리는 부패하고 잘못된 인간 본성에 의한 악한 의지를 오직 교육만이 바로잡을 수 있다고 생각했다. 웨슬리가 로크에게서 영향을 받았다고 보여 지는 내용은 웨슬리의 '가정종교에 관하여' 라는 설교에

강조했을 뿐 아니라, 하나님의 사랑을 실현하는 것이 율법과 도덕법의 본질임을 말해주고 있다. 김영선, 『존 웨슬리와 감리교신학』 (서울: 대한기독교서회, 2010), 20.
30 한국웨슬리학회 편, 『웨슬리설교전집 5』, 334.

나타나 있다.

> 그 자신의 피조물에 대해 가장 잘 아시는 하나님 자신이 우리에게
> 명백하게 "매를 아끼는 자는 그 자식을 미워하는 것입니다. 그러나 그
> 를 사랑하는 자는 근실히 징계하느니라"(잠 13:24)라고 말씀하셨기
> 때문입니다. 하나님을 두려워하는 모든 이들에 대한 분명한 명령인
> "희망이 있는 동안에는 너의 아들을 징계하고, 그의 우는 것에 대해
> 마음을 두지 말라"는 것은 바로 이 말씀에 근거를 두고 있습니다.[31]

로크나 웨슬리나 다 같이 자녀를 엄격한 규율로 다스려야 할 때 회
초리를 사용하도록 강조하고 있는 점에서는 같다. 그러나 웨슬리는
벌이 필요하다고는 말했지만 그 벌은 마지막 수단으로 사용할 것을 권
고하고 있다.

로크와 웨슬리에게 있어서 차이가 있다면, 로크는 하나님의 권위보
다는 사회의 권위를 더 중요시하고 있으며, 또한 교역자의 권위를 지
주나 귀족계급의 권위로 바꾸려고 하였다. 그러나 웨슬리는 로크의
사상과는 달리 하나님의 권위를 중요하게 인정하고 있을 뿐만 아니라
부모의 권위는 하나님께로부터 직접 나오며 하나님께서 위임해 주신
권위라고 말하고 있다.[32]

둘째, 존 밀턴John Milton의 영향이다. 밀턴은 "배움의 목적은 하나님
을 바로 앎으로서 우리의 첫 부모가 실패한 것을 바로잡는 것"이라고
말했다. 그러나 웨슬리는 밀턴의 주장을 부분적으로 인정하지만 사실
상 교육을 통해서 이 일을 실현하는 것은 불가능한 것으로 보았다.

---

31 같은 책, 297.
32 한국웨슬리신학회 편, 『웨슬리와 감리교신학』 (서울: 감리교신학대학교 출판부,
   1999), 406-7.

셋째, 장 자크 루소Jean J. Rousseau의 영향이다. 루소의 교육적 이상은 밀턴보다 더 개방적이었다. 그의 교육 사상은 도덕적 교훈에 중점을 두지 않았고, 루소 자신이 일반 철학을 통하여 그 시대의 귀족주의 정신에 반감을 불러일으켰기 때문에 회의적으로 받아들여졌다. 웨슬리는 루소의 책 『에밀Emile』을 읽고 검토하기도 했다. 그러나 웨슬리는 루소의 교육 사상은 지나치게 개방적이었기 때문에 수용하지 않았다.

넷째, 요한 코메니우스John Amos Commenius의 영향이다. 웨슬리는 코메니우스의 교육 사상에 크게 영향을 받았는데, 그의 교육 이론 중에는 코메니우스로부터 도입하여 사용하고 있는 부분이 많았다. 코메니우스의 교육 사상의 교수방법론에 영향을 받은 웨슬리는 지식의 대상이 되는 자연 세계의 모든 사물들을 이해할 수 있는 새로운 우주관과 보편적 규범을 창안하려고 시도했다. 코메니우스는 우주의 자연 세계는 질서와 조화의 원리로 운영되고 있다는 확신을 가지고 있었다. 자연 속에 있는 영원한 모든 것 사이에는 상관관계가 있고 인간 내면세계의 본유적 관념은 자연과 조화를 이루고 있다. 그는 이와 같은 자연의 조화의 원리를 병행의 원리 혹은 유사성의 원리에 근거하여 가장 독창적인 원리로써 유추법method of analogy을 창안했다. 이 방법은 부분들을 전체와 전체를 다른 전체들과 적합하게 비교 유추하는 것을 표현하는 혼합적 방법으로써 모든 사물들을 가장 완벽하게 알 수 있는 수단이 된다.[33] 웨슬리는 여호와를 경외하는 것이 지식과 지혜의 근본이 된다는 사실을 알게 하기 위하여 자연의 원리, 즉 실물 교육 방법을 사용했고, 엄격한 신앙 교육 방법을 추구했던 것이다. 이밖에도 윌리엄 로의 『그리스도인의 완전Christian Perfection』이라는 책은 웨슬리의 사상에 큰 영향을 끼쳤다.

---

33 이숙종, 『코메니우스의 교육 사상』 (서울: 교육과학사, 1996), 297.

청교도의 교육 사상

수재너의 자녀 교육 정신은 청교도 신앙 전통으로부터 배운 것이다. 그녀의 부모는 청교도의 '가정 종교'를 철저하게 실천하여 가정을 경건의 실험장으로 만들었으며, 수재너는 바로 청교도의 가정 종교로 훈련된 청교도 여성이었다. 수재너는 청교도 전통의 가정 종교를 자신의 가정생활과 자녀 교육에 그대로 실천했다.

청교도 신앙의 가장 중요한 실험장은 다름 아닌 가정이었다. 수재너의 부친 아네슬리는 가정을 잘 훈련된 교회로 만들려는 목표를 갖고 있었으며, 백스터는 기독교 신앙의 첫 번째 실천의 장은 가정이며, 이런 의미에서 가정은 하나의 거룩한 '신도회'가 되어야 한다고 강조했다.

아네슬리는 백스터의 '참된 목자reformed pastor'를 자신의 가정에서 실현하고자 한 전형적인 청교도 목사였다. 그는 "목사들은 먼저 자신의 가족에 대한 신앙 훈련에 집중해야 하고, 교인들 한 가족 한 가족의 신앙 훈련에 집중해야 한다"라고 가르쳤다. 또한 그는 "종교는 가정생활에서 먼저 건실하게 건축되지 아니하면 결코 안전하게 세워지지 않으며, 신앙의 복, 그리고 교회와 국가의 복지와 영광은 전적으로 가정이라는 정부와 의무를 얼마만큼 잘 수행하느냐에 달려 있다"라고 강조했다. 더 나아가서 인류가 바라는 세상의 개혁은 가정의 개혁을 통해서만 가능하다고 백스터는 역설했다.[34]

수재너는 이와 같은 청교도의 가정 종교 교육에 깊은 영향을 받았으며, 그녀는 청교도 전통의 가정 종교를 자신의 가정생활과 자녀 교육에 그대로 실천했고, 웨슬리는 자연스럽게 이런 청교도 전통의 가정 종교와 교육을 체화體化하게 되었던 것이다.

---

34 김진두, 『웨슬리의 뿌리』, 98-99.

모라비아교의 교육 사상

독일에서 시작된 경건주의는 종교개혁 이후 17세기 개신교 정통주의가 스콜라주의적인 교리적 경직성을 띠게 되자 이에 문제를 느끼고, 가슴으로 뜨겁게 체험하는 신앙의 열정을 사모하게 된 사람들에 의해 일어나게 되었다. 웨슬리에게 직접적인 영향을 준 경건주의는 니콜라스 친첸도르프Nikolas Ludwig Zinzendorf의 모라비아교 운동moravianism[35]이었다. 어린 시절을 어머니 수재너로부터 철저한 인격 속에서 감화 받아 왔던 웨슬리는 모라비아교도를 만남으로써 더욱 철저해졌다.

모라비아교도와 처음 만난 것은 1736년 조지아로 가던 배 안에서의 경험이었다. 폭풍우 가운데서도 두려움에 떨지 않고 기쁨으로 찬송하던 모라비아교도들의 믿음의 확신은 웨슬리에게 신선한 충격을 주었다. 이들의 신앙의 모습에서 웨슬리는 종교와 교육 사이에는 밀접한 관계가 있다는 신념을 갖게 되었다. 웨슬리는 조지아에서 모라비아교회의 훈련과 독일인 목사 스팡겐베르크A. G. Spangenberg의 신앙에서 많은 것을 배웠다.[36] 또한 모라비안 영국 선교사 페터 뵐러Peter Böhler를

---

35 모라비아교 부흥운동은 독일 헤른후트 지방에서 친첸도르프에 의해 시작되어 주변 지역으로 퍼져 나갔다. 그들은 마르틴 루터의 교리를 근거로 해서 죄의 용서와 신생의 체험, 그리고 성령의 증거에 의한 구원의 확신을 강조하였다. 루터가 교리적인 신앙과 가톨릭교회의 개혁을 주장하는 반면에, 모라비아교는 신자의 깊은 내면에서 성령의 체험을 통한 철저한 신앙의 개혁을 강조하고 성령 안에서 누리는 사랑과 평화와 기쁨으로 나타나는 마음의 신앙religion of heart을 중시하였다. 더욱이 그들은 신도회와 반회Band를 조직하여 성도의 경건 훈련과 교제의 효과를 극대화할 수 있었는데, 이것은 그들이 교회사에 남긴 가장 위대한 공헌이다. 그리고 이들이 주장한 마음의 신앙과 작은 모임의 조직은 존 웨슬리 형제에게 직접적인 영향을 주어 그들의 회심과 메소디스트 부흥운동에 결정적인 역할을 하였다. 김진두, 『존 웨슬리의 생애』(서울: kmc, 2008), 205-6.

36 웨슬리는 미국 조지아 주 서배너에서 모라비아교도들과 함께 생활하면서 그들에 대한 느낌을 다음과 같이 기록했다. "그들은 언제나 헌신적인 삶을 살고 있었으며 항상 기쁨에 차 있고, 서로에 대해 기뻐하고 있었다. 그들은 분노와 다툼, 노여움과

만나게 되면서 모라비아교도의 직접적인 영향을 받게 되었는데, 웨슬리는 그에게서 "순간적인 회심은 믿음으로 이루어진다"는 사실과 그의 조직력에 감동을 받게 되었다.[37] 1738년 5월 24일 웨슬리의 가슴이 뜨거워지는 올더스게이트 체험도 모라비안 집회에서였다. 이처럼 모라비아교도와의 교류는 웨슬리에게 값진 경험이었다.

웨슬리는 자신의 신앙에 큰 영향을 끼친 모라비아교도들에 대해 자세히 알고 싶은 욕망이 있었고, 결국 이들의 모습을 보기 위해 1738년 7월부터 9월에 걸쳐 독일을 방문했다. 특별히 1738년 8월에 웨슬리는 할레Halle에 있는 모라비안 고아원 학교를 방문하고 하나님의 자녀들이 가정과 같이 공동생활을 하는 모습에 큰 인상을 받았다. 그래서 웨슬리는 킹스우드에 세울 학교의 모델을 예나Jena의 교육 모델로 적용시키겠다는 생각을 가지고 돌아왔다. 웨슬리는 예나의 교육 모델을 연구하고 계획을 세워서 영국공립학교 최고의 전통에 따라서 킹스우드 학교를 설립, 운영했다.

2) 존 웨슬리의 교육관 형성 과정

존 웨슬리는 그의 가족적 배경, 차터하우스 학교에서의 생활, 옥스퍼드의 교육, 그리고 링컨 칼리지의 교수로서의 모든 시간들이 교육에 대한 그의 관심을 지속적으로 고조시켜 왔다. 또한 웨슬리는 많은 학교들을 방문하여 교육 이론에 대한 연구를 했으며, 여러 학교를 설립했고 자신의 생각을 교육 현장에 적용하기 위해 노력했다.

비통함, 그리고 아우성과 상스러운 말씨를 멀리했다. 그들은 그들에게 맡겨진 소명에 걸맞게 행동했고, 모든 일에 우리 주님의 복음의 향기를 풍기었다." 랄프 월러, 『존 웨슬리』, 74.

37 하워드 스나이더, 『혁신적 교회갱신과 웨슬레』, 조종남 옮김(서울: 대한기독교출판사, 1986), 42.

① 옥스퍼드 시절까지

존 웨슬리는 열 살 때 차터하우스에 입학, 열여섯 살 때 졸업했다. 이 학교에서의 생활은 즐거운 편이 되지 못했다. 비록 그가 이 시기에 규칙적으로 성서를 읽고 교회에 출석하여 기도하면서 그런대로 신앙생활은 유지하고 있었지만 그의 신앙생활은 높은 수준을 유지했다고는 볼 수 없다.

1702년에 웨슬리는 옥스퍼드 대학의 크라이스트처치 칼리지Christ Church College에 입학하여 1725년 그가 부제Deacon로 임명될 때까지 이 학교에 적을 두고 있었다. 옥스퍼드 대학 시절 성실하고 외형적으로 신앙생활상 의무를 준수하는 청년이었으나 본래 사제를 지망했던 것은 아니었기 때문에 신앙생활에 열심이었다고는 볼 수 없다.

그러나 1725년 성공회의 사제가 되겠다고 결심하고는 열심히 신비주의에 관한 서적을 탐독했다. 토마스 아 켐피스의 『그리스도를 본받아』[38], 제러미 테일러의 『거룩한 삶』과 『거룩한 죽음』 그 후 윌리엄 로의 『그리스도인의 완전에 대한 실천적 논문』을 읽으면서 깊은 감동을 받았다. 1725년은 웨슬리 생애에 있어서 부제로 임명을 받았다는 것뿐 아니라 정신적으로 크게 비약을 가져왔던 해다. 1725년에 있었던

---

38 웨슬리는 토마스 아 켐피스의 『그리스도를 본받아』를 통해 그의 하나님 추구에 대해 깊은 감명을 받았지만 그의 경건이 지닌 타계성에 대해서는 극히 비판적이었다. 토마스에 의하면 하나님이 인간을 이 세상에 두신 것은 인간을 끊임없이 비참한 상태에 두고자 함이라는 결론에 이르게 한다. 그러므로 인간이 이 세상에서 행복을 추구하는 일은 죄가 될 수밖에 없다는 것이다. 이에 대해 웨슬리는 우리의 삶 속에 일체의 기쁨이 죄라고 한다면 기독교로 개종할 사람은 거의 없을 것이라는 것이다. 토마스가 고난을 미화한 나머지 고난 그 자체가 선한 것처럼 여겼는데, 웨슬리는 구약 욥기의 예를 들어 고난을 미화해서는 안 된다고 주장했다. 하나님이 고난을 통해 사람을 겸손하게 할 수 있으나 그렇다고 고난이 선한 것이라고는 말할 수 없으며 고난은 우리에게서 극복되어져야 할 것이라고 말했다. 노로 요시오, 『존 웨슬리의 생애와 사상』, 85-92.

웨슬리의 신앙적 각성을 회심이라고 표현하기도 하고, 훗날 올더스게이트 회심 사건과 구분하기 위해 첫 번째 회심이라고도 부른다.

웨슬리가 옥스퍼드 대학의 링컨 칼리지의 튜터tutor가 되었을 때 윌리엄 로를 만나 지도를 받게 되었는데, 이때 본격적으로 신비주의에 접근하게 된다. 그러나 하나님과 인간이 신비적으로 하나가 된다는 의미로서의 신비주의는 아니었다. 후에 웨슬리는 신비주의에 혐오감을 느끼게 되었는데, 신비주의자들mystics이야말로 기독교의 최대의 적이며 그들에게 비하면 다른 적들은 별로 문제가 안 된다고 말할 정도였다.[39]

웨슬리가 신비주의에 대하여 혐오감을 느낀 것은, 신비주의자들이 하나님과 영혼과의 영적 일치를 설명함에 있어 때로는 지나치게 관능적인 용어와 비유, 그리고 화상畵像을 사용했는데, 이와 같은 것은 성결을 존중하고 사랑했던 웨슬리에게 견딜 수 없는 일이었다. 뿐만 아니라 웨슬리가 추구했던 신인일치神人一致란 인간이 겸허하게 하나님의 사랑의 의지를 향해 신뢰와 복종으로 점진하여 나아가는 것이지, 마치 인간이 하나님의 대해大海 속에 투신되어 그 인격을 상실해 버리는 것과 같은 그런 일치는 아니었다.

웨슬리가 추구한 일치는 도덕적인 것이었다. 그의 신앙은 교회적 신앙이었지 정적 속에 묻혀 고독한 영혼이 자기의 영혼의 밑바닥에서 하나님과 일치가 되려는 명상에 중점을 둔 신앙이 아니었다. 웨슬리의 신앙은 은혜의 수단인 교회나 성례전을 중히 여기는 것으로서 신비주의 경험에 빠져 주관주의로 전락해 버리는 것과는 거리가 있었다. 은혜의 수단을 중히 여긴다는 말은 하나님과 인간과의 관계가 아무런 매개물 없이 직접적으로 존재론적으로 일치한다는 것을 거부하고 있음을 의미한다. 그러므로 신비주의가 웨슬리에게 미친 영향은 실제적

---

39 같은 책, 95.

인 삶 속에서 성결하게 된다는 의미이며 온 마음과 뜻을 다하여 하나님을 사랑하고 이웃을 사랑하는 생활을 이 세상 삶 속에 추구한다는 것으로, 이를 세계내적 신비주의라 할 수 있다.[40]

웨슬리에게 있어서 옥스퍼드에서의 '신성클럽'은 비비언 그린이 지적했듯이 웨슬리에게 있어서는 뜻밖의 선물이었다. 신성클럽은 웨슬리가 옥스퍼드에 다시 들어오기 전에 이미 동생 찰스 웨슬리에 의해 시작되고 있었다. 회원으로는 웨슬리 형제들과 로버트 커컴Robert Kirkham, 윌리엄 모건William Morgan이 있었다. 이들은 매주 주간에는 서너 번 저녁에 모여 고전古典에 대해 토의하고 주일에는 신학에 대해 논의했다. 그들은 일주일에 한 번씩 성찬식을 행했고, 그들의 동료들과 죄수들, 그리고 옥스퍼드에 살고 있는 몇몇 빈민 가정들을 위해 최선을 다해 봉사했다. 신성클럽의 지도자로서 웨슬리는 그리스도인의 삶에 있어서 세 가지 측면을 강조했다. 첫째, 성찬과 예배 중심의 삶. 둘째, 모든 사람에게 선행을 베풀어야 하는 책임. 셋째, 신앙을 성장시키고 옹호함에 있어 인쇄된 글의 중요성이다.

이들은 초대 교회에서 예배의 중심을 이룬 것은 성찬식이었다고 믿고 자주 성찬식에 참여하였고 시간표를 정해 성서를 읽고 기도를 하는 등 규칙적인 생활에 힘썼다. 이들은 자신들의 활동을 다른 사람들을 돌보는 일에까지 확장시켰다.

② 미국 선교 경험

존 웨슬리는 조지아 주로 떠날 당시 선교적 열정으로 가득했었다. 웨슬리는 그의 열정을 다음과 같이 기록했다.

---

40 같은 책, 95-96.

고향을 떠나는 우리의 목적은 궁핍함을 피하거나 부와 명예를 얻기 위함이 아니다. 다만 우리가 이렇게 노래하리니 우리의 목적은 우리의 영혼을 구원함이요, 하나님의 영광을 위해 온전히 살아가기 위함이다.[41]

웨슬리가 킹스우드 학교를 설립한 동기에는 미국에서의 경험도 크게 작용했다. 1735년 웨슬리는 옥스퍼드 대학의 존 버턴John Burton의 권유로 미국 조지아 주의 선교사로 떠났다. 웨슬리와 동행한 사람 중에는 찰스 델라못Charles Delamotte이 있었는데, 그는 스물한 살의 나이였지만 웨슬리를 따라서 서배너Savannah에서 하층계층의 많은 어린이들을 모아 놓고 가르쳤다. 1년 후에는 30-40명의 어린이들이 읽고, 쓰고, 셈하게 되었다.[42]

서배너에서 웨슬리는 교육과 종교는 병행되어야 한다고 생각했다. 그는 아침 수업 전에, 그리고 방과 후에는 규칙적으로 어린이들에게 교리문답을 가르쳤고, 토요일과 주일 오후에는 나머지 다른 학생들에게 교리문답을 가르쳤다. 이들이 존 웨슬리와 관계된 최초의 학생들이었다.

웨슬리는 서배너에서 얻은 경험으로 킹스우드 학교 설립과 실천에 큰 도움이 되었다. 서배너에서의 경험으로 웨슬리는 첫째, 가장 하층 계급의 어린이들에게 교육을 시켰으며, 둘째, 종교와 교육을 분리시키지 않았고, 셋째, 학생들에게 회심을 일으키도록 철저하게 신앙 훈련을 시킨 것이었다.[43]

한편, 미국 선교 경험 가운데 웨슬리에게 큰 영향을 준 경험이 있었

---

41 존 웨슬리, 『존 웨슬리의 일기』, 나원용 옮김(서울: kmc, 2007), 34.
42 장종철, 『존 웨슬리의 교육신학』, 169.
43 같은 책, 170.

는데, 바로 모라비아교도들과의 만남이었다. 그들이 단지 폭풍우 속에서 보여준 용기에 감동받은 것이 아니라 항해 내내 모라비아교도들은 초대 교회의 이상에 가까운 삶을 보여 주었으며, 그들의 삶 속에서 초기 사도들의 신앙과 실천 그리고 훈련을 발견할 수 있었기 때문이다. 조지아 주 서배너에 도착한 후 웨슬리는 한동안 모라비아교도들과 함께 생활하면서 그들의 생활 방식을 살펴볼 수 있었다. 그들에 대한 느낌을 다음과 같이 기록했다.

> 그들은 언제나 헌신적인 삶을 살고 있었으며 항상 기쁨에 차 있고, 서로에 대해 기뻐하고 있었다. 그들은 분노와 다툼, 노여움과 비통함, 그리고 아우성과 상스러운 말씨를 멀리했다. 그들은 그들에게 맡겨진 소명에 걸맞게 행동했고, 모든 일에 우리 주님의 복음의 향기를 풍기었다.[44]

웨슬리는 미국에서 훗날 친첸도르프의 후계자가 된 모라비아교의 중요인물인 스팡겐베르크를 만나 각별한 교류를 했고, 이러한 모라비아교도와의 교류는 조지아를 떠나 영국에서도 계속되었다. 그러한 교제는 웨슬리가 올더스게이트에서의 회심을 가져온 직접적인 원인이 되어 회심 후에 웨슬리는 모라비아교도들이 있는 독일에까지 여행을 하게 만들었다.

흔히 미국 조지아 주에서의 웨슬리의 사역은 실패했다고 보기 쉬우나 그렇지만도 않다. 웨슬리의 사역을 보면 서배너에서의 회중의 수는 증가되었고, 웨슬리는 옥스퍼드 신성클럽과 유사한 소모임을 시작했고, 그것이 사람들의 영적 삶을 고양시키는 데 효과적이었다.

---

44 랄프 월러, 『존 웨슬리』, 74.

③ 유럽의 교육 모델 참관기

미국 조지아에서 영국으로 돌아온 존 웨슬리는 그가 시도했던 것들이 실패했다는 생각으로 괴로워했다. 미국으로 떠날 당시 그는 하나님을 위해 가치 있는 무엇인가를 함과 동시에 미국 인디언들과 정착민들의 영적 삶에 중대한 공헌을 하기를 희망했었다. 그러나 희망과는 달리 그의 선교 사역은 비참하게 마무리됐다고 여겼다. 웨슬리는 영국으로 돌아온 후 어떻게 해야 할지를 고민하고 있을 때 모라비아교의 페터 뵐러를 만나 그로부터 도움을 얻고, 급기야 1738년 5월 24일 올더스게이트에서 회심을 체험하게 된다.

웨슬리는 회심 이후 수개월 동안 모라비아교도들에게 큰 신세를 졌다. 이미 미국으로 향하는 여정에서 모라비아교도들로부터 큰 감명을 받았었기에, 헤른후트Herrnhut에 모라비아교도들을 위한 정착촌을 제공했던 친첸도르프 백작을 만나고 싶어 했다. 웨슬리는 모라비아교 운동, 경건생활, 예배의식 그리고 조직체계에 대해 최대한 많은 것을 알고 싶어 했다. 그래서 그는 4명의 영국인들과 3명의 독일인을 동반하고 1738년 6월 14일 대륙 방문길에 올랐다.

웨슬리 일행은 프랑크푸르트에서 약 40킬로미터 떨어진 마린보른 Marienborn에 도착했는데, 그곳에는 친첸도르프가 자신의 가족, 그리고 상당히 많은 손님들과 함께 생활하고 있었다. 친첸도르프는 가톨릭교도들의 습격을 피해 은밀한 장소를 찾아다니며 피난생활을 하는 중이었는데, 웨슬리가 거기에서 친첸도르프를 만난 것은 행운이었다.[45] 웨슬리는 모라비아교도들이 서로 조화롭게 살아가고 있는 모습을 보고 크게 감동을 받았고, 친첸도르프와 그의 부인의 간소하고 근검절약하는 모습에 찬사를 보내지 않을 수 없었다. 이러한 생활 방식

---

45 김진두, 『존 웨슬리의 생애』, 180.

에 감동을 받은 웨슬리는 후에 연합신도회 지도자들을 위한 규범들을 제정하게 되었을 때, 이와 비슷한 단순하고 절약하는 생활 방식을 강조했다.[46]

웨슬리 일행은 대학 도시인 할레에서 고아원을 방문했다. 웨슬리의 기록에 의하면 그 고아원은 도서 출판 및 판매, 그리고 약 조제 등을 통해서 매년 큰 수입을 올려 운영자금으로 사용하고 있었다. 웨슬리는 이 모든 사업에 극찬을 보냈으며 1738년 7월 24일자 일기에 다음과 같이 기록했다. "우리와 우리 선조들은 전혀 알지 못했던 이런 위대한 사업을 하나님께서 이곳에서 행하셨다."

할레의 고아원 방문 경험은 웨슬리의 마음속에 뿌리를 내려 훗날 다음과 같은 세 가지 열매를 맺게 했다. 첫째, 웨슬리의 북부지역 사역의 중심이 된 뉴캐슬New Castle의 고아원 건축. 둘째, 그의 교회 활동의 대부분의 자금 지원이 되었던 대단위 출판사업. 셋째, 빈곤층 사람들로 하여금 쉽게 의학적 도움과 의료시설에 접근할 수 있게 해준 런던 보건소 설립이 그것이다.

웨슬리 일행은 1738년 8월 1일 헤른후트에 도착했고, 모라비아교도들은 웨슬리 일행을 환영했다. 그들은 젊고 교육 수준이 높은 옥스퍼드의 교수인 웨슬리를 영국 지역과 영국 교회 안에서 그들의 영향력을 높이는 교두보로 생각했다. 웨슬리는 헤른후트에서 보낸 11일 동안 그가 본 많은 것들에 대해 크게 감동을 받았다. 웨슬리는 그들의 예배, 설교, 애찬회, 성경공부, 아침저녁 경건회, 구역회 모임과 반회 모임, 그리고 각종 기도회와 강의와 회의와 장례식에 참석하고, 그들의 조직과 운영방법 등을 부지런히 경험하면서 보냈다. 그는 고아원의 엄격한 교육 제도에 대해서도 기록을 남겼는데, 그곳의 아이들은 많은 수업을 소화해야 했으며 그들에게는 공휴일이 없었다. 11년 후

---

46 랄프 월러, 『존 웨슬리』, 111-12.

웨슬리가 킹스우드에 학교를 창설했을 때 엄격한 규칙에 따른 교육을 실시했는데, 이것은 웨슬리가 헤른후트에서 배운 것과 같은 유사한 방식으로 학생들을 교육했다.

헤른후트에서 웨슬리는 코메니우스가 가르치는 교육 사상이 실제로 어떻게 적용되고 있는가도 보았다. 코메니우스의 교육 사상이 집대성된 책은 『대교수론Great Didactics』인데, 거기에서 그는 "인간의 궁극적인 목적은 하나님과 함께하는 영원한 행복이다"란 원리를 기본원리로 삼고 있다. 코메니우스에게 있어서 교육은 단순히 자연적인 죄를 제거시키는 것이 아니고 인간을 도덕적으로 통제하도록 양육하는 것이었다. 이러한 지식을 얻는 순서는 지식, 덕목, 경건인데 이것은 교육의 목적이 되어 적용되고 있었다.

모라비아교도의 교육철학이 웨슬리에게 준 가장 큰 공헌은 어린이의 의지를 교사의 의지에 전적으로 항복시키도록 하는 것이었다. 헤른후트의 모라비아교도에게서 배운 교육은 "학생들의 의지를 고쳐주는 것"이었다. 이것은 웨슬리의 어머니 수재너가 자녀들을 엄격하게 교육시킨 것에서 온 영향이기도 하다. '의지 꺾기will-breaking'는 존 웨슬리나 수재너의 교육 방법으로써 신앙을 갖게 하는 가장 중요한 방법으로 실천되었다.

웨슬리는 훗날 그가 이상적인 학교를 세우는 데 헤른후트의 모라비아교 고아원 학교와 킹스우드 학교를 비교했고, 예나의 교육 모델을 적용시켰다. 1738년 8월 할레에 있는 모라비아교 고아원 학교를 방문했을 때 하나님의 자녀들이 가정과 같이 공동 생활하는 모습에 크게 인상을 받았다. 그래서 웨슬리는 킹스우드에 세울 학교의 모델을 예나의 교육 모델로 적용시키겠다는 생각을 갖고 돌아왔고, 실제로 예나의 교육 모델을 연구하고 계획을 세워 킹스우드 학교를 운영했다.[47]

47 장종철, 『존 웨슬리의 교육신학』, 28-29.

웨슬리는 1766년 브리스틀에서 일주일 동안 '어린이 교육에 관하여'라는 설교를 하며 교육캠페인을 벌인 내용을 그의 일기에 기록했다. 일기의 내용에는 18세기 당시의 교육의 문제점들을 비판하고 자신의 교육 이론을 구축했는데, 웨슬리가 생각한 교육의 최고 이상적인 방법은 종교와 교육이 함께 가는 것이어야 한다고 생각했다.

3) 존 웨슬리 교육 운동의 모체, 킹스우드 학교

웨슬리는 그 당시의 영국 교육 제도에 대해 불만을 품었고, 이교도 교장들의 불신앙적 가르침에 대항하여 진정한 기독교 정신에 입각한 교육 제도를 만들고자 했다. 그 이유는 성서를 바탕으로 한 신앙 교육의 중요성을 깨달았기 때문이다.

웨슬리는 당시 가장 이상적인 학교를 세우려고 결심한 후 영국, 네덜란드, 독일에서 이름난 명문 학교들을 탐방하고 조사했다. 여러 학교들을 탐방하고 조사한 후에 그곳에서 교육 이론을 도입하기도 하고, 그 당시 활동적인 학자들과 교육의 문제에 대해 토론하기도 하면서 당시의 교육 이론을 연구했다.

웨슬리는 자신의 연구와 그들과의 토론을 토대로 하여 쉽고도 성공할 수 있는 실천적인 교육 계획을 마련하기도 했다. 그의 이러한 교육 이론에 관한 연구의 목적은 당대의 유명한 교육 이론들과의 학문적 논쟁이나 토론을 위한 것이 아니었다. 그는 교육 현장의 개혁을 위한 실천적인 교육 구조를 위하여 단계적인 계획을 발전시키고자 했다. 그는 이론적으로 다른 사람에게 무엇인가를 가르치고자 하는 교육 도식이 아니라 교사와 학생들이 학교 안에서 직접 창조적으로 할 수 있는 것들이었다. 웨슬리가 생각한 최고의 이상적인 교육 방법은 종교에 바탕을 둔 교육이었다. 즉 일반 대중을 위한 교육의 기본도 기본적으로 종교적 가치를 염두에 둔 교육이어야 한다고 확신했던 것이다.

① 킹스우드 학교의 설립 배경

웨슬리는 미국 조지아에서 돌아온 후 1년만인 1739년 브리스틀 지역의 킹스우드에 광부들의 자녀들을 위한 학교를 설립하기로 결심했다. 이 학교를 계획하는 데 있어서 조지 휫필드George Whitefield의 영향이 컸다. 이 학교는 어린이들의 영혼을 구원하는 데 목적을 둔 선교 사업과 관계되어 있었는데, 이점에서 웨슬리나 휫필드는 같은 목표를 공유하고 있었다. 두 사람은 교육의 목표도 유사하였을 뿐 아니라 그 시대의 하나님을 부인하는 교육에 강력히 반대하였다. 그들은 교육의 목적을 어린이들의 영혼 구원에 두었을 뿐 아니라 교육의 방법에 있어서도 일치하였는데, 교육이 부자들에게 중요한 것 같이 가난한 자들에게도 사활死活이 걸린 필수적인 것으로써, 신앙에 근거해야 한다고 보았다.[48]

런던에서는 많은 아이들이 교육을 받았으나 그 당시 가난한 아이들은 전혀 교육을 받을 기회를 가질 수 없었다. 아이들은 마치 야생 망아지와 같아서 뛰어 돌아다녔을 뿐 아니라 '모든 악행'을 배우기도 했다. 그래서 아이들은 학교에 가서 그렇게 비싼 돈을 내고 그런 것을 배우기보다는 오히려 지식 없이 사는 편이 훨씬 나았다.

그런 모습을 보게 된 웨슬리는 그것을 고치기 위해 자기 자신이 필요하다면 무료라도 교육시킬 수 있는 길을 모색했다. 또한 우상숭배를 배울 필요가 없는 그런 학교를 세우기로 결심했다. 감리교 운동의 특징을 이룬 강한 박애주의와 만민에게 선교하고자 하는 웨슬리의 욕망이 사회의 최저계층에 대한 관심을 불러일으켰다. '킹스우드 학교

---

48 장종철, 『존 웨슬리의 교육신학』, 170-71.

의 솔직한 보고서Plain Account of Kingswood School'에서 그가 묘사하고 있는 대로 당시 공립학교의 상황에 너무 충격 받은 나머지 그는 다음과 같이 말하고 있다. 이것은 영국 교육 개혁을 향한 실질적인 학교 설립의 동기가 되었다.

> 이러한 너무도 뚜렷한 결함투성이가 없는 학교를 찾아 헤매다가 드디어 내 자신이 학교를 세워야겠다는 생각을 하게 되었다.[49]

1753년 9월 24일자 웨슬리의 일기에는 웨슬리가 킹스우드 학교를 설립하는 것에 대한 그의 열정과 의지가 분명하게 나타나고 있다.

> 나는 킹스우드 학교의 질서를 바로 세우기 위하여 더욱더 노력했다. 물론 많은 어려움이 있지만 이러한 계획을 세우는 일은 중요하다. 나는 전의 어떤 계획보다도 더 많은 시간과 돈을 투자했다. 많은 인내와 훈련이 필요하지만 그 일은 가치가 있는 것이다.[50]

웨슬리는 말로만 신앙 교육을 한 것이 아니라 실제로 학교를 세우고 신앙 교육을 실천했다. 킹스우드 학교와 자선학교들을 설립했으며, 이 학교의 근본 목적은 종교 교육, 즉 신앙 교육에 있었다. 웨슬리는 참다운 신앙 교육을 실천하기 위하여 신앙과 학문의 일치를 도모했던 것이다. 그의 교육적 관심은 계몽주의 시대의 산물인 기독교 신학의 이론적 틀을 벗어나 실천하는 참된 기독교 신앙의 기초 위에서 삶을 변화시키는 교육을 세우는 것이었다.

학교를 세우는 데 불충분한 여건에도 불구하고, 웨슬리는 1739년

---

49 알프레드 버디, 『존 웨슬리와 교육』, 41-42.
50 같은 책, 46.

에 시작하여 1740년 봄에 학교Old House를 완공했다. 이 학교의 교육 과정의 목적은 세속적인 교육과 종교적인 교육을 함께 제공하는 것이었다. 그리고 1747년 뉴 하우스New House를 완공하고 1748년 6월 28일에, 교사 6명과 학생 28명으로 정식으로 킹스우드 학교가 개교했다.

1749년에는 킹스우드에는 학교가 세 개가 있었다. 소년들을 위한 주간학교Day School와 소녀들을 위한 주간학교, 그리고 소녀들을 위한 고아학교가 그것이다. 또한 웨슬리는 브리스틀에 'The New School House'를 세웠고, 런던의 파운드리Foundry 예배당에서도 60명의 어린이들을 가르치는 학교를 세워 운영했다. 뉴캐슬에 세운 고아원은 고아와 동시에 가난한 아이들의 학교였다.[51]

웨슬리가 학교 부지를 킹스우드로 선택한 것은 주목할 만하다. 그 당시의 킹스우드는 그 지역 광부들에 의해 영향을 받고 있었는데, 상스럽고 거친 하류계층의 사람들로 이루어진 브리스틀의 변두리였다. 그러나 웨슬리가 킹스우드의 광부들에게 전도를 시작한 지 1년 후부터 그곳에 변화가 일어나기 시작했다. 그래서 웨슬리는 킹스우드는 더 이상 상스럽고 불경스러운 곳이 아니라고 자신 있게 말했다. 실제로 숲 전체의 소란과 소음은 사라져, 그들이 일상적으로 저녁 시간에 모여 하나님을 찬양할 때 이외에는 어떠한 소음도 들리지 않았다고 한다.[52]

킹스우드 학교는 6세부터 12세까지의 어린이들을 위한 초등학교 과정으로 시작하여 웨슬리 말년에는, 중, 고등학교 과정이 증설되었다. 킹스우드 학교는 처음에 종교적 경건과 도덕적 인격 교육을 원하는 일반 기독교인들의 자녀들을 위한 학교였다. 이 학교는 특별히 킹스우드 인근 광산촌의 가난한 광부들의 자녀들과 그밖에 가난한 자녀들이 우선적으로 입학하는 자선학교Charity School로 출발했다. 그러나 웨슬

---

51 김진두, 『웨슬리와 사랑의 혁명』, 99-100.
52 알프레드 버디, 『존 웨슬리와 교육』, 80.

리 사후에는 감리교회 설교자들의 자녀들에게도 입학이 허락되다가 차츰 일반인들의 자녀들도 자유롭게 입학할 수 있었다.

② 킹스우드 학교의 교육과정과 방법

웨슬리가 이 학교에서 실행했던 기독교 교육의 목적은 학생들에게 이론적이고 실천적인 진정한 종교의 원리들을 주입시킴으로써 그들의 정신을 지혜롭고 성결하게 형성시키며, 전통적인 경건 훈련을 통하여 그들을 이성적이고 성서적인 그리스도인으로 만드는 것이었다.

이러한 정신은 웨슬리가 이 학교의 개교 예배 때에 '성결이 행복이다Holiness is Happiness'라는 교훈을 주었으며, 모든 교사들에게 이 교훈을 교육 이념으로 삼고 학생들의 신앙과 삶이 되도록 촉구했다. 이로써 웨슬리는 '마음과 생활의 성결'을 통해 인간과 사회의 행복을 추구하는 이상적인 교육을 실현하고자 했던 것이다.[53]

웨슬리는 하나님에 대한 두려움, 성결, 지혜를 교육의 기본 이념으로 삼았으며 모든 학생들은 서로 복종하고 봉사하도록 했다. 이런 교육의 목적을 실현시키기 위해 그는 엄격하게 교육시켰는데, 학생들은 정해진 규율에 따라서 엄격하게 생활하도록 지도했다.

킹스우드 학교는 지식의 전달을 학교의 본래적인 기능으로 삼기는 했지만 더 중요하게 여긴 것은 공동생활이었다. 웨슬리는 킹스우드 학교를 운영함에 있어 부모의 동의를 얻어 다음의 규칙들을 만들어 시행했다.[54] 첫째, 학생들은 모두 학교에서 기숙해야 하며, 휴일은 없도록 했다. 학생들은 학교에서만 지내도록 했다. 둘째, 예나의 모델에 따라서 학교의 입학 연령은 6-12세로 제한했다. 12세까지는 나쁜 행

---

53 김진두, 『웨슬리와 사랑의 혁명』, 100-1.
54 장종철, 『존 웨슬리의 교육신학』, 29-30.

동이 고쳐질 수 있는 연령이라고 생각되었기 때문이다. 셋째, 학생은 잘못된 행동을 해서는 안 되었다. 비행은 절대로 금지되었고 노는 것을 금지시켰다. "어렸을 때 노는 아이는 어른이 되어서도 논다"는 독일의 격언을 중요시하고 이를 실천했던 것이다.

킹스우드 학교의 교육 내용은 어린이들의 영혼을 구원하는 데 목적을 둔 선교 사업과 관계되어 있었고, 교육이 부자들에게 중요한 것과 같이 가난한 사람들에게도 필수적인 것으로서 믿음에 근거해야 한다고 보았다. 킹스우드 학교는 존 웨슬리가 그의 교육 이론을 실천으로 바꾸려고 조직적으로 시도한 결과였기 때문에, 그것의 역사에 대한 연구는 웨슬리의 교육에 대한 헌신의 참된 가치를 정확하게 알아보는 데 있어서 대단히 중요하다. 웨슬리는 이 학교의 건물이나 건축 부지, 학생, 교사, 규율들을 대단히 신중하게 생각하고, 예리하게 의문점들을 고려한 후에 선택했다. 학교를 만드는 데 사도 시대의 명예를 실추시키지 않고, 사람들이 그들의 자녀 보내기를 두려워할 필요가 없는 그런 학교를 만들려고 노력했다.[55]

웨슬리는 찾아오는 아무 학생이나 받아들이지 않고 하나님에 대해서 약간이라도 알고 있어야 하며, 또한 부모들이 냉담자의 미적지근한 태도로 기독교를 입으로만 시인하는 자들이어서는 안 되고, 웨슬리가 복음 정신으로 말하는 그런 기독교인의 헌신의 행위를 진심으로 할 수 있는 그런 학생들만을 뽑으려고 했다. 학생을 받기 전에 먼저 그들의 부모가 새로운 모델의 기독교 학교에 그 자녀를 보내기에 적합하다고 인정받아야 했는데, 이것이 웨슬리의 전형적인 특징이었다.

또한 웨슬리는 킹스우드 학교를 세운 뒤에 직원을 두고자 했지만 자신의 기준에 부합한 교사를 구하는 것은 쉽지 않았다. 왜냐하면 웨슬리는 교사는 단순히 학문 자격증만으로는 충분하지 않다고 보았고,

---

55 알프레드 버디, 『존 웨슬리와 교육』, 79.

그들이 몸과 마음을 바쳐 하나님을 영화롭게 하려는 헌신된 사람을 원했지만 그 기준에 부합된 사람을 쉽게 구할 수 없었기 때문이다. 웨슬리는 학문적인 것만이 아니라 인격도 본받을 수 있는 그런 교사를 뽑으려고 노력했다.

웨슬리가 운영했던 킹스우드 학교에서 시행했던 교육 프로그램은 그의 신앙 교육의 내용과 실천방안을 분명히 알 수 있다. 이 학교의 생활 규칙과 일과표는 마치 중세기 수도원을 닮았고 옥스퍼드 신성클럽의 규율을 적용하고 실천하는 것이었다.[56] 킹스우드 학교에서 학생들을 위한 하루 일과표를 볼 때 하루의 생활은 엄격히 조직된 시간표에 따라 진행되었다. 새벽 4시에 일어나서 5시까지는 개인 경건의 시간을 가졌다. 이 개인 시간에는 읽고, 노래하고, 반성하고, 명상하고, 기도하는 데 활용되었다. 5시에 모여 아침식사와 산책, 혹은 정원이나 학교건물에 대한 작업을 했다. 아침 7-11시까지 공부하고 11시부터 1시간 동안 산보나 작업, 1시까지 점심식사이며, 다시 5시까지 학교 공부가 계속된다. 5-7시까지는 저녁식사와 작업, 산보이며, 8시부터는 모두 잠을 자야만 했다. 이렇게 짜인 시간표는 주일을 제외하고는 그대로 활용되었다.

이 학교의 학제는 8년제였다. 각 학년에서 배우는 학과목들은 웨슬리가 직접 정했고 또 그 학과에 사용되는 교재도 그가 직접 저작하거

---

56 웨슬리는 헤른후트 학교의 교육과정을 참고로 킹스우드 학교의 생활계획표를 만들었다. 헤른후트 학교의 생활계획표는 다음과 같다. 새벽 5시 기상, 일하기 전까지 개인기도, 오전 7시 학교 공부, 8시 기도 시간, 9-11시 학교 공부, 12시 오찬, 오후 1-5시 학교, 5시 일, 6시 저녁식사, 일, 7시 기도와 산책, 8시 고학년은 저녁예배, 어린이는 취침, 10시 취침이었다. 웨슬리는 이것을 참조로 킹스우드 학교의 생활계획표를 다음과 같이 만들었다. 새벽 4시 기상, 독서와 기도, 명상, 5시 공동모임, 6시 아침식사 때까지 일, 7시-11시 학교 공부, 11시 산책, 12시 오찬, 오후 1-5시 학교 공부, 5시-6시 개인지도, 산책, 6시 저녁식사, 7시 공동예배, 8시 먼저 어린이들을 잠재우고 고학년 취침. 장종철, 『존 웨슬리의 교육신학』, 158.

나 개편했다. 또한 웨슬리는 특별히 아침 수업 전에 그리고 방과 후에 정기적으로 교리문답을 가르쳤고, 지적 교육과 윤리 교육을 병행해서 학교 교육을 운영해 나갔다.[57]

또한 웨슬리는 자신이 학생들을 직접 면담하는 교육 방법을 택하였고 또 그렇게 하도록 다른 사람들에게 가르쳤다. 이 면담 시간에 상담하고 기도하며 격려하고 교훈하며, 성경 말씀을 들려주는 노력을 기울이면서 신앙 교육을 시행했던 것이다. 그의 어머니 수재너가 실시했던 신앙 교육의 방법을 배운 웨슬리는 아이들 하나하나 개인 접촉을 위하여 자기의 시간표를 작성하고 그대로 실천했다.

3. 존 웨슬리의 교육 목적

존 웨슬리는 교육의 목적이 인간 본성이 지닌 질병들을 치료하는 것으로 잘못된 인간 본성의 경향을 교육이 바로잡아야 한다고 서술하고 있다. 그리고 이러한 치료는 하나님의 은총에 의해서만 가능한데 자아의지, 교만, 분노, 세상을 사랑하는 것으로부터 돌이켜서 겸손과 하나님의 사랑에로 돌아오게 하는 것이다.[58]

웨슬리의 교육의 모토는 '지고하신 하나님의 영광을 위하여 교회와 국가에 쓰여지도록' 이었다.[59] 웨슬리는 교육 목표를 세우는 데 있어서 이론보다는 실천을, 이성보다 현실을 중요시했고, 조기교육의 중요성을 강조했으며, 교육의 참다운 가치는 영혼의 치유에 있다고 보았다. 또한 웨슬리는 종교와 교육은 함께 수행되어야 한다는 것을 기

---

57 같은 책, 160.
58 같은 책, 251.
59 김영선, 『존 웨슬리와 감리교신학』, 397-98.

본 구조로 제시했다.[60]

이러한 웨슬리의 교육에 대한 열의는 영국에서 대중 교육의 발전을 촉진시키는 중대한 힘이 되었고, 이로써 그는 영국 교육사에서 많은 주간학교들의 선구자 역할을 하였다. 웨슬리의 학교 설립과 교육에 대한 열심은 감리교회의 박애주의와 교육을 통한 일종의 사회봉사의 성격을 띤 것이었다.

감리교회 역사가 그린John R. Green은 "웨슬리와 감리교회는 영국에서 노동자 계급과 보통 사람들을 위한 대중 교육의 시발자"라고 주장했다. 웨슬리에게서 교육은 언제나 복음전도의 수단이고 박애주의와 사회봉사 차원에서 이루어졌으며, 교육 사업은 웨슬리 사후에도 감리교회 선교의 가장 중요한 요소로 발전했다.[61]

웨슬리의 교육에 가장 중요한 점은 신앙 교육이었다. 교육의 궁극적 목적은 믿음을 통해 하나님의 형상을 회복하고, 사랑과 봉사의 삶을 사는 것이었다.

1) 하나님의 형상 회복

웨슬리의 신앙 교육의 목적은 '하나님의 형상을 회복하는 것'에 있었다. 이를 위해 그리스도인으로 훈련해야 한다고 생각했고, 성서만을 가르치는 것을 신앙 교육의 전부라고 생각하지 않고, 오히려 인간은 이성을 가진 존재이므로 균형 있게 발전하도록 교육해야 한다고 생

---

60 존 웨슬리는 1743년 6월 『어린이를 위한 교육』 이란 제목의 책을 썼다. 이 책은 어린이를 위한 기독교 교육의 지침서라고 평가할 수 있다. 존 웨슬리는 설교자들에게 이 책을 어린이들에게 가르치도록 지시하였고, 이 책을 알리기 위한 모임을 만들고 모두가 참가하도록 요청하였고, 그들을 격려하고 특별 연구의 주제로 삼기도 했다. 이것을 오늘의 관점에서 본다면 종교 교육으로써 종교와 교육은 뗄레야 뗄 수 없는 밀접한 관계에 있다는 것을 말하고 있다. 장종철, 『존 웨슬리의 교육신학』, 153.
61 김진두, 『웨슬리와 사랑의 혁명』, 101-2.

각했다. 웨슬리는 신앙 교육의 최고 목적은 하나님의 형상을 회복하는 것이므로, 하나님의 계시인 성서가 신앙 교육의 가장 중요한 근거가 되며, 이성이 만들어낸 지식은 성서 해석의 유용한 도구가 된다고 생각했다.

웨슬리의 성화론은 '구원' 자체이기보다는 '구원을 이룸'에 초점이 맞추어져 있다. '구원을 이룸'에 있어서의 목표는 '하나님의 형상'으로, 이 '하나님의 형상'은 하나님께서 세상을 창조하실 때의 변질되지 않고 오염되지 않은 처음의 상태로, 웨슬리는 이러한 '하나님의 형상'을 회복하는 것이 '그리스도인의 완전'이라고 보았다. 웨슬리의 구원론의 목표는 완전, 곧 창조 본성의 회복이다. 하나님에 의해 창조된 하나님의 형상을 다시 회복하는 것이 구원이다.[62] 웨슬리는 에베소서 4장 23절과 골로새서 3장 10절을 인용하면서 "하나님께서 우리 마음의 영을 '새롭게' 하시고 그리고 '하나님의 형상'을 따라 '첫 번 피조물인 우리를 새롭게 창조'하실 것"이라고 말했다.

러년은 '하나님의 형상'을 회복한 인간을 통한 새로운 창조가 기독교의 핵심임을 웨슬리를 통해 알 수 있다고 했다.[63] 웨슬리가 이해하고 있는 하나님의 형상이란 인간이 소유하고 있는 어떤 재능이라기보다는 하나님의 은혜로 부르심을 받은 살아 있는 관계성이라고 보았다. 러년은 웨슬리가 의미하고 있는 하나님의 형상을, 하나님과 관계를 가지고 이 세상을 살아가는, 관계적인 것으로 보았다.[64]

전통적으로, 하나님의 형상은 다른 피조물들과는 달리 인간 존재가 지닌 어떤 재능이나 능력과 동일하다고 여겨왔다. 웨슬리 시대의 이신

---

62 김홍기, 『구원의 완성을 향한 순례』(서울: 기독교대한감리회 홍보출판국, 2000), 53.

63 테오도어 러년, 『새로운 창조』, 김고광 옮김(서울: 기독교대한감리회 홍보출판국, 2001), 8.

64 김영선, 『존 웨슬리와 감리교신학』, 135.

론자들은 이성을 이 형상과 일치시켜 보았고, 이마누엘 칸트는 양심을 이 형상과 일치시켜 보았다. 이성과 양심은 신성神性으로 들어가는 길을 마련해 줄 수 있는 것으로써 인간 존재 안에 내재하는 재능으로 보았다. 이와는 반대로, 웨슬리는 이 형상을 인간이 소유하고 있는 그 무엇이 아니라 하나님과의 관계를 가지고 이 세상을 살아가는 길로써 보다 관계적인 것으로 보았다. 그의 초기 설교에서 웨슬리는 인간 존재를 하나님의 사랑을 받고, 그 사랑을 다른 피조물에게 반사해야 하는 것으로 그렸다. 하나님의 형상이란 인간의 재능이나 물려받은 소유가 아니고 하나님의 은혜로 부르심을 받은 살아 있는 관계성이었다.[65]

2) 사랑과 봉사

웨슬리에게 있어서 교육은 빈부에 구애를 받지 아니하고 모든 이들이 받아야 할 것으로 여겼다. 비록 계층이 다를 경우 다른 방법의 교육이 필요했지만 웨슬리에게 사회계층이란 더 이상 존재하지 않았다. 그는 모든 계급의 자녀 교육에 대하여 실제적인 관심을 쏟았던 인물이었다. 그는 18세기의 시대적인 특징을 낳게 한 영국의 산업혁명 이후 가난한 노동자 무산계급의 자녀들을 구원시키기 위한 신앙 교육에 교육 목적이 있었다. 신앙 교육이 부자에 대해서와 마찬가지로 가난한 자에게도 사활이 걸린 필수적인 것이라는 믿음을 가지고 있었다.[66]

웨슬리는 '성서적 기독교scriptural Christianity'라는 설교에서 하나님을 사랑하는 자는 그 형제를 사랑해야 하는데 말로만 아니라 행동과 진리 안에서 사랑해야 한다고 했다.

---

65 테오도어 러넌, 『새로운 창조』, 15.
66 알프레드 버디, 『존 웨슬리와 교육』, 71.

이처럼 하나님을 사랑한 자는 그의 형제도 사랑하지 않을 수 없습
니다.(요일 4:20) 그것도 말로만의 사랑이 아니요 행함과 진실함으로
사랑하는(요일 3:18)것 입니다. 그는 "하나님이 이같이 우리를 사랑
하셨으니 우리도 서로 사랑하는 것이 마땅하도다"(요일 4:11)라고 말
하는 것입니다.[67]

웨슬리는 계급의식이 강한 영국 사회에서 가난하고 무식하며, 버림
받은 사람들에게 사랑을 실천함으로써 사회 구성 층의 가장 밑바닥에
있는 자들도 하나님 앞에서는 무한한 가치를 지니고 있음을 일깨워 주
고 그들 자신의 운명을 극복할 힘을 갖게 해 주었다.[68]

웨슬리는 하나님 사랑과 이웃 사랑의 관계를 인과관계로 이해했다.
인간의 영혼은 먼저 하나님을 사랑하는 상태가 되어야 그것이 원인이
되어 이웃을 사랑하게 되는 것이라고 본 것이다. 왜냐하면 인간의 영
혼은 하나님의 역사에 의하여 그 부패성이 제거될 때 제일 먼저 깨닫
게 되는 것이 바로 하나님의 하나님 되심이요, 바로 이 하나님이 나의
하나님 되심인데, 그 핵심이 '하나님이 나를 완전히 사랑하시도다' 라
는 것이기 때문이다. 그리고 이렇게 해서 부패성이 제거된 영혼은 당
연히 나를 사랑하시는 하나님이 원하시고 기뻐하시는 대로 이웃을 인
식하며, 사랑하며, 대화하게 되는 것이다. 부패성이 제거된 깨끗한
영혼의 이해력은 이웃을 사랑하라는 하나님의 뜻을 올바로 인식하여,
이 지식을 의지와 정서에 제공함으로, 교만이 씻긴 의지는 겸손으로
움직이며, 세상 사랑이 씻긴 정서는 아가페적 이웃 사랑으로 움직이
는 것이다.[69]

---

67 한국웨슬리학회 편, 『웨슬리설교전집 1』, 72.
68 김영선, 『존 웨슬리와 감리교신학』, 391.
69 이선희, 『복음주의적 감리교신학의 모색』(대전: 도서출판 복음, 2003), 52.

3장

존 웨슬리의 구원론에 대한 신학적 고찰

1. 역사신학적 배경

존 웨슬리의 구원론은 그의 독창적인 사고에 의해서 정립된 것이라기보다는 그가 접한 수많은 신앙의 선배들의 학문적 유산과 연구들을 자신의 것으로 체득하여 얻어진 결실이라고 볼 수 있다. 웨슬리는 종교개혁자 루터, 칼빈John Calvin, 뮌처Thomas Müntzer의 구원론의 요소들을 종합적으로 수용했으며, 더 나아가 동방 교회의 이집트 수도사 마카리우스Macarius, 니사의 그레고리오스Gregory of Nyssa, 대설교가 요한 크리소스토모스John Chrysostom 등의 신학적 영향을 받았고, 아우구스티누스Augustinus, 아르미니우스주의arminianism, 영국 성공회, 로마 가톨릭의 사상들을 비판적으로 수용하여 자신의 구원론을 종합적이며 에큐메니컬적으로 체계화하였다.

1) 동방 교회적 배경

존 웨슬리는 옥스퍼드 학생 시절부터 신성클럽을 결성하여 거룩한 삶에 대한 그의 관심을 드러냈다. 이러한 거룩한 삶에 대해 관심을 갖게 된 것은 당대 및 고전적인 영성 저자들의 저서로부터 깊은 감동을 받았기 때문이다. 웨슬리가 영성 저자들의 작품에 관심을 갖게 된 계기는 신성클럽 회원으로 함께했고 교부학자였던 존 클레이턴John Clayton의 영향이었다. 그는 웨슬리에게 그리스 교부들의 저작들에 대한 비평판을 접하게 했고, 그로 말미암아 웨슬리가 동방 교부들의 영성에 심취하도록 인도하는 중요한 역할을 했다.[1] 웨슬리는 이러한 동방 교부들의 저작들을 읽으면서 특별히 거룩한 삶에 대해 관심을 갖게 되었고, 후에 이것이 성화론을 발전시키는 신학적 기초가 되었다.

① 복음적 신인협동설

존 웨슬리는 요한 크리소스토모스에게서 구원의 역사는 신인협조적인 역사라는 사실을 배우게 되었다. 즉 인간의 구원은 하나님의 은총만으로 완성되는 것이 아니라 인간의 자유의지적인 참여가 있어야만 인간의 구원이 완성될 수 있다는 것이다. 여기에서 웨슬리가 말하는 인간의 자유의지는 선행적 은총의 개념이다. 즉 구원의 주도권을 인간이 갖고 있는 것이 아니라 하나님이 갖고 있어서 하나님이 먼저 은총으로 다가오시는 선행적 은총으로 회복된 자유의지가 구원에 동참할 수 있게 하는 것이다.

그런데 웨슬리는 구원에 대한 신인협조설적 질서를 크리소스토모스를 통해 배웠지만 그와는 차이가 있다. 이 구원의 질서에서는 하나님의 은총의 주도권과 인간의 도덕적 책임성이 동시에 필요로 한다. 그런데 여기에서 인간의 책임성은 회개와 믿음으로 구성되는데, 크리소스토모스는 회개와 믿음은 동전의 앞뒤 양면과 같아서 하나님의 은

---

1 이후정, 『성화의 길』(서울: 대한기독교서회, 2001), 24.

혜가 먼저 역사하면, 자유의지는 회개와 믿음으로 반응한다고 이해했다. 그러나 웨슬리에게 있어서는 회개만이 인간의 책임이요, 믿음은 하나님이 주시는 선물(엡 2:8)로 받아들였는데, 이 점이 웨슬리와 크리소스토모스의 차이다.[2]

② 신앙과 선행

웨슬리의 성화에 있어서 또 하나의 특징은 바로 믿음으로 구원을 받아 신생의 경험을 한 이후에 행함을 통하여 더욱 구원이 풍성해진다는 것이다. 즉 웨슬리는 믿음으로 구원받되 그 믿음이 행함으로 나타날 때 구원이 더 완전하고 풍성해진다고 보았다. 이러한 웨슬리의 믿음과 행함을 통한 구원의 문제는 동방 교회의 전통으로부터 배운 것이라 할 수 있다.

웨슬리가 구원의 출발은 믿음으로 되지만, 구원의 완성은 사랑의 에너지로 채워지는 믿음, 사랑으로 역사하는 믿음에 의해 완성된다는 점에서 웨슬리는 동방 교회적이다. 동방 교회의 전통인 '훈련받은 사랑discipledd love'은 영국 성공회의 전통인 '열망하는 사랑aspiring love'과 함께 웨슬리의 성화 신학을 형성하고 있다.[3]

이 부분에서 웨슬리와 크리소스토모스와의 유사점이라고 한다면, 바로 그리스도를 믿는 믿음에 의해 의롭다 함을 얻게 되고 거듭나게 될 때 비로소 성화를 위한 출발을 하게 된다는 것이다. 이러한 성화는 계속적으로 성령의 이끌림을 통해 사랑의 행위를 하면서 이루어가는 것이다. 이처럼 웨슬리나 크리소스토모스에게는 믿음과 행함, 신앙과 사랑이 함께 속해 있다.

---

2 김홍기, 『존 웨슬리의 구원론』, 32-33.
3 같은 책, 34.

이러한 크리소스토모스의 이론이 웨슬리에게 와서 더욱 확고한 하나의 이론을 형성해 성화 이론의 근간을 이루게 되었다. 그러나 둘 사이의 차이점도 있다. 크리소스토모스는 사랑을 강조한 나머지 사랑에 의해 믿음이 나오며, 믿음이 사랑의 요소요 사랑의 심부름꾼으로 이해했다면, 웨슬리는 믿음은 종교의 문이요 종교 자체가 사랑이라고 보았지만 사랑은 믿음의 은총을 받은 자에게서 나타난다고 보았다.

③ 점진적 성화

존 웨슬리는 성화는 한순간에 이루어지는 것이 아니라 계속적이며 점진적으로 성장되며 성숙되어 가는 과정이라는 것을 동방 교회로부터 배웠다.

웨슬리의 사랑의 훈련은 한순간에 이루어지는 것이 아니다. 이것은 꾸준히 이루어지며 부단한 인내와 훈련이 필요하다. 그렇기 때문에 동방 교회의 완전 교리는 정지된 상태가 아니라 계속적인 과정이 필요한 것이다. 또한 서방 가톨릭적 영성이 정착된 상태라면, 동방 교회의 성화 교리는 과정이다. 루터나 칼빈주의의 영성이 정착된 상태인 정숙주의이기 때문에 웨슬리는 칼빈주의자들이나 루터주의자와 논쟁을 계속할 수밖에 없었다.[4]

이러한 동방 교회의 전통은 니사의 그레고리오스까지 거슬러 올라갈 수 있다. 그레고리오스는 그의 글 "모세의 생애The Life of Moses"에서 이집트에서의 탈출과 광야에서의 사건들을 성화의 과정에서 일어나는 영적 사건들의 상징으로 해석한다. 여기에서 그는 출애굽을 회개와 거듭남을 통하여 인간이 죄악 된 모습을 벗어버리는 것으로 해석하고, 쓴물이 단물로 변화되는 마라의 샘물사건을 부활의 신비에 성

---

4 같은 책, 36.

도가 연합하는 사건으로 해석한다. 그리고 가나안 땅에 들어가기까지의 수많은 전쟁을 통한 승리는 십자가의 승리를 미리 보여 주는 것이라고 한다. 이러한 그레고리오스의 성화의 순례는 웨슬리의 구원의 완성을 향한 순례로 이어지게 된다.[5]

④ 그리스도인의 완전

존 웨슬리의 '그리스도인의 완전' 교리는 동방 교회의 '신화神化, theosis' 개념에서 비롯된 것으로 볼 수 있다. 특별히 웨슬리의 '그리스도인의 완전' 교리는 이집트 사막 교부인 마카리우스의 영향을 받았다. 웨슬리는 그의 설교 '성서적 구원의 길the scripture way of salvation'에서 마카리우스에 대해 언급하고 있는데, 여기에서 하나님의 은총을 체험하고 성령의 이끌림을 따라서 그리스도인이 성화의 길을 거쳐 '그리스도인의 완전'에 이를 수 있다고 했다. 이를 토대로 볼 때 웨슬리의 핵심 교리가 마카리우스의 영향 아래 있었음을 짐작할 수 있다.[6]

마카리우스는 동방 교회 영성사의 특징인 '마음kardia의 영성'을 대변하고 있다. 이는 웨슬리의 영성의 근본, 즉 마음의 종교와 일맥상통한다고 볼 수 있다.[7] 여기에서 마음이라고 하는 것은 우리가 흔히 느끼고 생각하는 감정의 차원을 말하는 것이라기보다는 인간 존재 전체의 영적, 도덕적 중심을 말한다. 이러한 마음은 죄에 대해 깊이 깨닫고 그것과 싸우는 도덕적 중심이며 동시에, 하나님의 은혜와 만나는 영적 중심지가 되는 것이다.[8] 이러한 마음은 마카리우스에게 있어 하

---

5 같은 곳.
6 한국웨슬리학회 편, 『웨슬리설교전집 3』, 149-50.
7 이후정, 『성화의 길』, 35.
8 마음은 단지 느낌뿐만 아니라 지성과 지혜의 자리도 된다. 마음은 하나님과 대면하며 그리스도께서 내주하는 장소로써 성령의 은혜가 활동하는 신령한 깊이의 영역이

나님을 만남과 동시에 성령의 역사를 통하여 우리 전체를 변화시키는 신화의 자리, 즉 성화의 자리인 것이다.

이러한 마카리우스의 '마음의 영성'은 웨슬리에게 성화 곧 그리스도인의 완전을 이끌어내는 중요한 역할을 하였다. 여기에서 특별히 우리가 눈여겨보아야 할 사실은 웨슬리의 완전에 이르는 성화의 길에 있어서 하나님의 선행적 은총과 더불어 인간의 노력의 협력이 이루어져야 한다는 사실이다. 이러한 신인협력의 원리는 크리소스토모스의 영향이었지만 동시에 마카리우스의 영향 또한 매우 크다고 할 수 있다. 물론 여기서 하나님의 은혜가 주도적이긴 하지만 인간의 응답 역시 중요함을 강조한다.

2) 서방 교회적 배경

존 웨슬리는 동방 교회의 전통뿐만 아니라 서방 교회의 전통에서도 많은 영향을 받았다. 특별히 서방 교회의 전통 가운데 아우구스티누스의 영향을 빼놓을 수 없는데, 웨슬리는 아우구스티누스의 '선행은총' 개념과 '은총의 양면성' 등에 많은 빚을 지고 있다.

① 선행은총

존 웨슬리는 아우구스티누스의 예정 교리를 받아들이지는 않았지만, 아우구스티누스의 '선행은총' 개념을 자신의 사상으로 받아들인다. 웨슬리는 그의 설교, "우리 자신의 구원을 성취함에 있어서"에서 아우구스티누스의 표현을 그대로 인용하여 말했다. "*Qui fecit nos sine*

된다. 또한 그 속에는 악한 영들 역시 활동하여 둘 사이의 영적 투쟁의 무대가 된다. 같은 곳.

nobis, non salvabit nos sine nobis." 이 말은 "우리(인간) 없이 우리를 만드신 하나님은 우리 없이 우리를 구원하지 않으실 것이다"라는 뜻으로, 하나님은 우리의 참여를 통해 우리를 구원하시고, 우리가 우리의 구원을 위하여 선한 싸움을 싸우지 않으면, 자기를 부인하고 자기 십자가를 지고 주님을 좇지 않으면, 부르심과 택하심을 굳게 하기 위하여 모든 수단을 기울이지 않으면 하나님도 인간을 구원하지 않으실 것이라고 웨슬리는 설교했다.[9]

② 은총의 양면성

존 웨슬리는 아우구스티누스의 은총의 양면성(imputation & impart-ation)을 발전시킨다. 그러나 루터는 아우구스티누스의 한 면imputation만을 받아들였다. 루터는 아우구스티누스로부터 신앙에 의한 의인화를 배우고 있으나, 웨슬리는 의인화뿐 아니라 아우구스티누스로부터 사랑에 의한 성화도 배웠다. 웨슬리는 아우구스티누스의 양면, 의인화와 성화, 전가되는 은총과 속성을 변화시키는 은총을 모두 살린다. 아우구스티누스는 인간은 인간의지의 참여로 신적 본성에 참여할 수 있고 신적 본성을 받아들이는 능력을 주셨다고 믿었다.[10]

3) 종교개혁적 배경

존 웨슬리가 활동하던 시기는 종교개혁자들의 연장선상에 있기 때문에 종교개혁자들, 특히 루터와 칼빈으로부터 많은 영향을 받았다. 웨슬리는 루터와 칼빈의 종교개혁 구원론의 근간이 되는 신앙 의인화

---

9 한국웨슬리학회 편, 『웨슬리설교전집 6』, 177.
10 김홍기, 『존 웨슬리의 구원론』, 40.

justification를 토대로 하여 그의 구원론을 전개했다. 그러나 웨슬리는 단지 신앙 의인화가 수동적으로 전가되는 의인화imputation에 머무르는 루터와 칼빈의 한계를 넘어 성화의 과정에서 능동적으로 본성도 의로워지는 의인화impartation를 주장했다.[11]

① 루터적 배경

루터는 "죄인인 인간이 어떻게 의로워질 수 있겠는가?" 즉 "죄 된 인간이 어떻게 의로우신 하나님을 만날 수 있는가?"에 대해 큰 관심을 갖고 있었다. 인간은 죄 된 존재이기 때문에 사랑과 희생의 상징인 그리스도의 십자가를 통해서만이 전지전능하시고 의로우신 하나님을 만날 수 있는 기회를 갖게 된다. 즉 인간 스스로는 선한 존재가 될 수 없으며 신앙에 의해 의로움을 받을 수 있고, 신앙을 통해서만 하나님과 관계를 맺을 수 있다. 이것이 루터의 의인론이다.[12]

루터는 십자가 사건을 통하여 우리에게 베푸시는 엄청난 용서의 은총만 믿기만 하면, 오직 믿음으로만 의롭다 하심을, 수동적으로 낯선 손님 같은 의aliena iustitia를 옷 입게 된다는 사실을 아우구스티누스의 『영과 문자De Spiritu et Littera』에서, 그리고 바울의 로마서 1장 17절에서 발견하게 되었다고 그의 라틴어 저술 편집 서문에서 고백한다. 인간의 능동적인 공로나 선행으로 구원받는 것이 아니라 오직 십자가의 은총을 믿을 때에만 구원이 가능하다며, "우리의 신학은 오직 십자가뿐이다crux est sola nostra theologia"라고 강조한다. 그래서 자신의 신학은 십자가 신학임을 밝히고 있다.[13] 루터는 바로 십자가의 은혜로 율법과

---

11 같은 책, 49.
12 김영일, 『그리스도교 윤리』 (서울: 대한기독교서회, 1998), 72-73.
13 김홍기, 『존 웨슬리의 구원론』, 11-12.

선행의 무거운 짐에서 자유함을 얻었다. 웨슬리는 바로 이런 루터의 의인화와 십자가 신학을 그의 신학에 받아들인다.

루터에게서 선행은 의로워진 그리스도인의 자동적 열매들이다. 의롭다 함을 얻은 것은 좋은 나무가 되는 것이요, 좋은 나무에서 저절로 선행의 열매가 맺힌다고 루터는 해석한다. 그러나 웨슬리에게 선행과 사랑은 저절로 맺히는 열매가 아니라, 인간 의지의 책임적 참여에 의해 신인협동적으로 이루어지는 행위다. 웨슬리의 성화는 철저히 신앙 의인화에 기초하고 있다.

웨슬리는 동방 교회적 전통-점진적 과정의 성화론과 자유의지의 신인협동적 구원관-과 서방 교회적 전통-아우구스티누스와 루터의 신앙 의인화-을 종합한 제3의 변증법적 신학을 형성했다. 그럼에도 불구하고 웨슬리의 신앙 의인화는 루터의 전통에 굳게 서 있다고 할 수 있다. 올더스게이트 이전에는 믿음은 인간의 노력으로 생기는 것으로 생각했으나 올더스게이트 이후에는 하나님의 선물임을 발견했기 때문이다.

② 칼빈적 배경

칼빈은 인간의 구원은 오직 하나님의 주권에 달려 있다고 보고 인간의 어떤 가능성도 배제했다. 그런데 칼빈은 하나님의 절대적 주권과 통치를 말하면서도 행동주의적 성화 신앙을 강조했다. 왜냐하면 누가 구원을 받았는지, 누가 하나님의 예정에 들었는지 알 수 없기 때문에 구원의 확신을 얻기 위해 선행을 실천해야 한다는 행동주의 신앙이 나오게 된다. 칼빈의『기독교강요』에서도 성화론이 강조되고 있는데, 칼빈은 선행을 다음과 같이 설명하고 있다.

선행은 하나님이 우리 안에 계시고 우리 속에서 우리를 다스리고 계시다는 증거이다.……또한 성도들의 거듭남의 열매이다.……성령이 우리 속에 내주하고 계시다는 증거이기도 하며, 성도들이 선택되었음을 확증시켜 주는 증거이다.[14]

칼빈의 선행을 통한 은총주의가 강조되면서 직업의식과 연결된다. 예정된 사람임을 확신하기 위해서는 하나님의 영광을 위하여 세속 직업에서 최선을 다해서 일해야 한다. 성실한 직업인으로 생활할 것을 강조했던 루터와 달리, 직장을 거룩하게 천국으로 만들어야 할 것까지 주장했다. 이 같은 철저한 칼빈의 성화론의 강조가 자본주의를 발전시키는 정신적 윤리가 되었다고 막스 베버Max Weber는 그의 책 『프로테스탄티즘의 윤리와 자본주의 정신』에서 해석하고 있다.

그런데 칼빈과 웨슬리의 성화론에는 차이가 있다. 칼빈은 율법의 적극적 용법을 말하지만 율법은 선행의 원인이 아니고 선행을 일으킬 수 없고, 다만 선행을 행해야 한다는 것을 가르칠 뿐이다. 칼빈에게서 선행은 어디까지나 성령이 일으킨다. 그러므로 선행은 성령의 역사이기에 인간의 의지는 노예 신세일 뿐이다. 의인화도 성령의 역사요, 성화도 성령으로부터 나오는 것이다. 칼빈의 성화론이 성령의 부어주시는 성화(imputed holiness)라면, 웨슬리의 성화론은 '성령의 역사에 대한 인간의지의 책임적 응답에 의한 성화'(imputed and imparted holiness)다.[15] 결과적으로 칼빈에게 있어서 사람은 죽는 날까지 완전한 성화는 불가능한 존재다. 아우구스티누스처럼 인간의 성적 욕망 때문에 완전은 이 지상생활에서는 불가능하다고 보는 것이다.

---

14 John Calvin, *Institutes of Christian Religion*, tr. Henry Beveridge(Grand Rapids: Eerdmanns Publishing Company, 1983), III, xiv. 18-20; 김홍기, 『존 웨슬리 신학의 재발견』, 78에서 재인용
15 김영선, 『존 웨슬리와 감리교신학』, 222.

4) 아르미니우스적 배경

아르미니우스주의는 네델란드 레이든Leyden 시에 있는 대학 교수였던 아르미니우스Jacobus Arminius(1560~1609)에 의해 시작된 사상이다. 이 사상은 1618년 11월 13일에서 1619년 5월 9일까지 있었던 도르트회의synod of dort에서 정죄되었는데, 이 회의의 대부분의 참석자들이 그들이 항의했던 칼빈주의자였기 때문이다. 이들은 칼빈 신학에 항의했다고 하여 항의자들Remonstrants이라고 불리기도 했다. 그런데 네델란드에서는 인기를 얻지 못한 이 사상이 영국으로 건너가 영국 성공회의 신학으로 들어가게 되었고 특별히 웨슬리에게 많은 영향을 주게 되었는데, 이 아르미니우스주의 사상은 웨슬리의 성화론을 구성하는 데 중요한 밑거름을 제공했다.

① 복음적 신인협력설

존 웨슬리는 아르미니우스주의의 자유의지론을 받아들이게 된다. 웨슬리는 자유의지는 인간이 스스로 만들어 내거나 혹은 자연적으로 가지고 태어나는 것이 아니라 하나님의 '선행은총'으로 주어지는 것이라고 생각했다. 특별히 아르미니우스 사상의 특징을 보면 인간의 전적 타락을 인정하지만, 선행은총에 의해 양심과 자유의지가 회복되었다고 믿는다. 이는 칼빈주의자들의 인간의 전적 타락에 의해 인간은 선을 행할 능력을 상실했다는 이론과 전적으로 반대되는 것이다. 그러나 아르미니우스는 성령의 도우심으로, 그리스도의 십자가의 은총으로 자유의지가 일할 수 있다고 생각했다.[16]

뿐만 아니라 아르미니우스적 자유의지론은 칼빈의 '불가항력적 은

---

16 김홍기, 『존 웨슬리 신학의 재발견』, 84.

총irresistable grace'을 거부했다. 즉 칼빈주의자들은 하나님의 구원의 은총을 거부할 수 없는 것으로 보는 반면, 아르미니우스주의자들은 하나님의 구원의 은총을 자신의 자유의지로 받아들일 수도 있고 거부할 수도 있다고 보았다. 그래서 끊임없이 자신을 반성하고 돌아보아야 하는 성화의 삶을 살 필요성을 주장하는 것이다.

또한 칼빈주의자들은 선택받은 자들만이 그리스도의 속죄에 의해 구원을 받을 수 있다고 하는 제한된 속죄론을 믿지만, 아르미니우스주의자들은 만인 속죄론을 믿었다. 즉 그리스도의 죽음으로 만인이 구원을 받을 수 있는 가능성이 있다는 것으로, 모든 사람에게 구원받을 가능성을 열어 준 것이다. 다만 그 속죄의 은혜를 믿는 자들만이 은혜와 복에 참여해서 즐길 수 있다고 보았다.

웨슬리는 아르미니우스적 자유의지론을 받아들여 인간이 구원에 대하여 받아들일 수도 있고, 그렇지 않을 수도 있다고 보았다. 또한 구원을 받은 성도들이 구원의 은총을 마지막까지 유지할 수도 있고, 타락의 길을 갈 수도 있다는 '복음적 신인협력설'을 받아들이게 된다.

② 은총의 낙관주의

존 웨슬리는 아르미니우스의 영향으로 인간이 온전히 성화를 이루어 그리스도의 완전에 이르는 것이 죽기 전에 가능한 것으로 보았다. 그 이유는 우리의 죄악성의 깊이로는 불가능하지만, 그러나 은총의 높이가 크시기에 크신 은총으로 지상의 완전이 가능하다고 믿었다. 그러나 절대적인 완전은 죽음 이후에 '영화Glorification'에서 이루어진다고 보았다. 왜냐하면 지상의 완전은 의식적인 죄voluntary sin는 범하지 않지만 무의식적인 죄involuntary sin의 가능성은 남아 있고 무지, 실

수, 유혹, 연약의 상태는 남아 있는 상대적 완전이기 때문이다.[17] 그렇기 때문에 웨슬리는 그리스도인들은 의식적으로 죄를 짓지 않을 수는 있지만 무의식적으로 죄를 지을 수 있기 때문에 지상에서의 절대적인 완전은 거부하고 있다.

무엇보다 웨슬리에게 있어 그리스도인의 완전은 하나님의 은총에 의해 주어지는 것이며, 또한 그리스도인들의 지속적인 노력의 결과로 이루어 낼 수 있는 것이라고 보았다. 웨슬리는 또한 그리스도인들이 완전에 이를 수 있는 것은 하나님의 특권임을 강조한다. 이처럼 웨슬리가 '그리스도인의 완전'의 교리를 이끌어낼 수 있었던 것은 바로 아르미니우스주의의 '은총을 통하여 그리스도인들이 온전하여 질 수 있다'는 주장에서 비롯된 것이라 할 수 있다.

5) 영국 성공회와 가톨릭적 배경

존 웨슬리는 성화가 믿음으로만 되는 것이 아니라 믿음을 기초로 사랑의 실천이라는 선행과 성령의 역사로 이루어진다고 생각했다. 이는 로마 가톨릭과 영공 성공회로부터 영향을 받은 것으로 보인다. 왜냐하면 믿음뿐만 아니라 선행에 의해서도 성화된다는 사상은 다분히 가톨릭과 영국 성공회적 성화 개념이기 때문이다.[18]

존 웨슬리는 올더스게이트에서 체험하기 전 영국 성공회적 신앙과 선행에 의한 의인화 혹은 가톨릭적 선행 의인화를 추구했었다. 특별히 가톨릭과 영국 성공회의 신비주의에 심취했는데, 제러미 테일러, 토마스 아 켐피스, 윌리엄 로 등의 신비주의적 경건에 관심을 가졌다. 웨슬리는 복음적 체험을 하기 전까지 신비주의 사상에 젖어서 살게 되

---

17 김홍기, 『존 웨슬리의 구원론』, 32.
18 김영선, 『존 웨슬리와 감리교 신학』, 223.

는데, 이는 로마 가톨릭과 영국 성공회의 배경에서 웨슬리가 성장하고 교육받은 것과 연관이 있다고 볼 수 있다.[19]

가톨릭과 웨슬리의 차이를 살펴보면, 가톨릭은 인간의 부분적 타락을 믿고 자연적 본성에 의한 선행적 성취를 강조하는데 비해, 웨슬리는 완전한 타락을 믿고 자연적 본성의 노력이 아니라 성령의 선행적 은총과 거듭남의 은총에 대한 응답으로서의 선행으로 말미암아 성화된다고 해석했다.

2. 조직신학적 배경

웨슬리의 구원론을 살펴보기 전에 먼저 웨슬리의 회심 체험에 대해 살펴보고자 한다. 1738년 5월 24일 올더스게이트에서 일어났던 웨슬리의 회심 체험은 웨슬리의 삶과 구원론에 대한 방향을 재정위하는 데 지대한 역할을 했고, 이 체험은 한 개인에 국한된 것이 아니라 그 체험이 결국은 영국과 세계를 변화시키는 계기가 되었다. 또한 웨슬리의 구원론을 이해하기 위해서는 인간과 죄에 관한 이해가 선행되어야 한다. 웨슬리는 타락 전의 인간의 모습은 하나님의 형상대로 창조된 완전한 피조물의 상태로 보았다면, 타락 이후에는 하나님의 형상을 상실한 원죄를 가진 인간으로 관점이 변했다.

1) 웨슬리의 회심 체험

회심이란 우리의 모든 삶을 통하여 깊고 넓게 확장되는 변형의 순간

---

19 조지 셀, 『존 웨슬리의 재발견』, 송흥국 옮김(서울: 대한기독교출판사, 1982), 59.

이며 과정이다.[20] 회심은 믿지 않는 사람들에게만 일어나는 것이 아니라 신자의 믿음을 형성해 가는 데 필요한 것이고 신앙의 공동체가 불순종과 우상에 빠졌을 때 하나님의 백성에게 돌이키게 하는 사건이라고 할 수 있다.

1738년 5월 24일 올더스게이트에서 일어났던 웨슬리의 회심 사건은 지극히 작은 것이었고 한 개인에게 국한된 것이었다고 말할 수 있을지 모르나, 그것이 영국의 역사를 바꾸어 놓았고 세계를 크게 변화시켜 놓은 놀라운 사건이 되었다. 그 사건은 존 웨슬리라는 한 개인을 새롭게 만드는 것으로 끝나지 않고 감리교회라는 새로운 단체를 만드는 계기가 되었으며, 복음의 의미를 새롭게 깨우쳐 주어 참된 구원관을 확립시켜 주는 계기가 됐다. 그러므로 종교개혁 이후 새로운 진전을 보지 못하고 오히려 형식화되고, 세속화되었던 당시의 기독교계에 새로운 영적 각성과 혁명을 일으켰다.[21]

18세기 웨슬리 운동은 개인의 심령에 평안과 기쁨과 소망을 주었으며 무기력했던 교회에 활기를 되찾게 했고, 부패했던 사회를 참신한 새 사회로 바꾼, 곧 하나님의 나라를 도래하게 하는 놀라운 사건으로 인류 역사상 그 유례를 찾아보기 힘든 큰 선교운동이었다. 웨슬리의 올더스게이트에서의 체험은 웨슬리 자신을 위대한 전도자요 신학자가 되게 하는 계기가 되었을 뿐 아니라, 오늘날 구원의 모델이 되는 교회 갱신과 사회 정화의 계기가 되었다.[22]

웨슬리의 이 체험의 배경은 미국 선교 경험에서 얻은 좌절과 그 자

---

20 파울러는 회심이란 자기 기반적 삶의 이야기를 기독교 신앙의 핵심 이야기에 점진적으로 합치시키는 과정이라고 보았다. 이 변화의 과정에는 지성과 감성, 의지, 삶의 관점과 소명 등이 총체적으로 수반되어야 한다고 보았다. James W. Fowler, *Becoming Adult Becoming Christian: Adult Development & Christian Faith* (San Francisco, CA: Jossey Bass, 2000), 115.
21 조종남, 『웨슬리의 갱신운동과 한국 교회』, 153.
22 같은 책, 142.

신이 철저히 무기력하고 도무지 무엇을 해야 할지 모르는 그러한 심리적 혼돈 속에서 일어났다. 미 대륙 개척 시 영국군의 사령관이었던 오글레토프 장군이 새 대륙에 이상적인 교회를 세워보겠다는 큰 포부를 안고 귀국하여 그 일을 맡길 만한 젊은 일꾼을 찾았는데 그때 발탁된 사람이 존 웨슬리였다. 웨슬리는 초대 교회를 재현하려는 이상을 가지고 미 대륙으로 건너갔지만 그러나 그곳에서의 선교 활동은 만족을 줄 수 없는 불행한 것이었다. 결국 선교에 실패하고 돌아오게 되었는데, 그는 그의 일기에 당시의 슬픔과 고민을 이렇게 기록했다.

> 나는 아메리카로 인디언을 회개시키러 갔다. 오! 그런데 나를 회개시킬 사람은 누구란 말인가? 누가 무엇으로 이 불신앙적인 악한 마음에서부터 나를 구해낼 것이란 말인가? 나는 맑은 여름 하늘의 종교를 가졌다. 나는 말을 잘할 수 있으며 그뿐 아니라 위험이 없는 동안에는 나 자신을 믿을 수 있었다. 그러나 죽음이 내 앞에 직면하게 될 때 내 심령은 두려워 떨었다.[23]

이 고백에서처럼 선교 사업의 실패와 해결될 줄 모르는 내적 고민, 이것은 심지어 전도사역을 포기하려는 절망으로 그를 끌고 가기까지 했다. 그는 1738년 3월 5일 페터 뵐러라는 젊은 목사와의 대화중에 자신이 믿음이 없음을 확신하게 되었고, 웨슬리는 "설교를 그만두어라. 네 자신이 믿음이 없는데 어떻게 다른 사람에게 설교할 수 있는가?" 하는 마음이 들어서 충격을 받았다고 고백하고 있다.[24] 웨슬리는 "신앙을 갖지 못한 상태에서 내가 어떻게 남에게 설교를 할 수 있겠는가? 나는 믿음이 생기기 전에는 설교하지 않겠다"고 하였다. 비록 그가 홀

---

23 존 웨슬리, 『존 웨슬리의 일기』, 73.
24 같은 책, 81.

륭한 목사요, 옥스퍼드 대학 출신이요, 또한 그 대학의 교수요, 영국인들이 부러워하는 유망한 청년이었다 할지라도 그의 마음속에 있는 심각한 갈등 속에서 방황하지 않을 수 없었던 것이다.[25]

페터 뵐러는 지적으로는 인정하지만, 하나님께 전 존재를 걸고 신뢰하는 믿음을 갖지 못하고 있는 그 당시 웨슬리의 신앙 상태가 불신앙임을 깨닫게 도와주었다. 그리고 뵐러는 웨슬리에게 행위에 의한 것이 아니라 믿음에 의한 순간적인 회심instantaeous conversion이 성서적이라는 확신을 주었고, 웨슬리는 이 증거를 찾으려고 신약성서를 연구하면서 이것이 신약성서에 나타난 교회에서 참으로 일어났다는 것을 발견했다. 웨슬리는 뵐러와의 대화를 추구하면서 신앙적 회심을 사모하게 되었으며, 마침내 1738년 5월 24일 그의 마음이 뜨거워지고, 신앙의 확신을 갖게 되는 복음적 회심을 체험하게 되었다.

그렇다면 올더스게이트 사건은 웨슬리의 생애에 있어서 어떤 의미를 갖는 것일까? 1738년 5월 24일 저녁 웨슬리는 런던의 올더스게이트 거리에 있는 집회에 참석하여 로마서 1장 17절의 "복음에는 하나님의 의가 나타나서 믿음으로 믿음에 이르게 하노니 기록된바 오직 의인은 믿음으로 말미암아 살리라"는 말씀을 듣는 순간 성령의 역사로 가슴이 뜨거워지는 경험을 했다. 웨슬리는 바로 이 회심의 경험을 일기에 다음과 같이 기록했다.

저녁에 나는 별로 내키지 않는 걸음으로 올더스게이트 거리에 있는 한 집회에 참석하였는데 거기에서 한 사람이 루터의 로마서 서문을 읽고 있었다. 8시 45분경에 그가 그리스도 안에 있는 믿음을 통하여 하나님께서 마음에 변화를 일으키시는 일을 설명하고 있을 때 나는 내 마음이 이상하게 뜨거워짐을 느꼈다. 나는 내가 그리스도를 신뢰하고

---

25 조종남, 『웨슬리의 갱신운동과 한국 교회』, 144.

있다고 느꼈으며 구원을 위해, 다만 그리스도를 믿고 있음과 주께서
내 죄를, 아니 내 죄까지도 다 거두어 가시고 나를 죄와 사망의 법에
서 건져 주셨음을 믿는 확신을 얻었다.[26]

의인은 믿음으로 산다는 것이 기독교 신앙의 진수이며 웨슬리 신학
과 신앙의 중심 메시지다. 올더스게이트 체험 이후 웨슬리는 의인관
에 변화가 생겼다. 체험 이전에 웨슬리는 영국 성공회적 전통에 따라
신앙과 선행에 의한 의인화를 추구했는데, 하나님의 법도를 자기 자
신의 힘으로 지킴으로써, 그 노력의 도덕적, 영적 결과로 하나님의 구
원을 얻으려고 노력하였다. 그러나 올더스게이트의 경험은 웨슬리로
하여금 인간의 선한 행위로 의롭다 함을 얻는다는 것을 부정하고, 하
나님의 은혜로 주시는 믿음으로만 의롭게 될 수 있다는 종교개혁의 교
리로 돌아가게 되었다.

웨슬리는 이 회심의 체험으로 인하여 그가 해결하지 못하고 있던 죄
의 문제를 해결했을 뿐만 아니라, 그때까지는 지식적으로 동의하며
의지적으로 추구하던 예수 그리스도를 이제는 오직 그리스도의 기초
위에서 예수의 복음만을 전파함으로 회개하는 회중들을 성결한 하나
님의 백성으로 양육하는 실천적인 목회를 시작할 수 있게 되었다.

최근, 웨슬리 신학자들 사이에 올더스게이트 사건에 대한 몇 가지
상이한 신학적 해석이 시도되었다. 즉 웨슬리는 1738년 보다는 1725
년에 오히려 더 깊은 신앙생활을 영위했다고 하면서 웨슬리의 회심을
1725년으로 보는 것이다.

웨슬리에게 있어서 1725년은 두 가지 중요한 일들이 있었다. 첫째
로 그해에 사제 서품을 받았다. 영국 성공회가 신자의 중생을 세례
와 거의 동일시하였다면, 신자가 성직을 받아 이를 만인에게 인정받

---

26 존 웨슬리, 『존 웨슬리의 일기』, 96.

는 일이야말로 당시의 개념으로는 중생보다 훨씬 더 의미 있는 일이었을 것이다. 둘째로 1725년은 웨슬리에게 중요한 심적 변화와 헌신을 결심하는, 캐넌이 지적한대로 '웨슬리의 생애에 큰 빛을 준 해'였다. 1725년에 웨슬리는 테일러의 『거룩한 삶과 거룩한 죽음의 규칙과 훈련』을 읽게 되었는데, 그 책을 통해서 받은 충격과 감명이 컸다. 그는 이제까지의 자기 행위에 대한 깊은 반성과 함께 하나님께 헌신을 다짐했다. 이 책을 읽으면서 가장 감명 깊게 느낀 것은 '의도의 순수성'이다. 이것은 그의 그리스도인의 완전론의 핵심이며 그가 1738년 올더스게이트 사건 후에도 변함없는 그의 신념이었다. 그 후 토마스 아 켐피스의 책 『그리스도를 본받아』에서 큰 감동을 받았고, 윌리엄 로의 『그리스도인의 완전에 대한 실천적 논문』과 『경건하고 거룩한 삶에의 엄숙한 부름』을 읽고 반Semi그리스도인으로는 불가능함을 알고 헌신을 다짐하기도 하였다. 웨슬리의 이러한 헌신의 결심이 바로 1725년부터 이루어졌다는 것이다.[27]

이에 대해 캐넌을 비롯해 그린J.R. Green, 조이James R. Joy, 라텐베리 Rattenbury, 클라크Elmer T. Clark, 아넷William Arnett, 로즈D. Rose 등은 1738년 올더스게이트 사건을 웨슬리의 회심으로 보는 것이 타당하다고 주장한다. 왜냐하면 이들은 그리스도의 대속과 구원에 관한 웨슬리의 태도가 이를 뒷받침하고 있다고 보았다. 즉 웨슬리는 1746년 5월 13일 그의 동역자들과의 대화 속에서 "옥스퍼드 시절과 올더스게이트 사건 이후에 주요하게 다른 점이 있다면 무엇이겠는가?"라는 질문에 답하여 말하기를 "올더스게이트 이전에는 '믿음'으로 의롭다 인정받게 된다는 진리 자체나, 그 '믿음'에 대한 올바른 이해가 없었다"고 하였다.

이런 웨슬리의 증언을 통해 볼 때, 1738년의 변화는 1725년의 변화와는 차이가 있음을 보게 된다. 1725년의 변화는 신앙적인 변화가 없

---

27 조종남, 『웨슬리의 갱신운동과 한국 교회』, 144-45.

는 하나의 단순한 도덕적인 결심, 곧 자력으로 성결하게 살아야 한다는 결심이었으며, 또한 하나님께 대한 전적 헌신의 다짐이었을 뿐 자기의 구원 문제에 대한 이해나 십자가의 대속의 의미에 대하여는 아무런 변화를 갖지 못했던 것이었음을 알 수 있다. 웨슬리의 1738년의 올더스케이트 체험은 캐넌의 주장처럼 '참된 복음적 회심'이라 할 수 있다.[28]

2) 인간에 대한 이해

존 웨슬리의 구원론을 분석하기 위해 묻지 않을 수 없는 물음이 그의 인간 이해다. 인간의 이성은 인간을 본질적으로 이해하는 데 제한되어 있다. 그럼에도 웨슬리 당시 이성은 진리의 기준과 심판이었다. 이성에 기초한 합리주의가 시대정신이 되었고, 그 결과 기독교에도 이신론이 성행했다. 그러나 웨슬리의 인간론의 대원칙은 자연 질서가 아닌 영적 질서 안에서 인간을 이해하는 것이었다.

웨슬리는 인간은 하나님의 형상으로 창조되었다는 인간 이해를 기본 구조로 하여, 인간의 타락으로 인해 하나님의 형상이 상실되었지만 하나님의 선행은총에 의해 다시 그 형상이 회복되는 구원론적 인간론을 전개한다. 웨슬리는 인간을 구원의 대상으로 보면서, 인간 이해의 핵심을 '하나님의 형상'에 두고 있다. 웨슬리의 인간 이해는 복음 사역의 동기와 목적을 제공한다.[29]

인간을 이해하는 데 있어서 이성적 제한이 있다는 인식은 결국 신학적 인간학에 관심을 갖게 하였다. 신학적 인간학은 인간의 기원과 본성, 존재 의의, 가치, 죄와 악 그리고 죽음 등에 대하여 성서적으로 이해하는 것을 말한다. 웨슬리의 인간 이해는 성서적 이해를 통한 신

28 같은 책, 146-47.
29 김영선, 『존 웨슬리와 감리교신학』, 132.

학적 인간학을 근거로 출발한다. 웨슬리는 인간이 하나님의 형상대로 창조되었다는 진리를 토대로 하여 그의 인간 이해를 전개하는데, 그의 설교 '하나님의 형상'에서 다음과 같이 설명한다.

> 모든 시대마다 '인간이 하나님의 형상으로 창조되었다'는 이 진리를 기쁨으로 받아들이고 확고하게 믿어온 사람들이 있습니다. 그들은 인간이 하나님으로부터 나왔을 뿐 아니라 그의 근원인 하나님과 유사하다고 주장합니다. 신적 부모의 형상이 여전히 우리에게 보이고 있다고 주장합니다. 하나님께서 우리 인간을 만드실 때 가능한 한 많이 자신의 형상을 우리에게 부여하셨다는 것입니다.[30]

웨슬리는 이렇게 인간이 하나님의 형상으로 창조되었지만 어떻게 하나님의 형상을 상실하게 되었는지에 대해 그의 설교 '하나님의 형상'에서 밝히고 있다.[31] 그러나 웨슬리는 인간이 비록 하나님의 형상을 상실했으나 예수 그리스도를 통해 하나님의 형상을 회복할 수 있다고 보았다.

웨슬리는 그의 설교 '종의 영과 양자의 영'에서 인간의 상태에 대해 '자연적 인간의 상태'와 '율법 아래 있는 인간의 상태' 그리고 '은총 아래 있는 인간의 상태'로 구분하여 기술했다.

---

30 한국웨슬리학회 편, 『웨슬리설교전집 4』, 106.
31 웨슬리는 인간이 하나님의 형상을 상실한 배경에 대해 '하나님의 형상'이라는 설교에서 다음과 같이 설명하고 있다. "인간의 자유는 어떠한 시험을 받아야만 했다는 것입니다. 그렇지 않으면 그의 자유 의지의 활용에 대한 선택과 절제를 알 수 없기 때문입니다. 하나님은 이 필수적인 시험을 위해서 인간에게 말씀하셨습니다. '동산 각종 나무의 열매는 네가 임의로 먹되 선악을 알게 하는 나무의 열매는 먹지 말라. 네가 먹는 날에는 정녕 죽으리라.' 그러나 인간은 그것을 먹었고, 그 결과로 그와 그의 모든 후손에게 죽음이 닥쳤으며, 질병, 고통, 어리석음, 악과 종의 멍을 지게 되었습니다." 같은 책, 110.

두려움도 사랑도 없는 최초의 마음의 상태에 있는 사람을 성경은 '자연적인 인간'(고전 2:14)이라고 부르고 있습니다. 노예와 두려움의 영 아래에 있는 사람은 가끔 '율법 아래 있는 사람'(고전 9:20)이라고 말합니다. 그러나 두려움의 영 대신 사랑의 영을 받은 사람은 '은혜 아래 있다'(롬 6:14)고 말하는 것이 적당합니다. 우리가 어느 영에 속해 있는가를 아는 일은 중요하므로, 나는 첫째로 '자연적인 사람'의 상태, 둘째로 '율법 아래 있는' 사람의 상태, 셋째로 '은혜 아래 있는' 사람의 상태를 분명하게 지적하려고 합니다.[32]

'자연적 상태에 속한 인간'은 죄의 종으로서 하나님으로부터 분리되어 죽음에서 잠자코 있는 상태의 인간이다. 이 상태의 인간은 하나님을 두려워하지 않고, 사랑하지도 않는 암흑 상태에 있는 인간이다. '율법적 상태의 인간'은 죽음의 잠으로부터 깨어난 상태의 인간으로서 하나님을 두려워하며 고의로 죄를 범하지 않는다. 이들은 죄와 싸우기는 하나 죄를 극복 또는 정복하지 못한다. '복음적 상태에 있는 인간'은 하나님의 아들이 된 인간의 상태다. 하나님을 사랑하고 하늘의 기쁨으로 가득 찬 빛을 보고, 평화와 자유를 즐기면서, 죄를 범하지 않고, 죄와 싸워 이긴다. 그러나 복음적 상태에 있는 사람들도 어떤 때는 율법적 상태에 있으면서 동시에 그 이전 단계인 자연적 상태의 특징을 경험한다. 따라서 복음적 상태의 인간은 선천적 상태(자연적 상태), 율법적 상태로 전락하여 다시 한 번 이전의 회개를 필요로 하게 될 위험성과 하나님을 잊어버리는 상태로 갈 위험성을 언제나 지니고 있다고 보았다.[33]

---

32 같은 책, 173.
33 김영선, 『존 웨슬리와 감리교신학』, 133-34.

3) 죄에 대한 이해

성서에 의하면 '모든 인간은 죄인이다.'(롬 3:10) 성서적 의미에서 죄는 어디까지나 하나님과의 관계에서 발생하며 하나님과 관련하여서만 생각할 수 있는 개념이다. 죄는 하나님께 대한 죄요 종교적 의미를 가진다. 그러므로 죄란 인간이 하나님께 대하여 악한 행위를 함으로써 발생한다.

존 웨슬리는 하나님 앞에서 인간은 철저하게 부패한 죄인이며 자신의 노력이나 선행을 통해서가 아니라 오직 은총에 의한 믿음으로만 구원을 얻을 수 있다는 것을 그의 신앙 체험을 통해서 체계화시켜 놓았다. 웨슬리에게 있어서 '복음의 출발점'은 곧 "복음을 말하려면, 우리는 먼저 우리 자신이 죄인으로서 자기 자신의 힘으로는 자기 구원을 위하여 아무 일도 할 수 없는 무능력자라는 것을 전제하고 시작하는 것"이었다.[34]

웨슬리는 아담이 하나님의 형상대로 창조되었다고 믿었다. 창조된 원상태로서의 인간은 의롭고 참으로 성결하게 살았다. 인간은 사랑으로 충만해 있었고, 바로 그 사랑은 인간의 성질과 생각과 말과 행동을 주관했다. 하나님께서 부여하신 자유, 이성 등 본래의 기능을 옳게 사용함으로써 하나님과의 사랑의 관계를 유지했으며 순종했다. 그러나 웨슬리에 의하면, 아담이 하나님께 불순종함으로 하나님께서 창조하신 원상태로부터 타락했다고 보았다.

웨슬리는 죄를 원죄original sin와 자범죄actual sins로 구분한다. 원죄는 아담에게서 그 기원을 찾는다. 이것은 악한 뿌리, 죄의 모태라고 한다. 이 죄의 뿌리에서 맺는 여러 가지 열매를 자범죄라고 보았다. 원죄와 자범죄는 모두 죄책이 있으나 사람이 죽음에 이르게 되는 이유

---

34 조종남, 『웨슬리의 갱신운동과 한국 교회』, 120.

는 원죄가 아니라 자범죄 때문이다. 웨슬리는 이 원죄를 '전가된 죄책 imputed guilt'과 '유전된 부패inheritd depravity'로 구분한다. 전가된 죄책은 선행하는 은혜에 의해 사면된 것으로 보며, 인간에게 문제가 되는 것은 유전적 부패성으로 이것은 자범죄의 뿌리가 된다. 웨슬리는 원죄의 개념에서는 종교개혁자들과 일치하지만 자범죄를 더욱 강조하였다.

웨슬리는 자범죄를 "하나님의 알려진 법에 대한 의지적 위반"이라고 정의했는데, 강조점은 죄가 의지적이라는 데 있다. 사망의 죄책은 의지적 죄에만 있다. 또한 인간의 연약성에서 기인하는 무의식적인 죄는 육체나 정신의 자연적 결함으로 죄가 아니라고 보았다.

웨슬리는 죄의 결과는 죽음이라고 하였다. '죄의 값은 죽음'이요, '죄짓는 영혼은 죽을 것이다.' 그 영혼은 두 번째 죽음으로, 결코 끝나지 않는 죽음으로써 처벌을 받게 될 것이라고 보았다.

4) 인간의 구원

존 웨슬리가 일생 동안 관심을 두고 추구한 것은 인간의 구원이었다. 웨슬리에게 있어서 구원은 하나님의 값없는 축복으로 믿음을 가진 자가 과거의 죄책은 물론 현재의 죄의 세력과 두려움에서 해방되어 하나님께 나아가는 것이다. 이 구원은 의롭게 되는 순간부터 시작되어 점진적으로 성장하여 결국 마음의 모든 죄가 씻겨 순수한 사랑으로 충만해져 그리스도의 형상을 회복하게 한다. 이러한 웨슬리의 구원 이해로부터 인간의 구원의 단계를 선행은총을 시작으로 회개, 칭의, 중생, 성화와 영화에 이르는 구원론을 전개했다.[35]

웨슬리는 인간의 구원을 넓은 의미와 좁은 의미로 구분하여 설명하였다. 넓은 의미에서, 구원은 인간에게 미치는 하나님의 은혜의 역사

---

35 김영선, 『존 웨슬리와 감리교신학』, 197.

전부를 언급하는 것으로, 이는 하나님의 선행적 은총의 사역으로 시작하여 영화에 이르기까지를 포함한다. 좁은 의미에서의 구원은 현재에서의 구원의 시작과 계속, 그리고 그 종국을 포함하나 웨슬리는 주로 칭의와 성화를 가리켜서 설명하고 있다.[36]

3. 구원론의 여섯 단계

존 웨슬리의 신학의 핵심은 구원론이라고 할 수 있다. 웨슬리의 구원론은 점진적으로 성장해가는 동적 요소가 강하다. '거듭나는' 시점에서 성화의 점진적 역사가 시작되어 은혜에서 은혜로 성장해 나간다. 즉 낮은 단계에서 높은 단계를 향해 성장해 가는 과정이다.

구원의 과정을 살펴보면, 웨슬리는 '성서적 구원의 길'이라는 설교에서 구원의 순서를 첫째, 선행하는 은총의 역사, 둘째, 칭의 전의 회개, 셋째, 칭의, 넷째, 칭의 후의 회개와 점진적 성화, 다섯째, 완전성화, 여섯째, 영화로 설명한다. 웨슬리는 그의 또 다른 설교 '우리 자신의 구원을 성취함에 관하여on working out our own salvation'에서는 '구원의 순서'를 아래와 같이 요약해 놓았는데, 첫째, 선행하는 은총, 둘째, 회개(깨닫게 하는 은혜), 셋째, 칭의, 넷째, 성화의 순서로 설명하고 있다.

> '너희 자신의 구원'이라는 것은 선행은총으로 시작됩니다. 사람이 자기의 범죄에 대하여 일시적으로나마 어느 정도의 깨달음이 있다든가 혹은 하나님의 뜻에 대한 깨달음이 순간적으로 생긴다면 이것은 선행은총에 의한 것입니다.…… 이 구원은 흔히 성경에 '회개'라고 말하

---

36 조종남, 『웨슬리의 갱신운동과 한국 교회』, 184.

는 '깨닫게 하는 은혜'로 인하여 계속하여 이루어집니다.……그리고 이 구원은 두 가지 중요한 부분 곧 '칭의'와 '성화'로 설명됩니다. '칭의'라 함은 우리가 죄책으로부터 구원을 받아 하나님의 사랑 안에 거하게 됨을 말하며, '성화'라 함은 우리가 죄악의 권세와 뿌리로부터 구원받아 하나님의 형상으로 회복됨을 말합니다. 성경에서 보여주는 것처럼 우리의 경험 또한 이 구원이 순간적이며 동시에 점진적이라는 것을 나타냅니다.[37]

웨슬리에게 있어서 구원의 역사 전체는 하나님이 개입하시는 은총에 의하여 이루어지며, 그의 구원론의 단계는 제일 먼저 선행은총의 역사가 있고, 그 다음은 칭의 이전의 회개가 오고, 셋째 단계로 칭의가 이루어진다. 넷째 단계로 중생이 오고, 그 다음 점진적 성화를 거쳐 마지막 단계로 완전 성화가 이루어져 구원이 완성된다.

1) 첫째 단계: 선행은총

존 웨슬리의 구원론에서 선행은총은 구원의 첫 단계다. 이 선행은총은 구원을 위한 충분한 은총이 되지 못할지라도 구원으로 인도하는 은총이라 할 수 있다. 이 선행은총은 인간을 회개로 안내하는 하나님의 은혜의 역사다. 따라서 웨슬리에게 있어서 구원으로 안내하는 이 선행은총 없이는 어느 누구도 구원을 얻을 수 없고, 따라서 하나님의 형상을 회복할 수도 없다.

선행은총은 웨슬리 신학에서 중요한 신학적 개념이자 그의 신학을 특징짓는 중요한 요소 가운데 하나다. 웨슬리에게 있어서 인간의 구원을 위해 하나님의 은총은 필수적인데, 이 은총은 바로 선행은총을

---

37 한국웨슬리학회 편, 『웨슬리설교전집 6』, 170-71.

말하고 있는 것이다. 이 선행은총 없이 인간의 원죄의 문제는 해결될 수 없으며, 인간은 이성, 율법, 양심 그리고 자유의지 등과 같은 속성들을 소유할 수도 없다. 이 같은 인간의 속성들은 모든 인간에게 예외 없이 보편적으로 주어지는데, 웨슬리에 의하면 이러한 모든 속성들은 하나님의 선행은총으로 주어진 것이라고 한다. 따라서 웨슬리 신학의 체계는 원죄와 선행은총을 근간으로 시작된다고 볼 수 있다.[38]

① 선행은총의 의미

존 웨슬리는 그의 구원론의 출발을 예정에서 시작하지 않고 선행은총에서 출발한다. 이 선행은총은 믿음보다 앞서는 은총이라는 뜻이다. 은총이란 '인간의 마음속에 있는 하나님의 실제적인 활동'으로, 인간의 실존을 향한 하나님의 행동하는 사랑이라고 볼 수 있다. 일반적으로 우리가 '은총'을 말할 때 무엇보다도 먼저 하나님이 우리 안에서 역사하시는 '사랑'을 전제하고 있다. 따라서 은총은 우리를 하나님과 화해시키기 위하여 그리스도 안에서 행동하는 하나님의 사랑으로, 그리고 우리를 전적으로 성화시키기 위해서 성령 안에서 활동하는 하나님의 사랑으로 정의될 수 있다. 웨슬리도 '인간을 위한 하나님의 사랑'을 은총으로 보았다. 은총은 인간의 구원을 위해 우선적으로 요청된다. 은총이란 죄인인 인간이 구원을 얻을 수 있도록 '하나님이 베푸시는 지배적이며 무조건적인 사랑'을 뜻하기 때문에 웨슬리에게 있어서 은총은 구원의 근원이요, 신앙은 구원의 조건이 된다.[39]

웨슬리는 선행은총을 'preventing grace'란 용어를 사용했다. 이는 온전한 은혜에 앞서서 이미 모든 이들에게 보편적으로 주어지는 하나

---

38 김영선, 『존 웨슬리와 감리교신학』, 109.
39 같은 책, 109-10.

님의 은총을 의미한다. 선행은총은 먼저 오는 은총, 우리의 회심 이전에 작용하는 하나님의 은총, 구원받기 이전에 우리를 구원으로 이끌어 가는 은총, 즉 아직 우리가 죄인 되었을 때 우리에게 주어지는 은총이다.(롬 5:8) 인간이 구원받기 이전에도 하나님의 은혜는 이미 인간에게 역사하고 있으며 인간을 구원으로 이끌며 구원을 준비시킨다. 선행은총은 만인을 위한 은총이며, 만인 안에 작용하는 보편적 은총이다. 뿐만 아니라 거저주시는 은총으로 모든 사람에게 값없이 골고루 주시는 은총이다.

따라서 선행은총은 인간이 간구하기 이전부터 이미 인간 안에 주어져 존재하고 역사하는 은총이다. 비록 타락한 인간이라 할지라도, 즉 아담의 범죄로 인해 전적으로 타락한 인간이라도 하나님을 향해서 나아갈 수 있게끔 부여되어진 은총으로, 선행은총은 타락한 인간이 하나님께 의존해야 하고 하나님께 응답하기 위한 최소한의 은총이다.

② 선행은총의 작용

존 웨슬리는 모든 인간을 죄인으로 보았고, 인간의 타락과 원죄를 강조했다. 인간의 전적 타락으로 인해 인간 안에는 구원을 이룰 어떤 것도 존재하지 않기 때문에, 인간은 하나님의 은총이 없이 구원을 얻을 수 없다. 따라서 인간에게 먼저 다가오시고 인도하시며 이끄시는 은총이 있어야 하는데, 이것을 선행은총이라고 한다. 선행은총은 믿음보다 앞서는 은총이다.[40] 이것은 인간의 회개의 신앙 이전에 모든 사람에게 보편적으로 주어지는 은총이다.

그런데 선행은총 가운데만 머무는 사람은 육신의 사람이며, 율법의

---

40 김홍기 외, 『존 웨슬리의 역사신학적 조명』 (서울: 감리교신학대학교 출판부, 1995), 233.

사람이다. 웨슬리도 회심 이전에 바로 이런 상태에 있었다. 그 안에 구원의 확신이 없었고, 하나님으로부터 오는 구원의 기쁨을 느끼지 못했다. 이 단계에 있는 자들은 하나님을 모르거나, 형식적이며, 율법적인 신앙으로 아직 하나님과 관계를 맺지 못한 상태에 있으므로 무엇보다 복음을 정확히 이해하고 깨달아야 한다.

구원은 보통 선행은총이라고 부르는 것과 더불어 시작되지만 선행은총이 곧 구원은 아니다. 그러나 웨슬리는 선행은총이 사람들을 회개의 자리로 옮겨주기 때문에 선행하는 은총을 구원관의 전체 구조 속에 포함시켰다.

선행은총은 인간의 마음에서 몇 가지 작용을 한다.[41] 첫째, 깨닫게 awareness 해준다. 우리에게 영적 감각을 다시 일깨우고 하나님의 구원의 필요성을 깨닫게 하는 것이다. 선행은총은 우리의 영적 감각을 일깨워서 하나님에 대한 올바른 지식의 가능성을 열어준다. 이로써 찬송과 기도가 살아나고 성서 말씀이 역동적으로 우리의 삶에 다가오게 된다.[42] 뿐만 아니라 율법과 양심과 이성 등을 통해 하나님의 계시를 깨닫게 하는데, 율법은 하나님의 뜻을 가르쳐 주고, 하나님의 영광에 이르지 못하고 타락한 상태에 있음을 알게 해주는데, 이러한 것은 선행은총의 작용에 의한 것이라고 할 수 있다.

둘째, 선행은총은 하나님의 은총에 응답할 수 있는 능력을 준다. 선행은총의 작용으로 우리는 하나님의 구원하시는 역사에 우리 자신의 의지를 구사하여 은총에 응답할 수 있는 능력이 주어졌다. 선행은총의 작용으로 받은 능력은 부정적 능력과 수용적 능력 모두를 포함한다. 따라서 인간은 매순간 은총에 순종할 수 있고 반항할 수 있는 자유와 능력을 갖게 된다. 이런 능력으로 인간은 회개에 이르게 되어 구원

---

41 김영선, 『존 웨슬리와 감리교신학』, 114-15.
42 테오도어 러넌, 『새로운 창조』, 43.

을 향한 첫걸음을 시작할 수 있게 된다. 만약 어떤 사람이 구원받지 못한다면 그것은 하나님께 있는 것이 아니라 인간에게 있는 것이다. 왜냐하면 하나님이 주신 은총을 사용하지 않았기 때문이다. 선행은총의 작용으로 우리에게 주어진 응답의 능력은 인간을 책임적 존재가 되게 한다.

셋째, 선행은총의 작용으로써 우리의 양심과 이성, 그리고 자유의지 등이 회복되어 있다. 인간이 현재 가지고 있는 자유의지, 양심, 선악 개념, 하나님과 내세(구원)에 대한 소망 등은 선행은총에 의해 회복된 은혜의 선물이다. 선행은총은 모든 인간들이 예외 없이 그리스도 안에서 하나님의 형상을 회복하도록 하나님이 먼저 선택하셨다는 사실을 가르쳐 준다.

③ 선행은총과 자유의지

선행은총의 개념은 인간이 구원을 얻기 위해 전적으로 하나님께 의존하지 않으면 안 된다는 것을 강조하면서 동시에 인간의 책임성을 강조한다. 웨슬리는 인간은 자신의 구원을 위하여 하나님 앞에서 책임적이며 하나님을 용납 또는 배격할 수 있다고 주장한다. 즉 인간은 선행은총을 통하여 응답 또는 반항할 수 있는 능력을 갖게 된다는 것이다.

선행은총으로 우리는 선과 악을 택할 수 있는 자유의지를 가지고 있다. 그러므로 인간은 자기 행동에 대해 책임적인 존재가 된다. 선행은총에 의해 인간은 자신의 원죄에 저항할 수 있는 힘이 주어진다. 따라서 인간이 원죄에 눌려 구체적으로 악한 마음을 가지고 죄를 범하면 그 책임은 인간에게 있는 것이다. 육체의 죽음은 거쳐야 하지만 영혼의 죽음을 피할 수 있는 힘이 주어져 있음에도 불구하고 그 힘을 행사하지 않은 인간의 무책임 때문에 그 형벌을 받게 된다. 인간의 주체성의 강조와 자유의지에 의한 결단에 대한 강조가 웨슬리 신학에서 눈에 띄게 나타난다.[43]

웨슬리는 선행은총의 영향에 의해서 원죄의 죄책은 제거되었다고 보았다. 인간이 상실한 하나님의 형상이 부분적으로 회복되었으며, 이성으로는 하나님의 법을 알고, 그 율법을 통하여 자신의 죄를 발견하며, 양심을 통하여 도덕적으로 선과 악을 어느 정도 구분할 수 있다는 것이다. 또한 의지의 자유도 어느 정도 회복되어 하나님의 은혜에 자유롭게 응답할 수 있게 되었으며, 이 자유는 인간의 영혼의 본성에 속하며 선행하는 은혜에 의하여 초자연적으로 회복된 인간의 자유다.

2) 둘째 단계: 회개

죄인은 선행은총으로 죄를 깨닫고 회개한 후에 진정한 의미에서 하나님의 은혜로 말미암아 주어진 믿음으로 구원을 체험하게 된다. 웨슬리는 인간은 자신의 구원을 얻기 위해 하나님께 전적으로 의존하지 않으면 안 된다는 것을 강조하면서 동시에 인간의 책임이 강조되는데, 이는 자연으로by nature가 아니라 은혜에 의하여by grace다. 웨슬리는 "너희도 만일 회개하지 아니하면 다 이와 같이 망하리라"(눅 13:3)는 것에 근거하여 구원을 위해서는 회개가 반드시 필요함을 역설했다.

하나님의 은총에 의하여 부분적으로나마 회복된 자유의지가 하나님의 은총에 응답할 때 '자신의 죄를 인정하는 은총'이 된다.[44] 회개는 바로 인간이 하나님의 선행적 은총을 받아들이는 순간부터 시작된다. 그 순간부터 율법을 통해 자신의 죄를 깨닫게 되는 것이다.

---

43 김영선, 『존 웨슬리와 감리교신학』, 120-21.
44 레오 조지 칵스, 『존 웨슬리의 완전론』, 김덕순 옮김 (서울: 은성, 1998), 112.

구원은 구체적으로는 회개라는 은총으로 수행된다. 회개는 종교의 현관으로서 종교의 집(성화)으로 들어가는 문(칭의)으로 인도하는 것이다. 웨슬리는 인간이 칭의되기 전에 인간의 회개가 선행되어야 하며, 회개와 그 열매는 신앙의 필연적 조건임을 말하였다. 웨슬리는 우리가 만약 회개와 이에 합당한 열매를 맺지 아니하면 우리가 칭의를 얻는 것을 전혀 기대할 수 없다고 보아 회개와 그 열매는 어떤 의미에서 칭의의 필수적인 조건이라고 하였다.[45]

웨슬리는 회개와 동시에 회개에 합당한 열매를 강조했다. 구원에서 선행을 강조해서 가톨릭적으로 선회하였다는 비난을 받기도 했지만, 웨슬리는 신앙과 마찬가지로 회개도 그것이 참된 회개라면 그 열매가 있어야 한다고 주장했다. 참된 신앙은 열매를 맺듯이 참된 회개도 자연히 열매가 있다고 했다. 이 점에서 선행을 구원의 조건으로 보는 가톨릭과는 구분된다.

웨슬리는 구원은 낮은 단계에서 높은 단계로 순간적인 동시에 점진적으로 성장한다고 보았다. 웨슬리는 '믿음으로 말미암는 구원'이라는 설교에서 구원에 대하여 다음과 같이 기록했다.

무엇보다도 이는 현재의 구원입니다. 이것은 우리가 얻을 수 있는 것, 참으로 이 땅 위에서 이 신앙을 가진 자는 실제로 얻을 수 있는 것입니다. 그러므로 사도 바울은 에베소에 있는 신자들에게, 아니 모든 세대에 있는 신자들에게 "너희가 구원을 받을 것이다"라고 한 것이 아니라 "너희가 믿음으로 말미암아 은혜로 구원을 받았다"라고 말한 것입니다.[46]

45 김영선, 『존 웨슬리와 감리교 신학』, 203.
46 한국웨슬리학회 편, 『웨슬리설교전집 1』, 20.

웨슬리가 구원을 말할 때 강조를 두는 것은 '궁극적인 구원'보다는 '현재적 구원'이다. 왜냐하면 현재적 구원 없이 궁극적인 구원도 기대할 수 없기 때문이다. 따라서 웨슬리의 구원론은 지상에서 하나님의 용서를 받기 위하여 인간의 죄에 대한 회개를 먼저 요구한다.

웨슬리는 회개를 '율법적 회개legal repentance'와 '복음적 회개evangelical repentance'로 나눈다. '율법적 회개'는 율법의 가르침과 명령에 의해 죄를 깨닫는 것이다. 이것은 율법으로 자신의 행실을 비추어 보고 죄를 깨닫게 되는 것이다. 율법이 없다면 죄를 알 수가 없다. 이것은 소극적 회개다. 웨슬리는 율법을 단순히 죄를 깨닫게 하는 제1용법으로만 이해하지 아니하고 성화의 채찍질로서의 율법의 제3용법도 강조한다.[47] 바로 성화의 길로 가기 위해 율법이 명령하는 선행들을 실천해야 함을 의미한다. '복음적 회개'는 죄를 깨닫는 것뿐 아니라 마음이 변화되어 거룩해지며, 그리스도를 전적으로 신뢰하는 것으로의 변화다. 즉 적극적 회개다. 이것은 선행적 은총으로 인해 회복되어진 양심이 우리를 율법의 아래로 이끌어 간다. 그렇기 때문에 회개는 성령의 역사이기도 하다.

3) 셋째 단계: 칭의

선행은총과 회개에 이어지는 것은 칭의의 사건이다. 칭의의 사건은 믿음을 통해서 이루어진다. 그러므로 웨슬리가 말한 바와 같이 회개는 성화의 현관이고, 믿음은 성화의 문이다. 칭의는 성화의 문을 여는 사건인데, 이 문을 여는 조건은 믿음이다.

믿음은 의롭다 함을 받는 유일한 조건입니다. 이것이 조건이라는

---

47 김홍기, 『존 웨슬리의 구원론』, 120-21.

말은 믿는 자가 아니고서는 의롭다 함을 얻을 자가 없다는 말입니다. 유일한 조건이라는 말은 칭의를 위해서는 믿음 하나만으로 충분하다는 말입니다. 믿는 자는 누구나 의롭다 함을 얻습니다. 믿음 외에 다른 무엇을 가졌든 안 가졌든 상관이 없습니다. 다시 말하면, 사람이 믿기 전에는 아무도 의롭다 함을 얻을 수 없으며 믿을 때에는 누구든지 의롭다 함을 얻는 것입니다.[48]

웨슬리는 칭의를 얻게 되는 것, 즉 의롭다 함을 받는다는 것은 우리를 위해 독생자를 통하여 주신 것이라 말한다. 또한 이 칭의는 한 사람의 범죄로 인하여 모든 사람이 정죄에 이르게 된 것처럼, 한 사람의 의로운 행위로 모든 사람에게 거저 주시는 선물이라고 하였다. 칭의는 예수 그리스도의 대속의 공로를 받아들이는 신자에게 선언하시는 하나님의 법적 선언적 행위로써 그로 하여금 죄에서 용서함을 받고 죄책에서 놓임을 받고 하나님에 대하여 의롭다고 선언하시는 것이다.[49]

신자의 회개는 하나님의 용서를 불러들인다. 웨슬리에게 있어서 칭의는 바로 '죄의 용서', '사면'을 의미하며, 하나님께서 죄인인 우리를 '죄 없다' 무죄 선언을 하시는 것이다. 즉 칭의는 바로 그리스도의 십자가 사건 안에 숨겨진 대속의 은혜로 믿음으로 '죄 없다' 선언 받는 것이다. 이는 모든 죄가 용서받는 것을 의미하며, 여기에는 반드시 우리의 수락이 포함되어야 한다. 이것은 곧 하나님과 인간 사이의 관계적 변화다.

그렇다면 이러한 관계적 변화, 즉 칭의의 기초는 바로 그리스도께서 우리의 속죄를 위해 흘리신 보혈과 고통, 그리고 하나님이 아담 안에서 타락한 모든 사람을 그리스도 안에서 화해하시고 죽음에서 영생

---

48 한국웨슬리학회 편, 『웨슬리설교전집 3』, 153-54.
49 한국웨슬리학회 편, 『웨슬리설교전집 1』, 119-20.

에 이르도록 회복시켜 주신 은총이 우리의 칭의의 기초가 된다. 칭의
는 믿음으로 주어지는 것이다. 웨슬리는 칭의와 중생을 비교하면서
중생이 성령의 역사라면, 칭의는 그리스도의 역사라고 해석한다. 또
한 중생이 우리 속에서 성령으로서 경험되는 주관적인 은총이라면,
칭의는 우리 밖에서 그리스도의 십자가 사건으로 우리에게 다가오는
객관적 은총이라고 구분한다.[50]

4) 넷째 단계: 중생

웨슬리는 '중생the regeneration'이라는 표현보다는 '신생the new birth'
이라는 표현을 더 즐겨 사용했는데, 아담 안에서 모든 사람이 죽었
고, 그 결과 모든 사람들이 하나님의 형상을 상실하여 처음 창조되었
을 때 가지고 있던 의와 성결 등, 모든 것을 상실한 채 태어나기 때문
에 이 점이 신생의 근거가 된다고 하였다. 웨슬리는 신생을 하나님께
서 인간의 영혼 안에서 역사하시는 큰 변화된 생활을 의미하며, 세속
적이고 마귀적인 마음이 예수 그리스도의 마음으로 변화되는 것을 말
한다. 그래서 칭의가 상대적·관계적 변화를 의미한다면, 신생은 실제
적인 변화를 의미한다.[51]

① 중생의 의미

존 웨슬리에게 중생은 하나님께서 인간 심령 속에서 일으키는 실생
활의 실제적인 변화다. 이 변화는 내적 변화로 상실하였던 하나님의
형상을 회복시키고, 죄의 능력을 제거하여, 실제로 거룩한 하나님의

---

50 김홍기 외, 『존 웨슬리의 역사신학적 조명』, 239.
51 김영선, 『존 웨슬리와 감리교신학』, 211.

자녀 되게 하는 영적 변화다.[52] 즉 중생은 우리 안에 역사하시는 하나님의 사역으로써 하나님이 우리를 생명으로 이끄시기 위하여 우리의 타락한 본성을 새롭게 하시는 위대한 변화, 즉 우리를 그리스도 안에서 새로운 피조물이 되게 하는 변화를 의미한다.

칭의와 중생은 서로 구별되지만 분리될 수 없는 영역이다.[53] 칭의는 하나님께서 죄인인 우리를 용서하시는 사법적인 행위로써 하나님과 인간의 정죄의 관계를 의의 관계로 전환시키는 것인데 반해서, 중생은 하나님께서 우리 안에서 우리의 타락한 본성을 새롭게 하시는 것이다. 즉 칭의가 하나님과 원수된 것에서 하나님의 자녀로의 관계적인 변화를 의미한다면, 중생은 우리 마음의 깊은 속이 변화되어 진정한 성도가 되는 실제적인 변화를 의미한다. 칭의는 죄책을 제거하지만 중생은 죄의 능력을 제거하며, 칭의는 하나님의 사랑에 복귀를 의미하지만, 중생은 하나님의 형상에 복귀하는 것을 의미한다. 중생은 성령의 역사로 인하여 우리의 타락한 본성이 변화되는 것이다. 우리 실존의 모습이 변화되어 하나님의 형상을 회복하는 것이다.[54]

중생은 성화로 들어가는 문이요 입구다. 그래서 중생은 성화와 함께 시작된다. 중생의 순간부터 성화의 단계가 시작되며, 그리스도인의 완전 변화를 경험한다. 아담 이후 전적으로 타락한 인간은 중생의 과정을 통해 하나님의 형상을 회복하는 것이다. 하나님과 우리의 외적 관계와 모습이 변화된 후 중생은 우리의 내면이 변화되는 것이며, 내면이 새롭게 성령으로 가득 채워지는 것이다. 칭의가 관계적이고,

---

52 리커구스 스타키, 『존 웨슬리의 성령신학』, 김덕순 옮김(서울: 은성, 1994), 80.
53 중생은 칭의와 동시에 시작된다. 그러나 웨슬리에게 있어서 칭의는 중생보다 앞서는 부분이다. 여기에서 앞선다는 것은 시간적 순서가 아니라 논리적 순서, 곧 사고 속에서만 순서가 있음을 의미하는 것이다. 하나님께서 우리의 죄를 용서하심으로 의인삼아 주시고, 그 다음에서야 비로소 성령이 우리 안에 내주하기 때문이다.
54 김영선, 『존 웨슬리와 감리교신학』, 212.

상대적인 변화라면 중생은 실제적이며 내면적인 변화다. 이 변화로 인해 죄의 세력에서 벗어나며, 하나님의 형상을 회복하고 거룩한 하나님의 자녀로 살아가는 것이다.

중생은 영적인 새로운 탄생이다. 왜냐하면 죄로부터 해방되는 순간이며 우리의 모든 부분이 하나님의 형상으로 회복되어지기 때문이다. 웨슬리는 중생에 대해서 다음과 같이 말했다.

> 중생은 하나님께서 우리를 생명으로 이끄실 때 하나님께서 영혼 안에서 역사하시는 위대한 변화를 의미합니다. 그때 하나님은 죄로 인한 죽음에서 우리를 일으키사 의의 생명으로 이끄십니다. 중생은 '예수 그리스도 안에서 새로운 피조물'이 되었을 때 전능하신 하나님의 영으로 모든 영혼 안에 일어나는 놀라운 변화입니다. 중생은 의와 참된 성결 속에 '하나님의 형상을 따라 새로워지고', 세상에 대한 사랑이 하나님께 대한 사랑으로, 교만이 겸비로, 거친 마음이 온유한 마음으로, 미움, 시기, 악의가 모든 인류에 대한 신실과 온유와 희생적인 사랑으로 변화할 때 일어나는 변화입니다.[55]

중생은 성화를 위해 절대적으로 필요한 부분이다. 중생이 없으면 성화도 없다. 중생이 어린아이의 믿음이라면 성화는 장성한 분량의 믿음이다.

선행적 은총을 통해 회개에 이르고, 그로 인해 칭의의 과정을 거쳐 중생의 과정에 이르게 되면 그는 새로운 피조물이 된다. 칭의가 예수 그리스도를 통해 우리를 위해 주시는 것이라면, 중생은 성령을 통해 우리 안에서 하나님의 형상을 회복하는 것이다.[56]

---

55 한국웨슬리학회 편, 『웨슬리설교전집 3』, 194.
56 김홍기, 『존 웨슬리 신학의 재발견』, 95.

② 중생의 필요성

왜 중생이 필요한가? 인간이 본래 소유한 생명과 하나님의 형상을 타락으로 인해 상실하여 거룩함보다 악마의 형상을 좇아 죄악 가운데 살게 되었기 때문에 성령으로 새롭게 거듭나야만 했다. 즉 인간은 성령의 역사로 다시 태어나 본성의 경향이 변화되고 새롭게 되어야만 한다.

웨슬리는 중생의 필요성을 다음과 같이 피력한다. 첫째, 성결을 위해서 중생이 필요하다. 중생은 그리스도 예수 안에 있는 온전한 마음을 소유하도록 하여 우리로 하여금 성결의 생활을 출발하게 한다. 둘째, 영원한 구원을 얻기 위해서 중생이 필요하다. 중생하지 않고는 어느 누구도 주님과 영광 속에 나타나시는 하나님을 보지 못하기 때문이다. 셋째, 중생은 내세는 물론 이 세상에서도 행복하게 되는 조건이기 때문에 필요하다. 인생은 중생을 통해 거룩하지 않고는 현세나 내세에서 행복할 수 없다. 중생이야말로 현세와 내세에서 행복해질 수 있는 가장 확실한 근거다. 종합하면 우리가 이 세상에서의 성결한 생활을 위해서, 영적 생명 즉 구원을 얻기 위해서, 그리고 이 세상에서의 행복한 생활을 위해서 중생이 필요하다. 중생은 내세뿐 아니라 현세에서의 행복의 절대적인 조건이다. 이 모든 것 가운데 무엇보다 중요한 것은 우리가 하나님의 거룩성에 참여하기 위해서는 반드시 중생해야 한다는 것이다.[57]

그러나 중생이 우리에게 완전한 구원을 주는 것이 아니다. 중생한 후일지라도 우리 속에는 죄가 남아 있을 수 있다. 칭의와 중생은 성결한 생활, 즉 종교 그 자체가 아니라 그 문에 해당되기 때문에, 우리는 중생으로 만족할 것이 아니라 중생 이후에도 더 성결한 생활을 지향해

---

57 김영선, 『존 웨슬리와 감리교신학』, 214-15.

야 한다.

③ 중생의 표적

존 웨슬리는 그의 설교 '중생의 표적the mark of new birth'에서 중생한 자의 표적으로 믿음, 소망, 사랑을 말했다. 이는 곧 하나님의 자녀로서 지녀야 할 표지다.

웨슬리는 그 설교에서 중생의 첫 번째 표적으로 '믿음'을 말했다. 믿음은 단순히 관념적이거나 사변적인 동의가 아니라, 하나님께서 그 마음 안에 역사하시는 내적 변화를 의미한다.[58] 이는 그리스도의 공로를 통하여 그 죄가 용서되며 그가 하나님의 사랑에 화해되었다는 하나님 안에서 확고한 신뢰와 믿음을 의미한다. 중생한 자는 이러한 하나님의 자비에 대한 확신인 믿음을 표지로 갖는다. 이러한 믿음을 소유하지 않았다면 중생한 사람이라고 볼 수 없다.

중생의 두 번째 표적은 '소망'이다. 이 소망은 성령을 통해 그리스도와 맺는 인격적인 관계에서 오는 확신이다. 중생한 자는 이러한 소망을 표적으로 갖게 되어 절망하기보다는 언제나 기쁨과 희망의 생활을 하게 된다.

중생한 자의 세 번째 표적은 '사랑'이다. 중생한 사람은 하나님의 사랑으로 이웃을 사랑하고, 하나님의 계명을 기쁨으로 준수한다. 따라서 사랑하지 않는 자는 중생한 사람이라고 볼 수 없다.

> 하나님을 사랑하는 것에 따라오는 첫째 열매는 이웃 사랑입니다. 하나님께서 만드신 모든 영혼, 곧 우리의 원수와 우리를 능욕하고 핍박하는 자들을 포함한 모든 사람들을 우리 자신처럼 사랑하는 것입니

---

58 한국웨슬리학회 편, 『웨슬리설교전집 2』, 18.

다. 자기의 영혼을 사랑하는 것처럼 사랑하는 것입니다.[59]

웨슬리는 중생한 자의 이 세 가지 표적 가운데 사랑의 표적을 더욱 강조했다. 웨슬리가 말하는 사랑의 표적은 성화의 삶을 사는 것이다. 웨슬리의 구원론에서 중생 그 자체를 중시하는 것이 아니라 중생한 자는 하나님의 자녀로 입양된 자, 즉 하나님의 영을 가진 자로서 거룩과 완전, 그리고 성화를 지향한다는 점을 강조한다. 중생은 영적 생명의 탄생이라는 점에서 하나의 독립된 사건이지만 성화의 관점에서는 하나의 시작으로 중생은 성화의 첫 단계라 할 수 있다. 초기의 성화는 회개와 믿음으로 중생과 함께 성화가 시작되고, 계속적인 중생한 자의 회개와 믿음을 통해서 완전한 성화에 이르게 된다. 이런 점에서 칭의와 중생은 성화의 입구에 해당된다.

5) 다섯째 단계: 성화

칭의와 중생의 사고의 순서에 따르면 칭의가 중생에 선행하지만 시간의 순서에 따르면 칭의와 중생은 동시에 일어나는 것처럼, 중생과 성화의 관계도 이론적으로 중생이 성화에 선행하지만 시간적으로 동시에 일어난다. 회개로부터 시작된 죄의 용서인 칭의가 중생의 출발점이 되는 것처럼, 중생은 성화의 출발점이 된다. 중생의 과정에서 모든 죄를 버리고, 하나님의 형상을 회복하며, 참된 그리스도인의 삶을 시작하게 된다. 칭의로 죄의 용서를 받고 죄로부터 자유로운 사람은 더 이상 죄의 종이 아니라 하나님의 자녀의 신분으로 살게 되는데, 이것이 중생이다. 중생한 자는 중생 그 자체에 머물지 않고 곧 성화의 길을 가게 된다.

---

59 같은 책, 27.

웨슬리는 성화를 신자의 삶 속에서 일어나는 실제적인 변화와 은혜 속에서의 지속적인 성장이라고 보았다. 루터의 의인화 신학에 영향을 받은 모라비아교도들은 순간적인 성화, 곧 거듭나는 순간에 순간적으로 성화가 주어진다고 믿었지만, 웨슬리는 순간적으로 부어지는 성화가 성화의 출발점이지만 그 후 점진적으로 성장하고 변화가 있어야 함을 강조했다.[60]

웨슬리는 1765년에 발표한 '성서적 구원의 길'이란 설교에서 성화를 이루기 위한 구원의 질서를 선행은총, 칭의 전의 회개, 칭의와 중생(성령체험), 성화, 그리스도인의 완전(완전 성화), 영화의 여섯 단계로 구분했다. 그러나 성화의 단계로 구분해 보면 네 단계, 즉 초기의 성화, 점진적 성화, 온전한 성화, 영화로 구분할 수 있다. 이러한 구분은 웨슬리의 구원론에 있어서 서로 다른 종류의 성화를 뜻하는 것이 아니라 단지 정도의 차이를 나타내는 것을 의미한다.

① 초기의 성화initial sanctification

칭의와 중생의 단계가 초기의 성화에 해당된다. 우리가 진정한 믿음을 가질 때 의로워지고 거듭나게 되며, 초기의 성화를 경험하게 된다. 초기의 성화에서 칭의에 해당되는 성화를 관계적 성화positional sanctification라고 부르기도 한다. 왜냐하면 이 단계에서 칭의의 사건을 통해 죄를 용서받고 죄의 백성에서 하나님의 백성이 되는 관계의 변

---

60 모라비아교도들과 분열이 생기게 된 계기는 바로 이러한 순간적 성화가 칭의의 순간과 동시에 전가됨을 웨슬리는 비판하게 되었다. 모라비아교도들은 칭의의 은총을 얻기 위해서는 아무런 노력이나 행동도, 은총의 수단도 필요 없이 조용히 기다리기만 하면 된다고 생각했지만, 웨슬리는 칭의가 믿음으로만 얻어지는 은총이기는 해도 그 은총을 사모하는 마음으로 열심을 다해 은혜의 수단들, 즉 기도, 금식, 성서 읽기, 집회 출석, 성찬 참여 등을 활용하고 행동해야 한다고 생각했다. 김홍기, 『존 웨슬리 신학의 재발견』, 105.

화가 일어나기 때문이다. 예수 그리스도를 구주로 영접하기 이전에는 누구나 하나님과의 관계가 단절되었으나 칭의와 중생을 통해 죄인 된 우리가 하나님의 거룩한 백성으로 관계가 변화되는데, 이것을 '관계적 성화'라고 한다. 이는 주관적인 변화라기보다는 객관적 변화이며, 내적 변화가 아닌 외적 관계의 변화다.

관계적 성화의 단계는 죄인이 의로운 사람이 되었다는 것을 의미하는 것이 아니라, 단지 죄의 용서를 받았다는 것을 뜻한다. 그런 의미에서 관계적 성화만으로는 온전한 성화를 이루었다고 볼 수 없고 여기서 더 나아가야 한다. 관계적 성화는 실제적인 영적·도덕적 변화를 받아야 한다. 실제로 의로워지는 내적인 영적 변화는 중생이다. 중생은 영적 생명의 탄생이라는 점에서 하나의 독립된 사건이지만 성화의 관점에서는 시작이다. 따라서 중생의 단계야말로 성화의 첫 단계라고 할 수 있는데, 웨슬리는 중생을 성화의 문이라고 했다.[61]

② 점진적 성화progressive sanctification

구원은 선행은총으로부터 시작하여 영화의 단계로 발전하게 된다. 그러므로 구원은 시작에서 완전까지 점진적인 과정이라고 할 수 있다. 신자는 이러한 과정을 지나는 동안 영적 싸움을 겪게 되며 때론 패하기도 하고 때론 승리하며 유혹과도 싸워 이겨낸다. 웨슬리의 점진적 성화의 단계는 성화의 단계에서 가장 현실적인 단계로써 지금 현재 우리의 단계다. 그러므로 우리는 현실의 삶 가운데서 늘 경건에 이르는 연습을 해야 하는 것이다. 인간은 의롭다 함을 받은 후에도 죄는 계속 남아 있기 때문에 지속적으로 회개하는 행위를 통해 완전 성화의 단계까지 나아가야 한다. 성화는 유일회적으로 단번에 되는 것이 아

---

61 김영선, 『존 웨슬리와 감리교신학』, 234-35.

니라 전 생애적인 과정을 통해서 점진적으로 이루어진다.[62]

③ 온전한 성화entire sanctification

존 웨슬리의 온전한 성화는 그리스도인의 완전한 사랑, 그리스도의 순수한 사랑이 이루어지는 것을 말한다. 즉 온전한 성화란 하나님께 외적으로나 내적으로 완전한 복종을 의미하며 그리스도와의 완전히 일치됨을 말하며, 하나님과 이웃에 대한 그리스도의 아가페 사랑이 이루어진 상태를 의미한다.

웨슬리는 점진적 성화에 순간적인 단계의 성화를 밀착시켜서 두 개의 순간적인 체험이 있다고 했다. 하나는 중생과 동시에 일어나는 초기의 성화이고, 다른 하나는 온전한 성화다 . 초기의 성화는 불신자가 회개하고 믿음으로 얻는 순간적인 체험이라고 한다면, 온전한 성화는 신자가 다시 자기의 무능과 자기 안에 아직도 남아 있는 죄를 깨닫고 믿음으로 받는 신앙 체험이다. 웨슬리는 이 체험을 '제2의 축복second blessing', '두 번째 변화second change', '온전한 구원full salvation', '그리스도인의 완전Christian perfection'이라고 불렀고, 그 본질을 '온전한 사랑' 혹은 '순수한 사랑'이라고 표현했다. 온전한 성화는 바로 '온전한 사랑' 또는 '순수한 사랑'이며, 이 사랑 때문에 죄를 짓지 않게 되고, 하나님과 이웃을 사랑하게 되며, 하나님과의 관계가 온전히 회복되는 것을 말한다. 그러므로 웨슬리는 모든 신자를 향하여 이 온전한 성화 곧 그리스도인의 완전으로 나아가라고 권고했다.[63]

---

62 같은 책, 235-36.
63 같은 책, 236-37.

6) 여섯째 단계: 영화

영화는 구원의 과정에서 제일 마지막 단계로써 완전하고 흠이 없는 거룩한 영적 인격의 완성 내지는 성취를 말한다. 그리스도인의 완전이란 '인격의 완전이며 이는 곧 사랑'이다. 그러나 현세에서의 완전은 끝이 아니다. 부패하는 연약한 인간성은 우리 육체가 흙으로 돌아갈 때까지는 결코 제거되는 것이 아니기 때문이다. 그러므로 완전한 자라도 계속 은혜 안에서 성장해야 하며 하나님 앞에 서는 순간 최종적인 의인義認을 얻어야 한다. 이를 '최종적인 완전' 또는 '영화'라고 한다. 웨슬리는 완전 성화는 죽은 이후에나 얻을 수 있는 것이 아니라 현세에서도 얻을 수 있다고 하였는데, 그 시기는 일반적으로 죽음 직전이라고 보았으며 죽음과 함께 영화에 이른다고 보았다.[64]

---

64 같은 책, 238.

🐾4장
존 웨슬리의 구원론과 신앙발달론

    '발달'이라는 말은 오늘날 심리학의 영역에서 중심적인 단어 가운데 하나일 뿐 아니라 사회과학 분야에서 광범위하게 사용되고 있는 개념이다. 인간의 성장이라는 측면에서 이해되는 인간발달 이론은 개인적 성장이나 성숙, 노화와 같이 예상되는 생리학적, 심리학적 변화에 관심을 갖고 있다. 분석심리학을 유래로 하고 있는 20세기 발달심리학 이론들은 인간의 변화의 과정들을 과학적으로 분석함으로써 인간의 발달을 전인적으로 볼 수 있게 하였다. 동시에 이렇게 분석된 인간발달의 원리는 신앙발달의 원리에도 많은 영향을 미쳤다. 그동안 신앙의 발달을 비논리적이고 비체계적인 관점에서 바라보다가 논리적이고 체계적인 관점에서 바라보게 된 것이다.

    그러나 '인간발달'과 '신앙발달'은 많은 부분에서 동질성을 가지고 있으나 근본적인 차이점이 있다. 인간발달이 삶의 전형적이고 예상되는 단계들을 기술하는 것이라면, 신앙발달은 인간의 삶 속에서의 다양한 변화들을 우리의 인내와 은총으로 통과하면서 얻게 되는 경험이나 신념의 기본적인 구조들, 즉 의미의 필연적인 구성 요소를 기술한다는 점에서 차이가 있다.

1. 인간발달 이론

1) 인간발달의 정의

인간은 시간과 환경에 따라 변화를 경험하는 삶을 살아간다. 이런 변화의 삶은 필연적으로 '발달'이 일어나며, 이는 인간을 이해하는 데 중요한 요소가 될 수 있다. '발달'이라는 용어는 과거 단순히 좁은 의미에서 수태에서 청년기에 이르는 인간의 육체적인 상승적 변화에 관심을 가지고 있었다. 그러나 오늘날 대부분의 심리학자들은 발달을 넓은 의미에서 청년기 이후 노년기에 이르기까지의 하강적 변화까지를 포함하는 폭넓은 의미로 받아들여지고 있다.[1]

즉 인간발달적 측면에서 성장growth이라는 말은 일반적으로 신체의 크기나 능력이 증가하는 것으로 주로 양적 변화를 의미했으나, 최근에는 증가만이 아니라 체력이 떨어지고, 기억력이 감소하는 것과 같은 의미가 내포된 변화도 포함하고 있다. 따라서 발달은 전 생애에 걸쳐 여러 측면에서 일어나는 증가와 쇠퇴의 모든 변화의 양상 및 그 과정을 포괄하는 개념으로 이해하고 있다. 그래서 인간발달이란 인간이 태어나서 성숙하고 노화하여 죽기까지 일어나는 신체적, 정신적, 관계적 변화들을 탐구하는 것이라고 간단히 정의할 수 있다.

이렇게 보면 발달은 생명의 시작에서부터 죽음에 이르기까지 전 생애에 걸친 인간의 변화를 의미한다. 인간은 전 생애에 걸쳐 어느 한 시점도 신체적으로 심리적으로 동일한 모습을 보이지 않으며, 그 변화는 체계적으로 일어난다.[2] 변화를 '체계적'인 것으로 설명하는 이유는 변화에는 어떤 순서가 있고, 패턴이 있으며 비교적 지속적이라는 것

---

1 정옥분, 『발달심리학: 전생애 인간발달』(서울: 학지사, 2004), 15.
2 장휘숙, 『인간발달』(서울: 박영사, 2000), 4.

을 의미한다.

발달 심리학자들의 입장들을 종합하여 '발달'을 정의하면, "발달이란 인간이 살아가는 동안 전인적인 측면에서 끊임없이 일어나는 상승적, 하강적 변화를 포함하는 일련의 체계적인 양적, 질적인 변화"라고 할 수 있다.

인간발달 이론의 특징은 이론가의 관점에 따라 이론의 성격이 결정된다. 초기 발달심리학의 관점은 기계론적mechanistic 관점과 유기체적organismic 관점이 양립해 있었다. 이 대립적인 관계는 90년대까지 계속 이어졌고, 20세기 후반에는 맥락적contextual 관점이 출현했다.

'기계론적 관점'은 사람을 기계로 비유한다. 즉 기계가 조각으로 나뉘질 수 있는 것처럼 분해될 수 있는 부분들(행동들)의 집합으로써, 주로 외부 영향에 의한 반응으로 변화하는 수동적인 존재로서(기계가 외적 힘에 의존하여 움직이듯), 부분들(특수한 행동 패턴들)이 더해지거나 빼짐에 따라 점진적이고 연속적으로 변하는 존재로 본다. 이에 비해 '유기체적 관점'은 사람을 부분들의 단순한 집합으로는 이해될 수 없는 전체적인 존재로서, 발달과정에서 능동적인, 내적인 힘(본능이나 성숙과 같은)의 인도에 따라 변하는 존재로서, 성숙함에 따라 구별되는 (비연속적인) 단계들을 거쳐 발달하는 살아 있는 유기체로 본다. '맥락적 관점'은 발달을 사람과 환경 사이의 역동적 상호작용의 산물로 본다. 그 과정은 내적 힘(천성)과 외적 영향(환경) 사이의 복잡한 상호작용에 의해 좌우된다고 본다.[3]

2) 구조적 발달이론

파울러의 신앙발달이론은 구조발달이론가들인 인지발달의 피아제

---

3 데이비드 새퍼 외, 『발달심리학』, 송길연 외 3인 옮김(서울: 시그마프레스, 2005), 83.

와 도덕발달의 콜버그, 그리고 심리사회적인 발달이론의 에릭슨과 레빈슨의 발달이론에 많은 영향을 받았다.

파울러는 신앙발달이론의 기초가 된 구조발달이론들로부터의 공헌을 다음과 같이 지적했다. 첫째, 구조발달이론의 폭넓은 인식론적 강조가 신앙을 알고 해석하는 데 있어서 하나의 모델로써 공헌했다고 말한다. 둘째, 구조발달이론이 지식의 내용들에 형태를 부여할 때 앎의 구조 형성에 초점을 둔다는 것에 영향을 받았다고 말한다. 셋째, 구조발달이론의 구조적 초점은 우리가 동일한 신앙 공동체에 속해 있는 사람들 사이에 존재하는 서로 다른 신앙의 단계들을 체계적으로 비교 대조하는 것을 가능하게 해 주었다고 평가했다. 넷째, 구조발달이론의 상호작용적 접근은 발달의 능동적이고 개혁적인 '주체'와 역동적이고 변화하는 '환경'사이의 교류로부터 초래되는 것으로 보게 했다. 다섯째, 구조발달이론가들의 주장인, 보다 발달된 앎의 구조적 단계들이 덜 발달된 단계들보다 포괄적이고 적절하다는 점과, 보다 발달된 단계들은 덜 발달된 단계들보다 더 참된 앎을 가능하게 한다는 것이다.[4]

① 피아제의 인지발달이론

피아제는 아동의 인지발달 구조를 생물학적이며 철학적인 관점에서 연구함으로써 발달심리학에 큰 공헌을 하였다. 피아제는 임상적 방법으로 아동의 언어와 사고에 관한 연구에서부터 세계관, 인과적 사고, 도덕 판단, 수 개념, 공간 개념 등에 관한 연구를 통하여 인지발달 이론을 제안했다. 그는 발생적 인식론genetic epistemology이라는 주

---

4 제임스 파울러, 『신앙의 발달 단계』, 사미자 옮김(서울: 한국장로교출판사, 2002), 169-72.

장을 통해 인식론의 문제를 규명하려고 하였다.[5] 그의 인지발달이론은 인간의 지식이 어떻게 얻어지는가의 과정을 밝힌 것이라고 할 수 있다.

파울러는 피아제의 '구조'에 주된 관심을 가졌고, 피아제의 '인지구조cognitive structure'라는 용어는 파울러의 '신앙 구조'에 영향을 미쳤다. 파울러의 신앙 구조에는 신앙의 내적 구조와 외적 구조가 있다. 신앙의 내적 구조에서 가장 큰 비중을 차지하는 것이 바로 인지 구조라고 할 수 있는데, 파울러는 이러한 내적 구조의 인지적 측면을 피아제로부터 통찰을 얻었다.

피아제의 인지발달이론에 있어서 핵심적인 개념은 '도식schema'과 '적응adaptation'이다. '도식'은 사물이나 사건 또는 사실에 대한 전체적인 윤곽이나 개념을 말한다. 기본적인 반사를 갖고 태어난 유아는 반사행동의 반응을 통해 도식을 형성해 나간다. '적응'은 생물학적 개념으로써 '동화assimilation'와 '조절accommodation' 사이의 '평형equilibration'을 유지하려는 선천적인 경향을 의미한다.[6] 여기서 '동화'란 유아가 환경의 자극이나 새로운 정보를 액면 그대로 수용하는 것이 아니라 자신이 가지고 있는 기존의 구조에 부합시켜 나가는 것을 의미한다. 그리고 '조절'이란 환경적 자극이나 새로운 정보를 인식하기 위해 자신이 가지고 있는 구조의 변형을 의미한다. '평형'은 피아제 이론의 중심 동기적 요인이라 할 수 있는데, 이것은 동화와 조절이 상호작용을

---

5 같은 책, 87.

6 파울러는 신앙의 지적 측면에서 피아제와 기본적인 입장을 같이한다. 특히 인식적 측면에서 볼 때, 인식knowing을 기본적으로 유기체와 환경의 상호작용을 통한 의미 추구의 과정으로 보는 것이다. 의미 추구의 과정은 크게 두 가지로 나타나는데, 그것은 동화assimilation와 조절accommodation이다. 지적 불균형을 경험할 경우 동화와 조절 과정을 통해 항상 지적 균형 상태를 유지하려고 노력하는 것이다. 이것을 적응adaption이라고 한다.

통해 사고의 균형을 이루는 동적인 상태를 의미한다.[7] 이러한 유아의 경험과 관찰을 통해 얻은 개념을 바탕으로 피아제는 인지 구조가 질적으로 다른 단계로 일정한 순서를 거치면서 발달한다고 주장하며, 이 인지발달 구조를 4단계로 제시했다. 즉 감각운동기sensorimotor period, 전조작기preoperational period, 구체적 조작기concrete operational period, 형식적 조작기formal operational period로 구분했다.

감각운동기

첫째 단계인 감각 운동기는 0-2세까지를 말하며, 이 시기에는 아동들이 감각이나 운동기관을 사용하여 환경과 상호작용을 하는 언어 이전의 시기다. 감각운동기의 유아는 모든 사물을 판단하고 이해하는 것을 자기 몸을 중심으로 육체적 관찰을 통해 세계를 감지한다. 감각운동기의 특징은 감각동작이 지적 능력의 전부를 대표하며, 선천적으로 주어진 단순한 반사운동이 점차로 복잡하고 협력적인 감각동작 행동으로 발달해 나간다는 점이다.[8] 그리고 이 시기에 획득되는 중요한 개념은 대상 영속성object permanence의 개념인데, 이것은 어떤 대상이 감각에서 사라져도 그 대상은 계속 존재한다는 사실을 아는 것이다.[9]

전조작기

둘째 단계인 전조작기는 2-7세까지로, 이 시기에는 표상적 활동이 급격히 증가한다. 이것이 가능한 이유는 한 대상이나 사건을 사용하여 다른 것을 나타낼 수 있는 기호적 기능이 가능해지기 때문이다. 그래서 어떤 지시물이 있으면 그것이 나타내는 지시 대상을 이끌어 낼

7 조복희 외, 『인간발달』 (서울: 교문사, 2010), 58-59.
8 유영주, 『가족관계학』 (서울: 교문사, 1983), 96-98.
9 서봉연 · 유안진, 『인간발달』 (서울: 서울대학교 출판부, 1982), 2.

수 있게 된다. 아동은 물체가 자기에게 어떻게 보이느냐에 따라 판단하게 되는데, 사물의 외관, 특히 눈앞에 보이는 두드러진 시각적 속성에 따라서 판단하고 사고한다.

또한 이 시기의 아동의 인지 구조의 특성은 자기중심성으로 대표되는데, 이는 사물을 자신의 입장에서만 보기 때문에 다른 사람의 관점을 이해하지 못하는 것을 말한다. 즉 다른 사람의 역할과 견해를 전혀 고려할 줄 모르고 누구나가 다 자기와 같이 생각한다고 믿는다. 이러한 자기중심성은 상호 교환적인 의사소통이 불가능하며 사회생활을 해나가는 데 필요한 법칙도 이해하지 못한다. 그러므로 자기 자신이 가지고 있는 사고의 타당성을 추구하지 못한다. 자기중심적인 사고는 한편으로는 전조작기 동안의 인지 구조의 발달을 한정하게 하는 작용을 한다.[10] 왜냐하면 전조작기의 아동은 자신의 사고를 의문시해 보거나 자신의 개념을 정당화시켜야 한다는 필요성마저 의식하지 못하기 때문에 지적 발달은 그 시점에서 한정되며, 따라서 이미 만들어진 구조적 상태를 계속적으로 유지시키는 자기중심적 사고를 하기 때문이다.

이 시기의 가장 중요한 특징은 언어의 발달이다. 2–4세의 아동은 언어 발달이 급속하게 이루어지는데, 사고와 언어가 연결되어져서 아동이 상징만으로 생각하던 것을 말로 사고하게 된다. 아동은 '의미를 나타내는 것'과 '표현되는 의미' 사이의 불화가 생김으로 인해서, 이 불화가 어린이에게 상징적인 기능을 주어 그를 언어의 발생으로 이끌어 간다. 어린이는 여기서 기호와 상징 즉 이미지와 언어를 매개로 해서 자기 세계를 표현하도록 배우게 된다.

---

10 강순복, 『피아제의 인지발달 이론과 기독교 교육』 (서울: 장로회신학대학 출판부, 1980), 19.

구체적 조작기

셋째 단계인 구체적 조작기는 7–11세까지의 기간이다. 이 단계의 아동의 사고는 급격한 진전을 보여 사고를 조작적으로 하게 되는데, 구체적이기는 하지만 논리적 조작을 부분적으로 수행할 수가 있다. 상징적 의미보다는 물체와 실체적 접촉에 국한되는 구체적인 문제에 적용될 수 있는 논리적 사고를 할 수 있게 된다.

구체적 조작 기능은 구체적으로 존재하는 사물에 관련되며 순서화, 순차적 배열, 분류 및 수학적 과정을 포함한다. 그러나 이것은 어디까지나 그 대상이 구체적인 사실인 경우에 한해서만 가능한 것이고, 추상적이고 관념적인 사실에 대해서는 아직 조작적 사고를 할 수 없다. 그리고 이 단계에서는 전 단계의 자기중심적 사고 형태가 사라지고, 하나의 단순한 형태의 합리적인 인과관계에 대해 설명을 할 수 있게 된다. 또한 시간 개념과 공간 개념이 형성되기 시작한다. 구체적 조작기의 아동들은 어떤 문제 해결에 있어서 아직은 추상적인 사고 방법을 채용할 줄 모르나 구체적인 내용의 자료를 활용하여 논리적으로 조작하는 것은 가능하다.

이 시기에 일어나는 중요한 발달은 조작의 습득이다. 조작은 정신적 표상에 대해 정신적으로 행하는 활동이다. 또한 이 시기의 아동들은 자기중심성을 탈피하여 타인의 조망이나 입장을 이해할 수 있고, 탈 중심화 능력이 획득되어 몇 가지 사실들을 한꺼번에 고려하는 것이 가능해진다. 그러나 사실이 아니거나 미래의 가능성 등에 대해서는 조작이 불가능하고 추상적이고 과학적인 개념에 대한 사고는 다음 단계인 형식적인 조작기가 되어야 가능하다.

형식적 조작기

넷째 단계인 형식적 조작기는 대략 11–12세경부터 시작된다. 이 시기는 형식적 조작이 가능하므로 사고와 개념에 대해 생각하게 된다. 피아제는 이 시기를 인지발달의 절정으로 보고 있는데, 형식적 조작 단계의 아동은 논리적 조작을 통해서 해결될 수 있는 모든 문제를 풀 수 있는 능력을 획득하게 되는 것이다. 따라서 이 시기의 아동은 현실적인 세계를 넘어서 추론적 사고inferential thinking를 할 수 있게 된다. 또한 이 시기에는 조합적 사고combinational thinking가 가능하게 되는데, 이것은 하나의 문제에 직면했을 때 모든 가능한 해결책을 논리적으로 궁리해 봄으로써 결국 문제 해결에 이르게 되는 사고다.[11]

이 시기에 접어든 아동들의 사고는 완전히 추상적이고 가설적인 범위까지 확장된다. 그래서 청소년들은 존재, 진리, 정의, 도덕성 등 심오한 문제에 대해서도 사고할 수 있게 되면서 자신을 아동기에서 해방시키고 성인과 대등한 입장에 서게 하는 나름대로의 생각을 가지게 된다.[12]

② 콜버그의 도덕발달이론

콜버그는 피아제의 전통을 계승한 대표적인 학자로서, 피아제의 인지발달이론 중 도덕적 판단능력에 관심을 갖고 면담을 통한 조사 자료를 기초로 도덕발달 단계 이론을 발전시켰다.

피아제는 인간이 세계를 어떻게 수학적으로, 과학적으로 구성하고 알고 있는가의 문제에 관심을 가졌다면, 콜버그는 사회적 세계에 대한 인간의 경험들과 판단들을 어떻게 구성할 것인가에 대해 연구했다. 더 나아가 정의들에 대한 이성적 이해를 도덕적 판단을 위한 규범으로 삼아 실험적, 철학적으로 볼 때, 도덕적 추론이 연속적인 단계들

---

11 서봉연·유안진, 『인간발달』, 25.
12 성형란 외, 『인지발달』 (서울: 학지사, 2001), 22-30.

을 거치면서 발달한다는 것을 주장했다.[13]

콜버그는 도덕적 사고에 근거한 발달 단계 이론을 수립한다. 그는 한 인간의 도덕적 행위의 근거가 되는 도덕적 판단에 관심을 집중했다. 그의 도덕발달이론은 인간이 가지고 있는 도덕적 추리의 수준에 따르는 단계를 구분하여 형성된 것이라 할 수 있다. 콜버그의 발달 이론은 크게 3수준으로 나누어 각 수준에 두 단계씩 6단계 이론으로 설명된다.[14]

전인습적 단계preconventional level

전인습적 단계의 아동들의 도덕적 판단은 자아 중심적이며 물질적 중요성에 따라 선과 악, 옳고 그름을 구별한다. 규범에 반응을 하지만 이러한 규범에 대하여 신체적이거나 쾌락적인 행동의 결과로써 또는 규범과 기준을 선언하는 신체적 세력자의 힘의 관점에서 해석한다.

□ 제1단계: 처벌과 복종 지향 단계

이 단계에서는 처벌을 피하기 위해 규범에 순응한다. 아동이 벌을 받지 않기 위해서는 권위 있는 사람에게 복종해야 한다고 생각하는 단계다.[15] 결과에 대한 인간적인 의미나 가치에 대해서는 개의치 않고 행위의 결과로써 선하고 악한 것을 결정한다. 도덕적 가치나 외부적 승인의 분별이 불가능하며 규범을 강요하는 물리적 힘은 옳은 것이다. 그러므로 벌을 피하고 보상을 원하는 것만이 개인에게 가치 있고, 벌과 권위에 의해 유리되는 기초적인 도덕, 질서의 존중에 가치를 두지 못하는 주관화의 단계다.

---

13 제임스 파울러, 『신앙의 발달 단계』, 91.
14 로렌스 콜버그, 『도덕교육철학』, 이기문 옮김(서울: 대한예수교장로회 출판국, 1985), 25.
15 오인탁 외, 『기독교 교육론』, 114.

□ 제2단계: 도구적 상대주의 단계

이 단계는 보상받기 위해 규범에 순응하는 단계로써 상호 호혜적 관계 수단에 의해서 욕구를 충족시키려는 단계다. 올바른 행동은 개인의 필요를 충족시켜 주며 때로는 타인의 필요를 채워 주는 것을 의미한다. 공평, 상호성, 평등한 분배 등의 상호성의 요소가 있지만 이것은 항상 신체적이며 실용적인 차원에서 해석된다.

인습적 단계conventional level

통상적 규범의 도덕 단계로 인습적인 사회적 역할과 기대에 따라 행동한다. 이 단계에서 비로소 도덕 판단이 사회질서의 근간이 되게 하고 개인의 의무와 책임 수행에 기초를 둔다. 그리고 사회질서에의 순응과 정당화는 인습적인 사회의 역할과 기대에 따라 행동해야만 인류가 조화롭게 살 수 있다는 인식이 나타난다.

□ 제3단계: 착한 아이로의 상호조화 지향 단계

이 단계에서는 동년배 집단이나 타자의 긍정적인 반응을 얻기 위해 규범에 순종한다. 타인을 돕는 착한 사람과 도덕적 가치를 동일시함으로 좋은 사람이 되어 승인받으려는 객체화의 단계다. 따라서 좋은 행위는 다른 사람을 기쁘게 하고 돕는 것이며 다른 사람들이 그것을 시인한다.

□ 제4단계: 권위와 사회질서 유지 지향 단계

이 단계에서는 기존 사회질서나 도덕을 동일시하며 권위를 존중하고 기존 체계를 지원하는 것이 최고의 도덕 목적이 된다. 법과 질서에 따라서 자기의 의무를 이해한다는 입장에서 도덕적 행위로 판단하는 단계다. 사회질서에 순응하고 그 질서에 충성하는 태도를 보이는데,

집단에 대한 동일시와 그 집단의 질서유지를 위해 그리고 그 질서의 정당화를 위해 모든 도덕 판단이 결정되는 차원이다.[16]

인습 이후 단계post conventional level

이 단계는 도덕적 인습이 이해되고 또 도덕적 가치와 원칙에 대한 근본적인 이해가 생겨 자아 중심적 욕구가 기존 사회나 집단의 질서나 권위에 관계없이 우주적 원칙에 의해 법과 질서를 보려고 하는 높은 도덕성의 성숙을 나타낸다.

이 단계에서는 도덕 이론을 정의하고 사회 구성원의 관점을 벗어나 기본적인 도덕 용어나 원리들을 정당화한다. 그리고 최고의 도덕발달 수준에서 개인은 일반적이고 보편적인 도덕 원리와 인간 행동의 이념을 공식화한다. 도덕 원리는 특정 사회의 권위와 독립된 것으로써 사회나 집단보다 더 높은 권위에 순종하는 것이며, 그것은 인간의 정의와 평등성의 보편개념에 속하는 것임을 인식한다.

□ 제5단계: 사회 계약 또는 법 지향 단계

이 단계에서는 계약적인 민주적 도덕관을 가지며 비평적 검증이나 의견의 일치에 기준을 두어 소수를 포함한 개인의 권리를 인정하고 집단의 전체 이익 존중을 위해 순응하는 단계다. 법률적인 의견을 존중하나 사회 공익을 위해서는 법도 바꿀 수 있다고 강조하는 일반화의 단계다.

□ 제6단계: 보편적인 윤리적 원칙 지향 단계

5단계는 최대 다수를 위한 최대 다수의 선을 지향하는 공리적 원리들에 기초하지만, 그러나 인권에 대한 관심 때문에 그것은 공리적 원

---

16 같은 책, 115.

리나, 소수의 희생으로 일반 선을 극대화하는 것을 거부하는 평등 원리에 제한을 받게 된다. 그리하여 6단계 보편적인 윤리적 원리를 지향하게 된다.[17]

이 단계는 가장 높은 단계로써 양심에 기초한 도덕성이 나타난다. 극히 소수가 이 단계에 도달한다. 역사적 시간과 문화적·사회적 관습을 초월한 일반적이고 보편적인 추상적 원리들을 인식하고 말한다. 이 단계는 특정 사회의 규범이나 관습에 얽매이지 않고 자발적으로 선택한 윤리적인 원칙에 따라 궁극화 하여 행동하는 단계라 할 수 있다.

콜버그의 5단계와 6단계는 성인기에 나타나는 것으로 본다. 이렇게 성인기에만 새롭게 나타나는 인지적, 도덕발달 단계의 발견은 성인기의 발달 변화의 사실을 입증해 주는 것이고 따라서 성인기 교육의 필요성을 뒷받침해 주는 것이라 할 수 있다.

3) 심리사회적 발달이론

구조발달이론들이 파울러에게 신앙의 형성을 가져오는 활동을 연구할 수 있는 자극을 주었다면, 에릭슨의 심리사회적 발달이론은 "신앙의 기능적 측면, 즉 삶 주기 전반에 걸쳐서 어떠한 구조적 단계에서도 신앙이 사람들로 하여금 극복하도록 도움을 주는 예견되는 실존적인 이슈들에 초점을 맞추도록 많은 방법들을 통하여 우리를 도와 왔다"고 서술하였다.[18]

---

17 제임스 파울러, 『신앙의 발달 단계』, 146.
18 같은 책, 183.

① 에릭슨의 발달이론

에릭 에릭슨은 지크문트 프로이트Sigmund Freud의 성性 심리적 성
장에 대한 학문을 확대한 정신분석 심리학자다. 그러나 에릭슨은 프
로이트가 주장하는 성적 에너지Libido가 인간 발달에 큰 역할을 한다
는 이론을 넘어서 자아의식이 사회와 문화가 인간 개체와 상호작용함
으로써 발달한다고 보았다.[19] 즉 자아가 형성 발달되어 가는 과정에서
심리학적 요인만이 작용하는 것이 아니라 사회적 요인이 같이 작용한
다는 것이다.

에릭슨은 그의 저서 『아동기와 사회Childhood and Society』(1950), 『정
체성: 청년과 위기Identity: Youth and Crisis』(1960) 등에서 "인간의 중
심적인 과제는 인간이 바로 자기 자신이 되는 것이며 출생에서 죽음에
이르는 생애는 자아 형성의 과정"이라고 말하면서 인간의 발달 단계
를 8단계로 구분하여 그것을 인생주기life cycle라고 불렀다. 각 단계마
다 그에 알맞게 자기 자신을 형성하고자 하며, 이로 인해 신체적·문화
적 조건에 영향을 받아 위기와 갈등을 경험하게 된다고 주장한다.[20]

에릭슨에 의하면 발달 단계마다 인간은 사회집단과 제도들이 요구
하는 역할에 따라 새로운 '정체성'을 형성해야만 한다. 그런데 각 단
계마다 새로운 정체성이 요구될 때 그 요구에 부흥하지 못하는 상태가
되면 위기라고 할 수 있는 갈등이 생기는데, 이 '갈등의 위기' 상황을
극복하려는 시도 속에서 새로운 발달이 일어나는 것이다. 각 시기의
발달 과제를 잘 수행하면 다음 단계의 과업 수행에 도움을 주어 바람
직한 자아정체성identity이 형성된다. 하지만 어느 단계의 발달 과업이
미진하면 다음 단계의 발달이 힘들고 '자아정체성 형성'에 막대한 지

---

19 이금만, 『발달심리와 신앙 교육』 (서울: 크리스챤 치유목회연구원, 2000), 81.
20 최임선, 『신앙의 발달과정』 (서울: 종로서적, 1985), 13.

장을 초래한다.[21] 에릭슨의 심리사회적 발달 8단계를 살펴보면 다음과 같다.

제1단계: 기초적 신뢰 대 불신(0-2세)

이 단계를 표현해주는 말은 기본적 신뢰감 대 불신감이다. 이 단계는 출생과 동시에 유아가 어머니와 갖게 되는 최초의 타인과의 접촉이 곧 신임과 불신임으로 양분된다. 이것이 무의식 안으로 자리하면서 차후의 성격 형성에 크게 작용하게 된다. 에릭슨에 의하면 아기가 일단 어머니에 대한 신뢰감을 형성하게 되면, 다른 행동에서도 신뢰하는 태도를 보인다고 한다. 이 시기에 신뢰감을 형성하는 것은 모든 사회관계에서의 성공적인 적응과 밀접한 관련이 있다고 보았다.[22]

그러나 이 시기에 유아가 기본적 신뢰감을 형성하지 못하면 유아분열증이 되고, 신뢰감이 약할 때는 분열적 성격이나 우울한 성격이 되기 쉽다. 반면에 기본적 신뢰의 감정은 인간의 마음에 깊이 뿌리내린 향수로써, 종교적인 신앙심도 여기서부터 발달되는 것이라고 할 수 있다.

제2단계: 자율성 대 수치심, 의심(2-6세)

이 단계는 자율성 대 수치심과 의심의 시기로써, 약 1세 이후부터 3세까지를 말한다. 또한 이 단계는 프로이트의 항문기에 해당되는 것으로써 특히 대소변의 습관과 훈련에 의하여 상반된 성격을 형성한다는 것이다. 배설 훈련을 너무 심하게 받는다거나 처벌이 엄할 때는 자율화가 안 되고, 보유와 방출의 갈등이 생겨서 이것이 자의식을 강하게 만들 뿐 아니라, 더 나아가서 수치심과 의심을 자아나게 한다. 다

---

21 이금만, 『발달심리와 신앙 교육』, 82.
22 서봉연 · 유안진, 『인간발달』, 16.

시 말해서 이 시기에 정상적인 가정환경에서 아이가 자라게 되면 자율성이 습득되어 문제가 없으나, 이것이 방해되면 수치심과 의심이 많아져서 강박신경증이나 피해망상 등이 생기기 쉽다는 것이다.

반면에 이 시기에 자율성이 발달하게 되면 아이들이 스스로 자제하는 능력과 의지력이 생기게 된다. 아동은 하고 싶은 대로 하는 것에서 혼자서 하는 것에 관심을 갖게 된다. 혼자서 하는 것이 성공할 때마다 아동의 자율성은 길러진다.

제3단계: 주도성 대 죄책감(7-10세)

이 단계는 주도성 대 죄책감의 시기로써, 아동은 가정의 울타리에서 벗어나 생활의 울타리가 확대되어 많은 사람들과 관계를 맺어간다. 아동은 계획을 세우고 목표를 설정하며 그것을 달성하고자 노력한다. 하지만 아동 자신의 계획과 희망 가운데는 사회의 금기에 위반되는 것이 있음을 깨닫게 되어 죄책감을 느끼게 되기도 하지만, 때로는 그런 죄책감이 충동이나 현상을 억제하는 데 도움이 되기도 한다.[23]

이 시기는 활동이 목적 지향적으로 되면서 기대와 책임감을 어느 정도 느끼게 된다. 이러한 활동에 대한 성취욕으로 주도권을 갖고자 자기 또래와 형제들에 대한 대결의식도 가져온다. 목적물에 대한 적극적이고 공격적인 시도는 자기의 능력을 벗어나 실패함이 예사이나, 그 때마다 아이는 죄책감이나 외부 주시에 대한 불안감을 갖게 된다.

또한 이 시기는 초자아의 발달로 도덕이나 양심이 수립되는 시기다. 그러나 초자아가 너무 강하게 발달되어서 아이가 실패를 거듭하게 되면 죄책감이나 증오심에 사로잡히게 되고 또는 소극적이 되기도 한다.

---

23 이금만, 『발달심리와 신앙 교육』, 85.

제4단계: 근면성 대 열등감(7-12세)

에릭슨은 이 단계를 무엇을 완성시켜 보려는 성취감이 나타나며, 자아 성찰의 결정적인 시기로 보았다. 이 시기에는 성취감과 성공을 맛보도록 많은 경험과 다양한 환경을 마련해 주면 일에 대한 열의와 근면성을 나타내는 시기로 보았다.[24] 반면에 실패나 성공에 대한 강한 두려움은 열등감을 낳기도 하는데, 이 열등감은 결국 스스로 소외감을 더하게 하는 원인이 되기도 한다.

만일 순조롭게 근면성이 발달하지 못하면 어린이는 소외감과 열등감을 갖게 된다. 이러한 열등감은 전 단계에서 성공적으로 갈등을 극복하지 못했을 때나 학교와 사회가 아동에 대해서 편견적인 태도를 취할 때, 또는 가정이 아동의 학교 공부를 돕지 못할 때 발달되기 쉽다.[25]

제5단계: 정체성 대 역할 혼란(13-21세)

이 단계는 정체성 대 역할 혼란의 시기로써 청소년기에 해당된다. 이 시기에는 자아의식이 구체화되고 아동기에서 청소년기로 이행한다. 에릭슨은 청소년의 중심 과제를 자아 정체성ego identity의 확립이라고 했다.[26] 자아정체성이란 자기의 위치, 능력, 역할 및 책임에 대한 의식이며 확신이다. 이 시기의 청소년들은 자기 인식을 타인에 의해서, 사회 속에서 찾게 되면서 자기 정체성이 생성된다. 그러나 청소년기에 있어서 너무나 급격한 사회적·정치적·기술적 변화는 오히려 정체성 형성에 방해가 된다.

에릭슨은 이 시기를 기본적 신뢰감이 형성되는 제1단계에 못지않게 중요한 시기라고 주장하고 있다. 왜냐하면 이 시기에 긍정적인 자아

---

24 Erik Erikson, *Childhood and Society* (New York: W. W. Norton, 1963), 250-53.
25 서봉연·유안진, 『인간발달』, 18.
26 제임스 파울러, 『신앙의 발달 단계』, 134.

정체성을 확립한 청소년은 이후의 단계에서 부딪히는 심리적 위기를 무난히 넘길 수 있게 되지만, 그렇지 못한 청소년은 계속 방황하여 때로는 부정적인 정체성을 형성하게 되기 때문이다.[27]

제6단계: 친밀성 대 고립감(21-35세)

이 시기는 청년기라 할 수 있는데, 직업 선택과 배우자 선정에 관심을 갖는 시기로 이성 친구에게서 동질감을 느끼게 되면서 친밀감이 생긴다. 만약 그렇지 못할 경우에는 고립감이 생겨 자기 자신의 정체성에 대한 확신 없이 소외된 상태에 머물게 된다. 에릭슨에 의하면 청년기에 긍정적인 정체성을 확립한 사람만이 진정한 친밀성을 이룰 수 있다고 한다. 그러나 정체성을 확립하지 못한 사람은 자기 자신에 대하여 자신감을 갖지 못하므로 타인과의 관계에서도 친밀성을 형성하지 못하고 고립하여 자기 자신에게만 몰두하게 된다고 한다.

제7단계: 생산성 대 침체성(35-60세)

이 단계는 생산성 대 침체성의 시기로써 장년기를 의미한다. 전 단계에서 두 사람 간의 친밀성이 확립되고 나면 그들의 관심은 두 사람 간의 관계를 넘어서 그 밖의 사람으로 확대되기 시작한다.[28] 가정적으로는 자녀를 낳아 키우고 교육하게 되며, 양육하는 데서 하나의 성취감 내지는 생성의 보람을 갖게 된다. 사회적으로는 다음 세대를 양성하는 데 관심과 노력을 기울이게 된다.

또 직업적인 성취나 학문적·예술적 업적을 통해서도 사회적 지위를 확보하며 생산성이 발휘된다. 그러나 만일에 어떠한 이유로 인해서 생산성을 제대로 발휘하지 못하게 되면 침체성이 형성된다. 이럴 경

---

27 서봉연 · 유안진, 『인간발달』, 18-19.
28 이금만, 『발달심리와 신앙 교육』, 92.

우에는 생의 의욕을 잃고 타인들에 대한 관심보다는 자신의 욕구에만 관심을 갖게 된다.

제8단계: 자아 통합 대 절망(60세 이상)

이 단계는 그동안 7단계까지 성공적으로 위기를 극복해 왔다면 자신의 일평생을 돌아보면서 자아 통합을 이루게 된다. 그러나 자아 통합을 상실할 경우에는 자신의 전체적 삶에 대한 절망을 경험하게 되며, 이것은 곧 죽음에 대한 두려움으로 이어지게 된다.[29] 이 시기의 성패는 다가오는 선천적·사회적 퇴보를 어떻게 받아들이는가에 달려 있다고 에릭슨은 주장한다. 노년기에 들어서서 자아의 주체성과 환경과의 융합은 곧 삶의 충족감을 가져오지만, 실패했을 경우에는 절망과 허탈감에서 오는 혐오감·경멸심을 갖게 되며 자기 상실을 경험하게 된다.

에릭슨의 발달이론의 특징은 다음과 같다. 첫째 자아발달을 위해 다방면으로 접근했다. 둘째, 출생으로부터 죽음에 이르기까지 점차적으로 발달한다는 후성설의 이론을 제공했다. 셋째, 가치 형성과 종교적 신념에 대해 정신분석적 개념을 적용했다. 이렇게 볼 때 에릭슨의 구조에서 발달이란 갈등 해결의 과정이다.[30]

그의 발달에서 하나의 갈등 해결 과정은 한 평생을 통해 일어나는 과정이다. 각 단계에서 갈등이 성공적으로 해결되었을 때 자아는 긍정적으로 성숙하지만 갈등이 부정적일 때는 자아 성숙을 방해하기도 한다. 이와 같이 한 개인은 일평생을 통해서 겪어야 하는 갈등으로 인해 점차적으로 발달하게 된다.

---

29 같은 책, 94.
30 최임신, 『신앙의 발달과정』, 12.

② 레빈슨의 발달이론

제임스 파울러가 그의 저서 『신앙의 발달 단계Stage of Faith』를 거의 탈고할 무렵에 접했던 대니얼 레빈슨은 그에게 새로운 사실을 깨닫게 했다. 첫째는 레빈슨의 이론에 있어서 나이를 계산하는 연대기적 시간은 존재론적 중요성을 갖는다는 점이다. 둘째는 레빈슨이 제시한 '기간'들은 '전이기'의 속도와 강도에 따라 변할 수 있으나 삶의 한 '시기'에서 다른 '시기'로 전이하게 됨으로써 세계 내에서의 존재 방식에 미치는 영향은 불가피하며, 변하지 않고 필연적이며 근본적이라는 사실이다.[31]

레빈슨은 생애주기 이론에서 두 개의 중요한 요소를 찾아냈다. 첫째는 출발점이라는 출생에서 종착점이라고 볼 수 있는 죽음에 이르기까지의 어떤 과정의 개념이 있다는 것이다. 둘째는 생애주기 안에서의 단계들에는 '계절'의 개념이 있다는 것이다.[32]

레빈슨은 사람의 일생을 대략 20년의 시기로 나눈다. 그는 20년씩의 시간을 주기로 나아가는데 그 주기마다 과도기가 있다고 보았다. 이러한 과도기를 통해서 인간은 한 시기에서 다른 시기로 넘어갈 때 인간의 존재 방식과 삶의 방식이 바뀐다고 설명했다.

첫 번째, 유아·아동 및 청소년기는 일생의 첫 번째 과도기다. 이 시기에는 신체적 성숙과 인지적·정서적 발달이 일어나는데, 그 어느 시기보다도 신체적·정신적인 면에서 빠르게 발달이 일어나는 시기다.

두 번째 시기인 17-22세까지의 연령은 첫 번째 시기의 절정에의 도달과 그 다음의 발달 시기인 첫 번째 성년의 시기를 모두 나타낸다고 할 수 있다. 이 연령의 사람은 인격 형성, 사고와 학습의 기본적 배양

---

31 제임스 파울러, 『신앙의 발달 단계』, 185.
32 Daniel J. Levinson, *The Seasons of a Man's Life* (New York: Knoopf, 1978), 6-7.

능력, 가치와 신념의 형성 등과 첫째 시기에 자신을 양육해 주던 가정이라는 모체에서 분리될 준비를 마쳐야 한다.

세 번째 시기인 40-45세까지의 시기를 레빈슨은 또 하나의 중요한 전이기로 본다. 이때에는 이전 시기에 가졌던 꿈과 일, 사람에 대한 결단의 형태, 자아와 세계에 관해 가졌던 뚜렷한 이미지 등을 새롭게 평가하는 시기다. 그리고 시간에 대한 느낌과 태도가 변하기 시작한다. 또한 자신의 목표, 우선순위, 관계, 역할 등이 검토되어야만 하고 변화될 필요가 있다. 즉 중년기를 맞이한 사람들은 존재 양식을 의미 있게 다시 형성할 것을 지적하고 있다.

네 번째 시기인 60-65세까지는 또 다른 변화가 나타나는 또 하나의 과도기이며, 이 기간은 중년기가 절정에 도달하고 노년기가 시작되는 시기다.

위와 같은 레빈슨의 시기의 구조가 나타내는 것은 사회심리학적 발달에 있어서의 과도기와 신앙발달에 있어서의 구조적 단계 사이에 자연적 관계를 이해하는 데 중요한 단서가 된다는 것이다.

파울러는 이러한 레빈슨의 이론을 통해 다음과 같은 영향을 받았다. 첫째, 레빈슨의 연대기적 시간은 파울러에게 존재론적 의미를 깨닫게 했으며, 둘째, 레빈슨의 인생주기에서 파울러는 레빈슨이 밝혀 놓은 시기들이 다양하고 변천의 속도와 강도에 있어서 서로 다를 수 있는 소지가 있지만, 삶의 한 시기에서 다른 시기로 옮겨갈 때 인간의 존재 방식에 대한 영향은 필연적이며 불변적이라는 것을 인식했다. 이러한 레빈슨의 주장은 파울러에게 있어서, 사회심리적 발달에서의 전이가 신앙발달에 있어서의 구조적 단계 간의 관계를 이해하는 데 중요한 실마리를 제공했다고 할 수 있다.[33]

---

33 James Fowler, *Becoming Adult, Becoming Christian* (San Francisco: Harper & Row, 1984), 33.

2. 제임스 파울러의 신앙발달이론

신앙적인 측면에서 '발달'이라는 용어를 공식적으로 사용하기 시작한 것은 그리 오래되지 않았다. '발달'이라는 용어를 신학에서 사용하기 시작한 학자는 제임스 파울러다. 그는 신앙의 현상을 '신앙발달적' 측면에서 바라보고 '신앙의 발달 단계'라는 표현을 사용했는데, 그의 저서 『신앙의 발달 단계』가 출판되면서 이 용어가 본격적으로 사용되기 시작했다.[34]

제임스 파울러는 신앙은 '성장growth'이라는 개념보다는 '발달 development'이라는 개념이 더 적합하다고 말한다. 신앙은 아무런 방향도 없이 성장하는 것이 아니라 특정한 순서를 따르며 이를 또한 예측할 수 있다는 것이다. 즉 '발달'이라는 말과 '성장'이라는 말이 구분없이 사용되기는 하지만 서로 다른 점은 발달은 성장하되 논리적이며 해석할 수 있고 그러면서도 체계적으로 예견할 수 있는 순서를 단계적으로 따른다는 것을 의미한다.[35]

신앙발달이란 신앙이라는 현상을 발달심리학적 관점으로, 평생 발달 단계의 관점에서 바라보는 것을 말한다. 그리고 발달심리학에서 말하는 '단계'의 의미를 충실히 따른다. 즉 신앙도 다른 심리학적 현상과 같이 발달의 단계가 있으며 모든 사람은 이 단계를 따른다. 각 단계는 나름대로의 고유한 특성이 있으며 한 단계는 다음 단계와 질적 차이를 갖고 있다.

파울러는 나타나는 현상으로 혹은 체험에 의하여 보여 지는 신앙을 정체되어 있는 명사로 보지 않고, 역동적인 이미지를 갖고 있는 동사로서 보고 있다. 그러므로 신앙은 능동적이고 적극적인 앎이요, 적극

---

34 박원호, 『신앙의 발달과 기독교 교육』 (서울: 장로회신학대학교 출판부, 1996), 45.
35 같은 책, 37.

적인 참여의 행위로 이해하고 있는 것이다. 신앙에 대하여 발달이론을 접목할 수 있는 것은 한 인간을 둘러싸고 있는 삶의 환경 전체와 역동적인 상호관계를 통하여 변화와 발달이 일어나기 때문이다.

신앙의 발달은 변화를 의미한다. 즉 '신앙이 좋아 진다'라고 할 때 한 사람의 신앙이 좀더 구체성을 띠고, 명확해지고 헌신적으로 되어 감을 말하는 것이다. 이러한 관점에서 신앙의 발달은 인간이 가지고 있는 특성이 발달해 가는 것을 말한다. 즉 합리성, 도덕성, 사회성, 자유, 책임성과 같은 것들은 하나님께서 인간에게만 주신 특징들인데 이러한 것들이 신앙의 영역에서 발달해 가는 것이 신앙발달이다.

1) 파울러의 신앙발달의 배경

신앙의 성장과 성숙을 발달적 관점에서 접근하려는 파울러의 신앙발달이론은 피아제와 콜버그를 비롯한 구조주의 심리학과 다양한 인접학문과의 교류를 통해 발전해 왔다. 소위 구조주의적 신앙발달 모형이라고 하는 파울러의 신앙발달이론은 현대 기독교 교육에 지대한 영향을 끼쳤다. 파울러는 추상적인 개념이라고 할 수 있는 신앙발달 개념을 학문적 영역 속으로 가져왔고, 현대인들에게 신앙이 어떻게 형성되고 발달하는가에 대한 해답을 제공해 주었다.

파울러는 신앙을 인간의 보편적인 현상으로 보고 모든 사람들이 공감할 수 있는 신앙 방식이나 패턴이 있다고 보았고 이를 탐구하는 일에 관심하였다. 즉 파울러의 관심은 신앙의 내용이 아니라 신앙의 방식 내지는 패턴이었다. 신앙이 일평생 성장하고 변화한다고 할 때 그 동인은 무엇인가? 무엇이 신앙의 성장 내지는 발달을 가능하게 하는가? 파울러는 이러한 물음에 대한 해답을 찾기 위해 구조주의 발달이론을 도입했다.[36] 아울러 신앙의 성장이란 자아의 성장을 포함하여 전체적인 성장으로 이루어져야 하는 만큼 구조주의 발달이론과 더불어 심리사회적 발달이론을 사용해 그의 신앙발달이론을 전개했다.

① 파울러의 신앙의 정의

파울러는 신앙이란 어떤 교리적인 신념보다는 우리의 삶에 있어서 큰 영향을 주고 가장 강력한 힘이 되는 것이며, 궁극적인 것으로서 우리의 삶을 지배하는 힘의 근원이 된다고 보았다. 파울러에게 있어서 신앙은 인간이 의지하고 살아가는 삶의 의미와 방향인 것이다.

제임스 파울러의 신앙에 대한 이해는 리처드 니버Richard H. Niebuhr 와 폴 틸리히Paul Tillich 그리고 윌프레드 스미스Wilfred C. Smith의 신앙 이해를 기초로 하여 신앙을 인간의 보편적이며 근원적인 것으로 이해하고 있다.[37]

파울러의 신앙발달이론은 기독교 신앙에 대하여 체계적으로 신학적 이론을 제시하려는 것은 아니다. 왜냐하면 파울러가 말하는 '신앙'은 기독교에서 말하는 '신앙'의 개념과는 차이가 있기 때문이다. 파울러는 신앙을 어떤 특정한 종교에 예속시키지 않고, 보편적인 삶의 의미와 가치와 목적, 그리고 타인과의 관계와 연관하여 정의하고 있기 때문이다. 그러므로 파울러가 말하는 신앙은 기독교에서 말하는 신앙과는 차이가 있는 것이다.

파울러는 신앙이란 '구조적 앎의 과정process of constitutive-knowing'이라는 이해로부터 출발한다. 이는 "신앙은 의미 있는 방식을 통해 삶을 구성해 가는 과정이며, 이것은 인간의 보편적 특징"이라고 정의할 수

---

36 박원호, 『신앙의 발달과 기독교 교육』, 47.
37 제임스 파울러, 『신앙의 발달 단계』, 29.

있다. 이러한 관점에는 신앙을 '내용'이나 '대상'이 아니라 '구조', 즉 구조주의적 신앙발달의 입장에서 이해하고 있는 것이다.

> 신앙은 구조적 앎의 과정이며, 개인의 의미의 포괄적 뼈대를 구성
> 하고 유지하도록 기초를 세우는 일이며, 세계에 대한 그의 경험을 통
> 합하는 능력을 가진 초월적 가치의 중심에 개인이 귀속 또는 헌신하도
> 록 만드는 것이며, 그것 때문에 과거나 미래, 매일의 삶의 관계성들과
> 상황들, 그리고 패턴들에게 의미를 부여하는 것이다.[38]

파울러는 신앙을 종교나 교리 혹은 지성 중심의 신념과 구별하면서 신앙 개념에 나타난 신앙의 특징을 여섯 가지로 정리하고 있다.[39] 첫째는 신앙의 보편성universality이다. 파울러는 신앙이란 인간의 보편적 현상으로, 어느 특정 종교에만 해당하는 것이 아니라 모든 인간에게 있는 보편적이고 선천적인 특징이라는 것이다. 파울러는 인간이 종교적이든 비종교적이든 간에 자신의 삶을 통합하며 삶을 가치 있게 하는 무언가에 관심을 갖는다고 한다. 모든 인간은 의미를 찾기 위해서 어떤 가치의 중심에 자신을 맡기거나, 어떤 이념적 목표를 달성하기 위하여 자신을 헌신하는 모습을 갖는데, 이를 통해 의미를 발견하게 된다는 것이다.

둘째는 신앙은 의미meaning를 찾는 행동이다. 파울러는 "신앙은 근원적으로 인간의 의미를 조성하고 유지하며 변화하는 것과 관계한다"고 말한다.[40] 의미를 찾는 행위로서의 신앙 이해는 인간의 본질과 병

---

38 James Fowler, "Faith and the Structuring of Meaning," ed., Christine Brusselams, *Toward Moral Religious Maturity* (Morristown: Silver Burdett Company, 1980), 25-26.
39 토마스 그룸, 『기독교적 종교 교육』, 이기문 옮김(서울: 한국장로교출판사, 1982), 96-111.
40 James Fowler, "Faith and the Structuring of Meaning," 53.

행한다. 파울러는 인간을 의미를 추구하는 존재로 규정하면서 인간은 끊임없이 의미를 추구하며 이 활동이 인간의 인간됨이며 다른 피조물과 구분 짓는 특질이라고 정의한다.

셋째로 신앙은 관계적relational이다. 궁극적 실재와의 관계로서의 신앙은 결코 개인적이거나 수직적이지만은 않다. 신앙에는 항상 주체와 객체가 있으며, 또 이를 묶어주는 객관적인 가치와 힘이 있다. 이러한 신앙의 관계성을 이해함으로 신앙은 서로 주고받는 현상이며 상호 활동적인 것이며, 사회적인 것이라고 말한다.

파울러에 의하면 신앙은 삼각관계를 가지고 있다. 이것은 자아와 타인 그리고 세계와의 관계다. 즉 신앙은 관계 안에서 발달해 가며 신앙은 삼각적인 형태로 신앙과 정체성의 상호작용이 일어난다.[41] 파울러에게 있어서 신앙은 이러한 관계 안에서 형성되며 가치도 관계 안에서 일어나게 되는데, 우리가 신에게 가치를 둔다는 것은 그 가치의 힘이 세상적인 어려움에서 우리를 지켜 준다는 약속이고, 인간의 의미와 가치를 거기에 두게 된다는 신뢰다. 이것이 곧 궁극적인 관심이 되는 것이다.

넷째로 신앙은 앎knowing의 행위다. 파울러는 신앙을 정적인 상태나 소유로서가 아니라, 경험을 알고 분석하고 해석하는 행위로 능동적인 앎의 행위로써 신앙을 이해한다. 이 활동에 의하여 우리는 삶으로부터 의미를 만들어 낼 수 있는 것이다.[42] 파울러는 신앙의 앎이란 삶의 초월적 존재 또는 삶의 중심적 가치와 연결되어 있기 때문에 다른 앎보다 훨씬 포괄적이며 중심적인 것으로 보고 있다. 신앙의 앎이란 인간이 갖고 있는 어느 한 기능만을 말하는 것이 아니라, 우리의 전 인식의 기능이 참여하는 것이며, 동시에 자신을 투자하고 헌신한다는 의

---

41 제임스 파울러, 『신앙의 발달 단계』, 46-48.
42 토마스 그룹, 『기독교적 종교 교육』, 114.

미에서 참여적이다. 즉 신앙은 인간의 삶으로부터 의미를 만들어 내는 앎의 구조와 과정이라고 할 수 있다.

다섯째로 상상력으로서의 신앙이다. 파울러에 의하면 신앙은 우리의 매일의 삶을 바라보는 방식을 형성하는데, 그 과정에서 논리나 이성보다는 상상력에 의존한다고 보았다. 상상으로서의 신앙은 우리 실존의 궁극적인 조건들을 파악하여, 그것들을 포괄적 이미지로 통합시켜주며, 이 이미지에 비추어서 우리들의 반응들과 자기 결정들, 즉 우리의 행동들이 구성되는 것으로 보고 있다.[43] 상상력에 의한 이미지는 우리의 삶을 형성하며, 움직여가며 이러한 의미에서 하나님에 대한 신앙을 갖는다는 것은 바로 상상력의 주된 작용이라 말할 수 있다.

여섯째로 이성적이며 열성적인 신앙이다. 파울러에게 있어서 신앙은 세계에 대한 활동적인 인식의 과정이며 세계와 관련된 존재의 양식으로 이해되며, 이것은 신앙의 활동성으로써 인지적이며 애정적인 차원을 갖는다. 신앙이 활동적이며 애정적인 차원의 구조를 갖는다는 것은 인지가 애정이나 가치 등과 매우 복잡하게 얽혀 있는 앎의 과정이라고 파울러는 말한다. 여기에서 신앙의 인지적인 것은 곧 이성적인 것이 되며 애정과 가치는 열정적인 것이 된다. 결국 파울러에 의하면 신앙은 머리와 마음의 관계로써 곧 이성적이며 열정적이라는 것이다.

② 파울러의 신앙발달이론의 배경

파울러에게 신앙은 어느 한 순간에 생겨서 완성되는 것이라기보다는 인간의 정신 속에 있는 하나의 가능성을 가진 씨와 같은 것으로써, 인간이 가지고 태어나서 몸과 정신이 성장하고 발달해 감에 따라 서서

---

43 제임스 파울러, 『신앙의 발달 단계』, 58-59.

히 자라서 성숙한 신앙으로 발달해 가는 것이다.[44]

파울러는 신앙을 하나의 정적인 상태나 소유물로 보지 않고, 하나의 능동적인 인식 활동으로 보고 있다. 즉 삶의 의미를 발견하고 그 의미를 체계화시키는 활동으로 신앙을 보는 것이다. 그러므로 파울러에게 있어서 신앙 행위의 과정은 종교인이든 비종교인이든 간에 한 인간 존재가 세계 내에 존재하고 참여할 것을 계속 선택하고 결정해 나가는 과정을 의미한다.[45]

파울러의 신앙발달이론에 깊은 영향을 준 것은 피아제의 인지발달이론, 콜버그의 도덕발달이론, 그리고 에릭슨의 심리사회적 발달이론이다. 파울러는 피아제와 콜버그의 이론에 대하여 자신의 신앙 단계들이 "단계들을 위한 구조발달 표준들과 일치한다는 것을 믿으며, 이 단계들은 앎과 가치 기능들의 통합된 요소들에 대한 일반화할 수 있는 형식적 기술들을 제공해 준다"[46]고 말했다. 에릭슨의 심리사회적 발달이론에 대해서는 "나와 나의 동료들은 에릭슨의 이론을 사람들이 우리와 더불어 나누는 인생 이야기들을 듣고 분석하는 기초로 삼기 시작하였다. 우리는 에릭슨이 구별한 한 시기에서 다른 시기로 이동하는 기간이 종종 신앙의 구조적 조작들에 있어서 변화와 상관되거나, 또는 그러한 변화를 촉진시키는 데 도움이 된다는 것을 깨닫기 시작하였다"[47]고 서술했다.

파울러는 그의 신앙발달이론의 배경이 되는 구조발달이론과 심리사회적 발달이론이 준 영향에 대해 다음 다섯 가지 관점에서 공헌점을 기술하고 있다.[48] 첫째, 폭넓은 인식론적 초점이다. 구조발달 이론에

---

44 오인탁 외, 『기독교 교육론』, 115.
45 같은 책, 116.
46 제임스 파울러, 『신앙의 발달 단계』, 170.
47 같은 책, 181.
48 같은 책, 168-72.

서 폭넓은 인식론적 강조는 신앙을 앎과 해석의 한 방법으로 이해하기 위한 하나의 모델로서 훌륭하게 공헌했다는 것이다.

둘째, 지식의 내용들에 형태를 부여할 때 앎의 구조 형성에 초점을 둔다는 것이다. 구조적 접근 방식은 신앙의 내용이 다양함에도 불구하고 보편적이 될 수 있는 신앙의 일부 특징들에 초점을 두는 방식을 제시했고, 내용보다는 비교가 가능하도록 신앙의 구조적 특징들을 기술했다. 또한 구조적 초점은 동일한 신앙 공동체에 속해 있는 사람들 사이에 존재하는 서로 다른 신앙의 단계들을 체계적으로 비교 대조할 수 있도록 했다.

셋째, 구조적 단계들에 대한 실제적 기술을 제공했다. 신앙의 단계는 피아제의 인지 단계나 콜버그의 도덕 단계와는 다른 앎의 영역을 다룬다. 신앙의 단계는 인지적 단계나 도덕적 단계, 혹은 이 두 단계들을 혼합한 어떠한 것과 동일시하거나 또한 환원할 수 없지만, 인간의 의미 건설에 대한 전체적인 접근에 있어서 설명이 필요한데 여기에 일반화할 수 있는 형식적인 기술을 제공해 주었다.

넷째, 인간의 발달을 상호작용의 과정이라는 입장에서 접근했다는 것이다. 행동주의 이론은 인간을 수동적이고 순응성이 있는 존재로, 즉 그들의 행동 패턴들은 주로 그들의 환경의 영향들에 의하여 결정된다고 본다. 한편 성장 이론은 주요 성장 또는 발달을 생득적으로 프로그램 된 유기체적 수용 능력들의 드러남으로 본다. 반면에 구조발달론의 상호작용적 접근은 우리로 하여금 발달의 능동적이고 개혁적인 주체와 역동적이고 변화하는 환경 사이의 교호로부터 초래되는 것으로 보게 한다.

다섯째, 구조 발달론이 지니고 있는 규범적인 방향들 및 함축적 의미들에 있다. 자신들의 주장을 점검하는 데 실험적 엄격함을 희생시킴이 없이 피아제와 콜버그는 우리가 철학적 심리학이라 부를 수 있는 것을 제공해 왔다. 이 말의 의미는 보다 발달된 앎의 구조적 단계들이 덜 발달된 단계들보다 포괄적이고 적절하다는 점과 또한 보다 발달된 단계들은 어떤 의미에서 덜 발달된 단계보다 더 참된 앎을 가능하게 한다는 함축성을 지적하는 것이다.

2) 신앙발달 단계의 이해

파울러는 신앙을 '성장이 아닌 '발달'이라는 관점에서 접근하는데, 이는 신앙이 아무런 방향 없이 성장하는 것이 아니라 특정한 순서를 따라 성장하며, 그 변화를 예측할 수 있다고 보았기 때문이다.

파울러의 신앙발달이론은, 신앙이라는 종교적 현상을 발달심리학의 관점에서 영적 변화 과정을 단계적으로 연구하려는 의도에서 출발했다. 이러한 연구가 가능할 수 있었던 것은 구조주의 심리학과 에릭슨의 심리 사회학의 도움에 힘입어 신앙을 객관적으로 이해할 수 있는 안목을 가질 수 있었기 때문이다. 신앙발달도 일반 심리학의 현상들과 같이 발달의 단계가 있으며 대부분의 사람들은 이 단계를 따른다고 이해했다.

파울러의 연구가 이렇게 신앙을 발달적인 측면에서 가능하게 된 것은, 첫째는 신앙도 다른 내면적인 요인들과 같이 발달의 특성이 있기 때문이라는 것이다. 즉 신앙은 신앙의 주체가 되는 하나님과의 영적 관계, 그리고 구성원들과의 관계, 사회적인 실천적 삶의 관계성 속에서 어떠한 삶을 사느냐에 따라 신앙과 관련된 변화가 발생되기 때문이다. 둘째는 신앙은 일평생 발달하면서 변화하는 특성이 있기 때문이다. 셋째는 신앙이 발달할 때는 반드시 단계를 통해서 점진적으로 발달하며, 이는 전 단계와 다음 단계와의 긴밀한 연관 속에서 진행되기 때문이다. 넷째는 신앙은 보거나 만지거나 할 수 있는 성질이 아니므로 이러한 추상적인 내용들을 체계화된 이론에 의해서 변화에 대한 검증을 요구하기 때문이다. 이러한 요인들은 대부분 발달이론에서 중요하게 취급되는 내용들이고, 이것은 신앙을 발달론적으로 접근해서 연구할 가능성을 보여 주는 특징인 것이다.[49]

파울러는 신앙의 본질적인 문제인 '신앙의 내용'보다는 신앙의 형태나 스타일과 같은 '신앙의 구조'에 그 강조점을 두는 구조주의적 신앙발달 접근 방법을 택하고, 이 구조주의적 접근 방법을 통해 신앙의 발달을 이론적으로 체계화하는 큰 성과를 거두게 된다. 파울러가 구조주의 심리학자, 피아제와 콜버그를 채택하고 적용한 것은 구조주의가 신앙의 개념을 체계적으로 볼 수 있는 원동력을 제공한다고 생각했기 때문이다.[50]

파울러는 구조주의적 관점에서 인간의 신앙에 자리 잡고 있는 배후의 구조 또는 그 동작에 관심을 갖고, 사고와 가치의 내용을 구성하는 아이디어, 개념, 규칙 등에 관심을 가졌다. 즉 구조라는 개념을 통해서 신앙을 체계적이고 구체적으로 연구하고 객관화하려고 노력했다. 신앙은 볼 수도 만질 수도 없는 추상적 실체이지만, 이 같은 특성을 가진 신앙을 객관적인 대상으로 구체화할 수 있는 것이 구조주의적 연구 방법이라고 파울러는 판단한 것이다. 파울러는 이러한 구조주의적 접근 방법을 도입함으로 신앙에 대해 좀더 체계적이고 구체적인 설명과 이해가 가능하게 되었다고 보았다.

① 파울러의 신앙발달 단계

파울러는 여러 이론들을 기반으로 자신의 신앙발달이론을 연구하

49 김국환, "신앙발달 이론의 한 유형으로서 종교적 판단 발달 이론," 『한국기독교신학논총』, Vol. 21 (2001), 219.
50 김택수 편역, 『구조주의의 이론』 (서울: 인간사랑, 1990), 230.

였는데, 그의 이론의 실험적 기초는 1972년부터 1981년까지 행한 359차례의 면담을 기초로 하고 있다. 파울러는 신앙발달 단계를 미분화된 신앙 단계를 제외하고 6단계로 구분하고 있다. 그는 구조적 접근방법에 의해 신앙발달 단계를 설명하고 있는데, 그가 특별히 유의하고 있는 점은 신앙발달의 각 단계가 나름대로의 통일성을 가지고 있다는 점이다. 또한 높은 단계가 낮은 단계보다 더 신앙이 깊다는 것은 결코 아니며, 구조적인 의미에서 더 성숙한 신앙을 표현하고 있다는 점이다. 따라서 낮은 단계의 신앙을 가진 사람이 높은 단계의 신앙을 가진 사람보다 은총을 덜 받는다거나 구원을 더 적게 받는다는 것을 의미하지는 않는다. 신앙발달의 각 단계는 각각 별개의 것이 아니라 구조적인 전체이며, 한 단계는 다른 단계와 계층적이며 연속적으로 연관되어 있다.[51]

파울러는 여섯 개의 명백하고도 인지될 수 있는 단계들이 있음을 주장한다. 각 단계는 그것 나름대로의 온전한 구조를 갖고 있으며 그 단계들은 위계적이고 연속적으로 서로 연결되어 있다. 파울러가 제안한 그의 신앙의 발달 단계는 다음과 같다.

0단계: 영아기와 미분화된 신앙

파울러는 신앙발달의 6단계를 논하기 전에 먼저 인간의 출생과 함께 시작되는 신앙의 전 단계, 즉 분화되지 않은 신앙의 예비적인 단계부터 시작한다. 대략 출생에서 2세까지의 기간으로 에릭슨의 심리사회적 발달이론에서 첫 단계인 영아기와 동일한 시기로, 이 시기는 아직 신앙의 단계라고 부르기에는 이르지만 신앙의 기초가 되는 덕목들이 형성되는, 신앙의 여정이 시작되는 중요한 시기다. 신앙의 기초가 되는 덕목이란 신뢰나 불신, 희망과 좌절, 용기와 비겁 등을 말하며,

---

51 토마스 그룹, 『기독교적 종교 교육』, 69.

이러한 덕목들이 비록 신앙과 동일시되지는 않지만 장차 신앙을 이루는 기초가 된다.[52]

이 단계의 특성은 부모와 다른 사람들과의 상호 관계성 안에서 형성되는 언어 이전의 기질이다. 이 단계에서 나타나는 신앙의 힘은 기본적 신뢰가 근간이 되는데, 신뢰감·상호성·희망·사랑 등의 긍정적인 정서들은 앞으로 형성될 신앙의 근간을 이루게 된다. 이 시기에는 사랑과 돌봄을 제공해 주는 사람과의 상호작용을 통하여 하나님과 관련된 강력한 이미지들이 형성되는 매우 중요한 시기다.[53]

파울러는 이 단계를 설명하면서 정신분석학의 발견에 많이 의존하고 있는데, 물론 프로이트와 같이 결정적인 시기determining period라고까지는 여기지 않았지만 신앙발달의 기초를 다지는 단계로 특별히 관심을 가졌다. 이때의 경험은 대부분 무의식의 세계에 정착되므로 훗날 좀처럼 깨닫거나 기억하지 못하면서도 우리의 행동이나 삶의 방식에 크게 영향을 미친다고 보았다.

1단계: 직관적 투사적intuitive-projective faith 신앙

이 시기는 피아제의 전조작기에 해당하는 아동 초기(취학 전)이며, 2세에서 7세까지의 시기가 해당된다. 이때의 가장 중요한 특징은 상상력의 사용에 있는데, 아동들은 아직 환상과 실제를 구별하지 못해 환상의 세계를 실제의 세계로 여기면서 자신의 감정을 사용하여 세상을 대하게 된다.

이 시기의 아동들은 그가 감각적으로 경험하는 것들을 의미 있는 대상들로 조직하기 위하여 언어와 상징적 표현이라는 새로운 도구를 사용하는데, 아동들은 단어와 이름을 가지고 새로운 세계를 탐구하고

---

52 박원호, 『신앙의 발달과 기독교 교육』, 67.
53 제임스 파울러, 『신앙의 발달 단계』, 199.

분류한다. 이때의 아동들은 끊임없이 질문하는 특징을 보이며 이러한 과정들을 통하여 인지적 능력이 발달하게 되며, 이 시기의 아동들은 인과관계를 충분히 이해하지 못하기 때문에 인지적인 자아 중심적 특징을 보인다.

이 단계의 신앙은 아동이 일차적으로 관련된 성인들의 가시적인 신앙의 표현들, 분위기, 행동, 이야기들에 의하여 강력하고 항구적으로 영향을 받을 수 있는 환상으로 가득 찬 모방적인 단계다.[54] 그래서 이 시기의 아동들은 자신의 주위에 있는 부모나 가족들의 언어나 생활 방식에 강력한 영향을 받기 때문에 이 단계의 아동들의 신앙은 부모들이 삶을 통하여 보여 주는 부모의 신앙을 그대로 투영하게 된다. 파울러는 이 시기를 인생의 방향을 세워가는 데 있어서 중요한 시기라고 지적하고, 회심이 다음 단계에서 일어난다고 했을 때, 이 단계에서 형성된 이미지들이 다음 단계에서 중요하게 다시 작용하게 될 것이라고 주장했다.[55]

2단계: 신화적-문자적mythic-literal 신앙

이 단계는 아동기 중기(7세에서 12세)에 해당하는 시기로, 청소년 시기까지 이어지기도 하며 심지어는 성인들까지 이 단계에 머무는 경우도 있다. 이 시기의 아동들은 자신이 속한 공동체를 상징해 주는 이야기나 관습들을 자신의 것으로 수용하기 시작하며 소속감을 갖고 싶어한다.

이 시기는 피아제 이론의 구체적, 조작적 사고가 가능하게 되어 논리적으로 사고할 수 있는 능력을 갖게 되며, 구체적으로 사고할 수 있

---

54 같은 책, 217.
55 제임스 파울러, 『변화하는 시대를 위한 기독교 교육』, 박봉수 옮김(서울: 한국장로교 출판사, 1996), 141.

어 인과율, 공간, 시간 그리고 수의 영역으로 세계를 정리할 수 있게 된다. 이때부터는 신화로부터 실재를 구분하고, 환상으로부터 사실을 구분하며, 설화와 이야기로부터 삶의 의미를 파악할 수 있게 된다.[56] 자신의 경험을 순서적인 일련의 사건으로 정리하게 되며 다른 사람의 관점에서 사물과 사건을 바라보는 능력도 생겨나게 되고, 이러한 과정을 통해서 인과관계에 커다란 변화를 가져오게 되고, 상호 공정성을 중시하는 도덕적 개념도 갖게 된다.

이 단계의 신앙의 위험은 문자적인 태도로 인한 인식과 판단의 한계를 경험하고, 과장된 완전주의에 빠질 수 있다는 것이다. 그러나 다음 단계인 종합적-인습적 단계로 옮겨가면서 이야기들 안에 들어 있는 모순과 충돌을 인지하면서 그 의미를 반성하게 하는 작용을 하게 되는데, 이를 통해 문자주의는 붕괴하게 된다.

3단계: 종합적-인습적synthetic-conventional 신앙

이 단계는 12-18세의 청소년기와 그 이후에 나타나는데, 사람에 따라서는 중년기에 나타나기도 하고, 많은 성인들이 이 3단계에서 영원히 평형상태를 유지하기도 한다.

이 단계에서 세계에 대한 개인의 경험은 가정을 넘어서서 확장되어 학교, 직장, 지역사회 등으로 환경이 넓어진다. 이 시기의 특징은 논리적 사고의 성숙에 있으며 추상적이고 가상적인 사고를 하게 되고 대부분의 신학적 개념을 이해하게 된다. 이러한 사고의 성숙은 관점채택에 있어서 큰 변화를 가져오게 되며 다른 사람들이 자신에 대해서 생각하게 되는 것을 느끼게 되며, 다른 사람들의 기대와 판단에 어떻게 충실하게 반응할 것인가를 생각하게 된다. 시간이 지나면서 다른 사람들의 느낌, 생각, 관점, 기대에 민감해지며, 이것이 자신의 신앙

---

56 같은 책, 143.

이나 도덕, 정체성 형성에 기초가 된다.

이 시기는 어린이와 어른 간의 전이적인 단계에서 오는 자기 혼란과 자기역할의 정체성에 대해 고민하면서, 끊임없이 자신의 존재의 물음을 통해 주위의 중요한 사람의 기대에 호응하려고 노력한다.

이 단계의 신앙은 개인으로 하여금 보다 확대된 세계에의 경험을 가능하게 해 준다. 이때 신앙은 가치들, 정보들을 종합해 주며, 정체성 형성과 조망의 근거가 된다. 그러나 이 단계의 가장 분명한 특징은 인습에 순응하는 삶의 자세다. 이들은 아직 스스로 설 수 있고 결단할 수 있는 확고한 신앙의 정체성을 소유하고 있지 못하다. 이들의 인습적 사고는 전통적으로 권위의 역할을 담당한 사람들에게서 의심 없이 권위를 찾으며 가치 있다고 생각되는 집단과의 일치감을 형성한다.

이 단계에서 위험은 두 가지로 볼 수 있는데, 첫째로 다른 사람들의 기대와 평가가 지나치게 강제적으로 내면화되어 앞으로의 판단과 활동의 자율성이 위태로워질 수 있다는 것과 둘째, 상호 인격적인 배신들이 궁극적인 존재에 대한 개인적 원리에 허무주의적 절망을 야기 시키거나 혹은 세속적 관계들과는 무관한 하나님과의 보상적' 친밀감을 가져올 수 있다는 점이다.[57]

4단계: 개별적-반성적individuative-reflective 신앙

이 단계는 17-18세에 시작되는데, 30-40세에 이 단계에 이르는 사람도 상당수 있고 이 단계에 전혀 이르지 못하는 사람도 있다.

파울러에 의하면 3단계에서 4단계로의 이동이 특별히 중요한데, 이 과정에서 개인은 의미 있는 타자의 신앙에 의하여 형성된 신앙의 안정성을 포기하고 자기 자신의 입장을 비판적으로 평가하기 시작한다. 이러한 변화는 흔히 결혼, 대학 진학, 이사 등 지금까지 살던 가정을

---

57 제임스 파울러, 『신앙의 발달 단계』, 278-79.

떠나면서 더 자극적으로 일어나는 경우가 많다. 이때에는 자신의 신앙에 대한 깊은 반성이 일어나며 자주적 신앙을 가지려는 결단을 통하여 실존적 신앙을 가지려고 한다. 자신의 헌신, 삶의 스타일, 신념, 태도에 대한 책임을 심각하게 결정하고 감당해야 하기에 대부분의 경우 깊은 갈등과 고통을 겪게 된다.

신앙발달 단계에 있어서 3단계에서 4단계로의 전이가 일어나는 시기가 가장 힘이 드는 단계다. 교회의 경우 많은 청년이나 대학생들이 신앙에 대해 깊은 회의를 갖거나 교회를 떠나게 되고, 아니면 다른 신앙 집단에 참여해서 자신의 문제를 해결받기도 한다. 이 시기의 사고는 주로 이분법적 사고가 주류를 이루게 되는데, 개인과 공동체, 특별과 보편, 상대와 절대, 자아 성취와 타인에 대한 봉사, 감정과 생각, 주관과 객관 등이다. 상징들을 개념적인 것으로 바꾸는 시기이기에 비신화화의 단계이기도 한다.[58]

4단계의 신앙은 3단계의 순응적이고 의존적인 신앙의 한계를 극복하고 스스로 설 수 있는 책임 있는 신앙의 수준이라는 의미에서 매우 중요한 지점이라고 할 수 있다. 이때는 자신을 하나의 독립된 개체로서 인식하는 정체성이 확립된 상태이므로, 이것을 유지하기 위한 하나의 세계관으로서의 의미 구조를 구축하게 된다. 이들의 정체성과 세계관은 타인의 것과 구별되며 자신의 행동과 타인의 행동을 판단하고 해석하고 그것에 반응할 때 영향을 주게 된다.

5단계: 접속적/결합적conjunctive 신앙

이 단계는 성숙한 신앙의 단계로써 30-40세 초기 성인기와 그 이후에 나타나는 신앙의 단계다. 이 단계에서는 이분법적 태도가 아니라 변증법적 태도를 가지게 되며, 특히 자신의 내면의 깊은 소리를 듣기

---

58 박원호, 『신앙의 발달과 기독교 교육』, 72.

시작하며 자신이 속해 있는 사회적 무의식의 테두리를 인식하고 그 중 요성을 느끼기 시작한다. 그리고 자신의 배경과 환경을 넘어서서 관심의 폭이 넓어지며 삶의 좌절과 부정적인 현실이 받아들여진다. 또한 자신이 속한 집단에 제한받지 않고 도덕적으로 헌신하는 모습을 보인다.[59]

결합적 신앙의 특징은 4단계에서 문제가 되었던 이것 아니면 저것 이라는 이분법적 논리를 극복하고 모든 존재에 포함되어 있는 양면성을 인식할 수 있게 되면서 변증법적 관점을 갖게 되는 획기적인 성장을 하게 된다. 상징적 의미와 개념적 의미 간의 변증법적 상호작용을 이해한다. 그들의 공동체와 타 공동체간의 상호성을 이해하며 다양한 신념, 개념 및 그 밖의 신앙적 요소들의 통일성을 발견하려는 충동을 갖는다. 타인의 진리를 부정함이 없이 자신의 진리를 인정하며 보다 보편적인 공동체의 도래에 대한 기대 속에서 사는 모험을 하려고 한다.

이처럼 결합적 신앙의 단계에서는 이전 단계에 있었던 여러 가지 갈등을 이해하게 되고, 그 삶의 역설적인 현실과 대립적인 부분들을 포용하고 통합하게 된다. 그럼으로써 이제 자신의 입장을 내세우고 강조하기보다는 다른 사람의 입장을 듣고 종합하는 이해의 단계, 협동의 단계로 나아간다.

6단계: 보편적universalizing 신앙

이 단계는 신앙발달 단계의 마지막에 나타나는 최고 수준의 단계로써 40세 이후에 나타난다. 파울러는 마지막 단계인 신앙을 표현하기 위하여 시적詩的 표현을 사용했다. 왜냐하면 이 단계의 신앙 행위를 구체적이고 일상적인 언어로 표현하는 일이 쉽지 않았기 때문이다. 파

---

59 같은 책, 73.

울러는 이 6단계의 특징을 다음과 같이 표현했다.

> 6단계는 아주 희귀하다. 이 단계에 속한 것으로 보아야 하는 사람들
> 은 궁극적 환경에 대한 그들의 느낌 인식이 모든 존재를 포괄하는 신
> 앙 구성을 소유하고 있다. 그들은 포괄적이고 성취된 인간 공동체 정
> 신의 화육을 이룬 사람들이요, 실현자들이 되어 왔다……6단계에 속
> 한 듯한 사람들은 우리가 갖고 있는 일반적 상식의 표준을 흔드는 특
> 성을 드러낸다. 자기 보존에 대한 초연함, 도덕적·종교적 현실에 그들
> 의 느낌과 경험의 생동성이 그들의 행동과 말에 비범하고 흔히는 예측
> 할 수 없는 특성을 부여한다.[60]

파울러는 인류 역사상 6단계에 도달한 소수의 탁월한 인물들로 마
틴 루서 킹Martin Luther King, 마더 테레사Mother Teresa, 간디Ghandhi, 토
머스 머튼Thomas Merton 등이라고 했다. 그러나 파울러는 이 단계에 속
한 사람들이 자기 스스로의 힘으로 6단계에 도달할 수 있다고 믿지 않
았다. 이 단계는 하나님의 나라를 실현하기 위해 자신의 생애를 바치
는 단계로써 다른 사람을 위해 자기를 희생하고 미래의 약속을 위해
헌신하며, 절대자를 의지하는 사람들만이 이를 수 있는 단계다.[61]

파울러는 이 단계에서 여러 종교의 사람들을 말하고 있는데, 이는
파울러의 관심이 신앙의 내용이나 대상이 아니라 신앙의 방식, 신앙
의 대상에 대한 '어떻게'에 있음을 보여 주는 것이다. 이 단계의 신앙
에서는 모든 인간적 조건들은 별의미가 없으며 심지어 종교적 차이까
지도 중요하지 않고 모든 인간은 공통적으로 믿는 절대적인 선 또는
진리에 따라서 삶을 살아간다. 그리고 이 단계의 신앙은 기독교 전통

---

60 제임스 파울러, 『신앙의 발달 단계』, 321-22.
61 같은 책, 324-25.

에서 말하는 절대적인 유일신 신앙과 관련이 깊다고 말할 수 있다.[62]

파울러에 의하면, 이 단계의 사람들은 역설과 양극단을 넘어서 존재의 힘 또는 하나님과의 하나 됨에 기초를 두고 있으며, 비전을 가지고 헌신과 사랑 안에서 열정적으로 행한다. 또한 이 단계의 신앙은 자기중심적인 단계에서 벗어나 하나님의 관점과 일치하거나 또는 하나님의 관점에 참여하려고 노력한다. 그리고 자아로부터가 아니라 하나님을 통해서 보고 평가하기 시작한다.[63]

파울러는 신앙발달 단계를 제시하면서 그것이 인간의 가치를 평가하는 성취의 척도로 이해하거나 그 신앙의 단계들이 교육적 심리 치료적 목표가 되어 그 목표를 향해 사람들을 밀어붙이는 식이 되어서는 안 된다고 보았다.[64]

② 신앙발달이론의 평가

파울러의 신앙발달이론은 짧은 기간에도 불구하고 심리학, 신학, 종교 교육, 목회상담학 등의 분야에 많은 영향을 끼쳤다. 그러나 파울러의 신앙발달이론은 긍정적인 평가와 함께 부정적인 평가도 만만치 않다.

긍정적인 평가로는 첫째, 파울러는 신앙을 인간이라면 누구나 가지고 있는 보편적인 것으로 이해함으로써 기독교 신앙에 대한 내용과 그 범위를 넓혀 주었다는 평가를 받고 있다.[65] 둘째, 신앙발달이론은 예측 가능한 교육을 계획하는 데 있어서 도움을 주고 있으며, 학습자의 개별적 차이에 따라 교육하고 양육하는 데 도움을 주었다. 셋째, 신

---

62 박원호, 『신앙의 발달과 기독교 교육』, 74.
63 제임스 파울러, 『변화하는 시대를 위한 기독교 교육』, 152-53.
64 제임스 파울러, 『신앙의 발달 단계』, 191-92.
65 토마스 그룹, 『기독교종교 교육』, 111.

앙발달이론은 기독교 교육과정 개발에 필요한 실제적인 기초를 제공해 주었다. 넷째, 신앙발달이론은 신자와 비신자를 가리지 않고 모두에게 신앙을 명사로 보지 않고 동사로 생각할 수 있는 기회를 제공해 주었고, 삶의 의미를 형성해 가는 과정에서 실천하는 신앙을 강조하고 있다는 평가를 받고 있다. 다섯째, 신앙발달이론은 인간의 마음이 단순한 전달 장치가 아니라 위대한 변형자, 즉 지식이나 심지어 신앙까지 능동적으로 구성하는 방식을 극적으로 표현하고 있다는 것이다. 그리고 구성적, 발달적 패러다임에 대한 사회적 확산은 자아가 타자와의 관계 속에서 형성된다는 것을 인식하면서 신앙이 형성될 때에는 사회적 환경의 힘에 영향을 받는다는 것을 규명해 주고 있다는 점이다. 즉 우리의 신앙은 타자와의 관계 속에서 생겨난다는 것이다.[66] 여섯째, 신앙발달의 이해를 위해 인지이론, 정서발달에 관한 정신분석이론, 내러티브 이론과 구조주의 이론을 종합하여 보편적인 존재 양식으로써 신앙을 이해하고 있다는 것은 파울러의 주된 공헌점이다.

그러나 많은 부분에서 긍정적인 평가를 받았음에도 부정적인 평가도 제기되고 있다. 우선, 파울러의 신앙 이해는 그의 이론 가운데 가장 많은 비판을 받고 있는 부분이다. 그의 신앙 이해는 리처드 니버에게서 결정적인 영향을 받았지만 차이가 있다. 니버는 철저한 유일신론적 신앙인데 반해 파울러는 단일신론적 신앙에 가깝다는 것이다. 그리고 니버는 신앙의 유일한 통로를 예수 그리스도로 보는데 반하여 파울러에게서는 분명한 견해 표명을 찾기 어렵다. 또한 니버는 신앙을 관계적으로 이해할 때 초월성을 많이 강조하는데 비해, 파울러는 인격적인 측면에서 인간이 취득하는 신앙을 강조하고 있다는 점이다.

둘째, 발달의 역동성과 관련된 변화의 질적 문제로써, 개인적이고

---

66 리처드 아스머·프리드리히 슈바이처 공편, 『공적신앙과 실천신학』, 연세기독교
교육학포럼 옮김(서울: 대한기독교서회, 2005), 105.

신비적인 경험의 신앙을 예측 가능한 발달 단계들로 축소할 수 없다는 것이다. 신앙은 하나님의 선물이고 인간은 신앙을 향해 나아가면서 다양한 경험을 하게 되는데, 이것을 예측가능한 단계로 축소할 수 없다는 것이다. 하나님의 신비로운 사역과 개인의 고유성을 침해하는 것으로 볼 수밖에 없다는 것이다. 이런 비판은 파울러가 『신앙의 발달 단계』를 발표한 후 계속적으로 제기된 문제였다.[67]

셋째, 발달의 부정적인 차원과 관련된 단계의 역행 문제를 들 수 있다. 파울러는 발달 단계의 역행에는 반대하며 인간의 부정적 차원도 그의 관심에서 벗어나 있다는 것이다. 물론 파울러가 인간의 부정적 차원을 다루지 않은 것은 아니다. 파울러는 구조주의 심리학의 틀에서 단계의 역행을 반대한다는 점이다. 어느 단계에 영구적으로 머물 수는 있지만 역행은 인정하지 않는다.

넷째, 신앙의 단계 설정의 문제다. 특히 '전 단계'(미분화된 신앙)와 '제6단계'(보편적 신앙)에 대한 문제를 제기하는데, 이는 미분화 단계와 제6단계가 직접적인 면접 자료를 근거로 하여 형성된 것이 아니기 때문에 객관적인 근거가 없다는 것이다.

다섯째, 성령의 사역에 대한 문제다. 파울러는 신앙발달을 위한 성령의 초월적인 사역을 간과하고 있다는 것이다. 즉 그의 이론에는 신앙발달의 핵심이라고 할 수 있는 변화에 대한 이해, 회심에 대한 이해가 부족하다는 것이다. 파울러는 신앙이 일평생을 통하여 어떻게 발달하는가에 관심을 갖고 연구하면서 위로부터 주어지는 신앙에 대한

---

67 이 부분은 파울러와 제임스 로더James E. Loder의 논쟁에서 잘 나타나는데, 로더는 신앙의 변형은 단계적인 측면보다는 전체적인 것이 되어야 함을 주장했다. 즉 변형의 과정은 연속과 불연속의 혼합으로 구성되어 있다는 것이다. 로더는 파울러의 발달 단계로써 접근하지 않고 도약을 신앙발달의 매개로 보는 이유는 그가 신앙을 점진적인 성장이나 발달이 아닌 회심을 통한 순간적인 영적 변화로 보기 때문이다. James E. Loder & James Fowler, "Conversations on Fowler's Stage of Faith and Loder's The Transformation Moment," *Religious Education* 77 (1982년 3 · 4월), 133-48.

이해 즉, 초월적인 성령의 역사에 대해서는 관심을 갖지 않고 있다는 것이다.

이상을 종합해 보면, 파울러의 신앙발달이론은 신앙을 예측할 수 있고, 그에 따라서 교육 계획을 세울 수 있는 통찰력을 제공한 것은 그의 큰 공헌점이라 할 수 있다. 그러나 기독교적 신앙발달로써 가장 중요한 초월적 계시에 의한 회심과 같은 질적 변화나 죄와 불안과 같은 인간의 부정적 차원을 깊이 있게 다루지 못한 것은 구조주의 접근 방법을 선택했기 때문에 갖는 그의 한계라고 할 수 있다.

3. 신앙발달론으로 본 존 웨슬리

1. 제임스 파울러가 본 존 웨슬리의 신앙발달

파울러는 1982년 제7차 옥스퍼드 감리교 신학회Oxford Institute of Methodist Theological Studies에서 '존 웨슬리의 신앙의 발달John Wesley's Development in Faith'이라는 논문을 발표했다. 이 논문을 평가하기 위해 23명의 웨슬리 학자들로 구성된 연구팀이 만들어졌고, 그 결과물로 그룹 평가 논문인 '웨슬리의 영성과 신앙의 발달Wesleyan Spirituality and Faith Development'이 발표되었다.[68] 이 논문에서 연구팀은 파울러가 사용한 '신앙'이라는 단어는 의미 있는 세상을 만들기 위한 인간의 능력으로 묘사되었으며, 기독교가 이해하는 하나님의 은총의 선물로써 신앙과는 다르다고 지적했다. 또한 몇몇 사람들은 신앙에 관해 말할 때

---

68 제7차 옥스퍼드 감리교 신학회의 결과물은 더글라스 미크스M. Douglas Meeks 편저로 *The Future of the Methodist Theological Traditions* (Nashville: Abingdon Press, 1985) 출간됐다.

성령의 역사나 성서와 계시를 중요하게 생각하지 않은 파울러의 심리학적 접근에 반대했다.[69]

이러한 파울러에 대한 비판에 대해 권희순은 파울러가 신학적 교리를 말한 것이 아니라 우리가 경험하는 심리적, 영적 발전과정을 현상학적으로 설명하고 있다는 것을 연구팀이 간과하고 있다고 지적했다. 파울러는 신앙에 대한 과학적, 경험적 연구를 설명하고 있다는 것이다. 권희순은 이와 같은 비판에도 불구하고 파울러의 신앙의 단계 이론은 종교적 세계의 의미를 과학과 연결시킴으로서 목회의 여러 분야에 많은 영향을 주고 있음을 부인할 수 없다고 평가했다.[70]

파울러는 그의 논문 '존 웨슬리의 신앙의 발달'에서 웨슬리의 생애, 특별히 그의 신앙 순례의 과정을 6단계의 신앙발달 단계로 설명하고 있다. 여기서는 파울러가 자신의 신앙발달 이론의 견지에서 본 웨슬리의 신앙 순례의 과정을 탐색해 보고자 한다.

① 가정생활과 어린 시절

파울러는 분화되지 않은 신앙의 예비적 단계인, 경험적 연구로는 접근할 수 없는 단계인 영아기(출생에서 2세까지)를 설명하는데, 이 시기는 신앙의 여정이 시작되는 중요한 시기로 보았다. 파울러는 영아기에서 하나님에 관한 선-이미지pre-image가 형성되는데[71], 웨슬리는 이 시기에 경건을 중심으로 한 가정교육 덕택으로 모든 삶에서 하나님의 실재를 직접적으로 강하게 느낄 수 있게 되었다고 보았다.

파울러는 초기 아동기에 해당하는 2살에서 7살의 어린이들은 직관

---

69 더글라스 미크스 편저, 『감리교 신학의 미래』(서울: 기독교대한감리회 교육국, 1987), 202.

70 권희순, 『웨슬리 영성수련 프로그램』(서울: kmc), 28.

71 더글라스 미크스 편저, 『감리교 신학의 미래』, 148.

적-투사적 단계라 불렀는데, 이 시기는 신앙 정립의 기간에 해당한다고 보았다. 이 단계에 이르면 언어 사용이 가능하며, 상상력을 불러일으키고 자극할 수도 있다. 그러나 아직 인과관계를 파악하거나 인식적 조작이 불가능한 단계다. 파울러는 이 단계의 신앙은 환상에 가득 차 있고 타인을 모방하는 단계로써 이 단계의 아동은 자기와 가장 깊은 관계성을 맺고 있는 어른들이 보여 주는 신앙의 본보기들, 분위기, 행동, 이야기들에 의해서 매우 강력하고도 영속적인 영향을 받게 된다고 했다.

웨슬리는 이 시기에 어머니 수재너의 교육 방침에 따라 어렸을 때부터 철저히, 그리고 혹독한 신앙 훈련을 받았다. 수재너는 아이들의 의지를 휘어잡는 것뿐 아니라 아주 일찍부터 기도하는 법을 가르쳤고, 매일 저녁식사 때마다 가족으로 하여금 경건생활을 엄격히 준수하게 했다. 수재너의 엄격하고 규율적이며 합리적인 자녀양육법으로 인해 웨슬리는 어른의 권위에 대해 바른 태도를 갖게 되었다.[72]

웨슬리가 여섯 살이 되기 전에 일어난 화재 사건은 그의 어린 시절

---

72 수재너가 웨슬리에게 보낸 편지(1742년 8월 1일자)에 의하면, 수재너는 우선 아이들이 나면서부터 그들이 할 수 있는 모든 일에 있어서 규칙적인 생활을 하도록 했다. 그리고 아이들의 정신을 바로잡기 위해서 아이들의 고집을 꺾어서 순종하는 성격을 길러 주었다. 수재너는 아이들의 고집은 꺾어야 한다고 주장한다. 왜냐하면 종교 교육의 강력한 합리적 기초가 된다고 생각하기 때문이다. 수재너는 이것이 철저히 되면 아이는 이성과 부모에 대한 경외심에 의해 다듬어지고 그리고 그 자신의 이해심이 성숙해져서 종교의 원리가 마음속에 뿌리내리게 된다고 생각했기 때문이다. 그래서 한 살 때쯤 되면 회초리를 무서워하고 울 때는 소리를 죽이고 울도록 가르쳤다. 또한 그녀가 세운 규칙을 보면 어떤 아이든지 순종하는 행동을 하거나 남을 기쁘게 하기 위해 마음 먹고 행동했을 때는 그것이 비록 제대로 되지 않았어도 그것을 잘 받아들여 주고 다음에는 더욱 잘하도록 사랑으로 가르쳐 주었으며, 특히 스스로 생각해서 순종하는 모습을 보였을 때는 항상 칭찬을 해 주고 결과에 따라 상을 주었다. 웨슬리가 그의 전 생애를 통해 하나님의 뜻대로 행하는 데에만 전념할 수 있었던 것은 이러한 순종과 자제력을 길러 주려고 했던 어머니의 노력의 공로이었다. 같은 책, 150.

중 주요한 경험이었다. 수재너는 웨슬리가 구조된 것을 보고 하나님의 섭리가 입증된 사건으로 생각하며 그의 영혼에 각별히 신경 쓰기로 결심했다. 웨슬리는 그의 평생을 사는 동안 이 화재와 기적적으로 구원받은 사실의 기억이 뚜렷이 남아 있었으며 동시에 자신을 그런 위기에서 건져주신 최고 실재자의 존재를 의심하는 마음이 추호도 없게 되었다.

파울러는 어린이가 6세 혹은 7세가 되면 도덕적 규칙들과 신조들을 순전히 문자적으로 판단하여 자기의 것으로 삼으려는 신화적-문자적 신앙의 단계에 이른다고 했다. 웨슬리는 회심 체험 후 그의 어린 시절을 다음과 같이 회고했다.

나는 하나님의 모든 계명을 철두철미하게 순종함으로써만 구원을 얻을 수 있다고 엄격하게 교육받았고, 조심스러운 지도를 받아 왔기 때문에 내 나이 10세가 될 때까지는 세례 때에 받은 성령의 씻으심에 역행하는 죄를 범하지는 않았다고 믿는다. 그리고 그 가르침들이 외적인 의무와 죄들을 중요시하는 한 나는 기쁘게 그 가르침을 받아들였고, 또 때때로 그것들을 생각하였다. 그러나 그 반면 내게 내적인 순종이나 거룩함에 대하여 말해졌던 것은 이해할 수도 없었고 기억할 수도 없었다. 그래서 나는 율법의 참 뜻에 대해 무지하였으며, 또한 그리스도의 복음에 대해서도 똑같이 무지했었다.[73]

이 1738년 5월 24일의 일기를 보면 이 시기에 웨슬리는 신화적-문자적 신앙의 단계에 있었음을 볼 수 있다.

---

73 존 웨슬리, 『존 웨슬리의 일기』, 89-90.

② 차터하우스에서 옥스퍼드 시절

웨슬리는 10살 때에 차터하우스에 입학하였다. 당시 차터하우스의 분위기는 대단히 문란하여 식사 때마다 나이 많은 학생들은 어린 학생들에게 분배된 좋은 음식물을 빼앗아 먹는 일이 흔하게 일어났다. 그러나 신앙적인 면에서 웨슬리는 가정에서 받은 영향력 하에 있었다고 할 수 있다. 존 그린은 차터하우스의 경험이 가정생활의 엄청난 영향력에 별반 수정을 가한 것이 없다고 평가했다. 우드Skevington Wood도 역시 차터하우스의 생활이 웨슬리의 신앙적 성장에 중요한 공헌을 한 것 같지 않다고 평가했다. 그러나 학문적으로 라틴 시작詩作 법과 히브리어 등을 부지런히 공부했고, 또한 음악가 팹쉬와 헨델과 특별한 교분을 갖게 되면서, 훗날 성가의 저작과 편찬 발간에 커다란 도움을 얻는 기간이 되었다. 웨슬리는 차터하우스 시절에 대해 그의 1738년 5월 24일자의 일기에서 다음과 같이 회고하고 있다.

그 다음 6, 7년간은 학교에서 보냈는데, 거기서 내게 외적인 속박은 없어졌으나 그 전보다 더욱더 태만해졌으며, 외적인 의무까지도 그러했다. 비록 세상 사람들의 눈에 걸릴 만한 것은 아니었으되 내가 알기로는 거의 계속적으로 외적인 죄까지도 짓고 있었다. 그렇지만 나는 계속해서 성경을 읽었고 아침저녁으로 기도도 드렸다. 그리고 그때 내가 구원받을 수 있다고 믿은 조건들이란, 첫째로 다른 사람들 같이 그렇게 나쁜 사람이 아니었다는 것, 둘째로 종교에 대하여 계속 친숙하다는 점, 셋째로 성경을 읽고 교회에 잘 출석하고 또한 기도를 드린다는 점들이었다.[74]

---

74 같은 책, 90.

파울러는 청소년기에 자신이 속해 있는 집단의 인습에 기초하여 삶을 해석하고 관계시키고 의미를 찾는 순응의 단계 곧 종합적-인습적 신앙의 단계가 오게 된다고 한다. 웨슬리의 회고로 미루어볼 때 차터하우스 시절 말에 그에게 변화가 생겼으며, 그것은 종합적-인습적 신앙으로의 전이라고 할 수 있다. 웨슬리 자신의 회고에 나타난 대로 그가 가정에서 엄격히 배운 보편적인 순종과 하나님의 모든 계명에 대한 순수의 기준에 따라 자신이 행하고 있던 행위들에 대해 죄 된 것이라고 판단했다.

17세에 웨슬리는 종합적-인습적 신앙을 가지고 옥스퍼드 대학에 입학한다. 옥스퍼드는 차터하우스의 연장선에서 이해되어야 한다. 웨슬리는 주어진 자유를 즐기며 좀 경박한 행동이 있었으나 어려서 가정교육으로 몸에 배인 경건한 생활 습관은 차터하우스에서나 옥스퍼드에서나 쉽게 파괴되지 않았다. 당시 영국 사회의 부패는 말할 것도 없고 심지어 옥스퍼드 대학 교수나 학생까지도 공부는커녕 주색으로 세월을 보냈다고 한다. 그러나 웨슬리는 스스로 배우고 수양하고 경건 훈련을 계속하되 어머니의 교훈을 받을 때나 차터하우스 시절이나 변함없이 경건생활을 계속했다. 또한 학문 탐구에도 열심이었으며 대학의 사회활동에도 참여했다.

웨슬리는 이 시절을 회고하면서 "대학으로 옮긴 후 5년간도 계속 개인적으로나 공중 앞에서나 성서를 읽었고 다른 몇몇 종교서적 특히 신약성서에 관한 책들을 읽었다. 그러나 이 모든 일을 하면서도 내적 성결에 대한 생각은 전혀 갖지 못했으며, 그뿐 아니라 그저 습관적으로 하기도 하고 때로는 어떤 사람들에게 죄로 알려진 일을 계속 저질렀다. 특히 1년에 3회씩 받도록 의무화된 성찬식 전후에 그런 일을 중지하거나 그렇지 않으면 마음에 갈등을 갖게도 되었다. 많은 성자들이 가르쳐 준대로 회개라고 부르는 일시적인 일에 의존하지 않는다면 내가 가진 적은 빛에도 거슬리게 죄 된 일을 계속 저지르는 내가 이제 무엇으로 구원을 바라야 할지 말할 수 없는 상태였다."고 고백했다.[75]

결국 그가 옥스퍼드에서 교육받는 동안 학문과 교양에는 많은 진전이 있었으나 신앙적으로는 아직도 종합적-인습적 신앙이 계속되고 있음을 알 수 있다. 이러한 신앙생활은 1725년 까지 계속된다.

③ 1725년부터 회심 체험까지

1725년은 웨슬리의 생애에서 중요한 해로 기억될 수 있는데, 비로소 기독교 신앙에 대한 태도에 있어서 진지한 표징을 보이기 시작했다. 1725년에 웨슬리의 아버지는 웨슬리에게 성직에 몸담도록 강권하였고, 웨슬리는 아버지의 권유에 따라 사제가 되기로 결심했지만, 사제 서품을 받는 것과 소명의식을 형성하는데 관심을 가졌다.

웨슬리는 아버지의 권유로 테일러의 『거룩한 삶과 거룩한 죽음의 규칙과 훈련』을 접하게 되었는데, 웨슬리는 이 저서에서 특히 동기의 순수성에 관한 부분에서 큰 감명을 받았으며, 즉시 그의 모든 생각과 말과 행동 곧 자신의 삶 전체를 하나님께 헌신하기로 결심했다고 고백했다. 또한 웨슬리는 토마스 아 켐피스의 『그리스도를 본받아』를 읽었는데, 웨슬리는 이 책을 읽게 된 것은 하나님의 섭리였다고 그의 일기에 기록했다. 그는 이 책을 통해 마음의 종교의 본질과 범위를 밝히 알게 되면서 하나님께 마음을 드려야 한다는 것을 깨닫게 되었다. 물론 웨슬리가 이 책을 읽고 난 후 토마스 아 켐피스가 너무 엄격하다는 생각 때문에 못 마땅하게 여기기도 했지만, 이 책을 읽고 난 후 그는 진지하게 새로운 삶을 시작했다.

1726년 링컨 칼리지로 옮긴 웨슬리는 "나는 내가 전에 가장 중요하

---

75 같은 곳.

다고 확신했던 것까지 포함해서, 나의 모든 지식을 사소한 것까지라도 모두 털어버리려는 결심을 실천하였다. 나는 시간의 귀중함을 점점 더 알기 시작했다. 더욱더 학습에 집중하려고 하였다. 나는 실제적인 죄를 막으려 더 조심스럽게 경계했고, 나는 다른 사람들에게 내가 나 자신의 생의 모델을 삼은 바 그 종교의 설계에 따라 종교적인 사람이 되려고 하였다"고 고백했다.[76]

이때에 웨슬리는 윌리엄 로의 『그리스도인의 완전에 대한 실천적 논문』과 『경건하고 거룩한 삶에의 엄숙한 부름』을 접하게 되었고, 이 책으로 인해 웨슬리는 신비주의자인 로의 감화 아래 신비주의에 심취하게 되었다. 이 책들은 그로 하여금 하나님의 법이 얼마나 높은지 그 높이와 순결함과 깊이를 더욱더 확신하게 되었다. 이 시기 웨슬리는 내적 거룩함을 추구하며 자신의 행위를 통해 의로워지려 하고 자신의 수고의 도덕적 또는 영적 열매를 통하여 하나님의 구원을 얻으려고 노력하였다.

파울러는 종합적-인습적 신앙의 단계에서 개별적-반성적 신앙의 단계에로의 변화는 17세 혹은 18세에 시작될 수 있으며, 20대 초반에 개별적-반성적 신앙의 성격이 나타날 수 있다고 보았다. 파울러는 이러한 변화가 나타날 때 자아는 중요한 타인들과의 인간관계에 의해서 자기 주체성과 신앙을 유지해 왔지만, 이제부터는 더 이상 타인에 대한 역할이나 의미에 의해 제한되지 않는 자기 주체성을 주장하게 되며, 또한 자기의 자아와 자기의 견해를 타인들의 그것으로부터 구분하게 되며 자기 및 타인들의 행동에 대한 판단과 해석과 반응에 있어서 자아와 세계관을 고려하게 된다고 한다. 1725년 이후 웨슬리에게서 나타나기 시작하는 변화의 모습은 그가 이제 종합적-인습적 신앙의 단계에서 개별적-반성적 신앙의 단계에로 변화되고 있음을 보여

---

76 같은 책, 91.

준다.[77]

1729년 옥스퍼드로 돌아온 웨슬리는 신성클럽의 지도자가 되면서 1730년부터 감옥을 방문하기 시작했고, 자신들의 생활비와 그 밖에 꼭 필요한 지출을 제외하고는 남은 잔액 전부를 구제비로 돌렸다. 비록 그로 인해 그들의 생활은 궁색했을지는 몰라도 웨슬리는 이를 기뻐했다.

이러한 모든 일을 통해서 웨슬리는 자신의 내적 성결을 지향했다. 웨슬리는 그의 일기에서 "이 모든 일이 나와 내적 성결로 지향되지 않는다면 이는 내가 원하는 바가 아니고 또 아무 것도 유익할 것이 없다고 생각했다. 따라서 전적으로 내가 목적하였던 바는 하나님의 형상이었다"고 회고했다.[78] 이러한 웨슬리의 고백을 통해 그에게서 자기 주체성을 찾는 개별적-반성적 신앙의 모습을 엿볼 수 있다.

이 후에도 웨슬리에게 있어서 개별적-반성적 신앙 양상은 점차 뚜렷하게 나타난다. 1735년 북미 선교사로 파송 받은 웨슬리는 조지아로 가는 배 안에서 모라비아교도들이 보여준 믿음의 확신으로 인해 큰 감동을 받으면서 자신에게는 그 같은 믿음의 확신이 없음을 발견하였다. 또한 1736년 2월 7일자 일기에 의하면 웨슬리는 예수 그리스도가 바로 자신을 위해 죽으셨다는 진리를 확신하지 못하고 있음을 고백했다. 또한 미국에서의 선교 활동이 실패로 돌아가면서 그는 그 자신에 대해 심각하게 반성을 하고 있는데, 이러한 일련의 고백들은 모두 웨슬리의 신앙이 개별적-반성적 신앙으로 변해가고 있음을 보여 주는 것이다.

1738년 5월 24일, 웨슬리는 올더스게이트에서 회심을 체험한 후 그날의 일기에서 "나는 구원을 받기 위해 그리스도를, 오로지 그리스도

---

77 더글라스 미크스 편저, 『감리교 신학의 미래』, 160.
78 존 웨슬리, 『존 웨슬리의 일기』, 91-92.

만을 믿는다고 느꼈다. 뿐만 아니라 주께서 내 모든 죄를 씻으시고 나를 죄와 사망의 법에서 구원하셨다는 확신이 생겼다"고 기록하고 있다. 이때부터 웨슬리의 마음의 병과 자신을 죄인 시 하던 관점은 새로운 심적 변화와 함께 사라지게 되었다. 올더스게이트의 회심은 웨슬리를 더욱 견고하게 했고, 그는 완전히 개별적-반성적 신앙의 단계에 올라섰다. 흔들리지 않는 확고한 자기 주관으로 자신을 이끌기 시작한 것이다.

④ 회심 체험 이후

올더스게이트 체험 이후 개별적-반성적 신앙의 단계로 완전히 접어들게 되자 웨슬리는 이 단계에 전형적으로 나타나는 하나의 패턴을 드러냈다. 그것은 사물을 날카롭게 이분법에 입각해서 보기 시작한 것이다. 그는 은총만을 강조함으로써 자신의 공적으로 구원을 얻을 수 있다고 본 것을 거부했다. 이러한 일의 대표적인 예가 신비주의와의 결별이었다. 웨슬리는 믿음으로만 구원을 받을 수 있다는 것을 받아들인 후, 신비주의가 구원을 얻는 데 있어서 그리스도의 속죄의 필요와 그의 중재적 역할을 무시하고 그리스도 없이 직접적으로 하나님과 사귀고 그와 연합하는 명상을 통한 구원을 주장했기 때문에 신비주의와 결별하게 되었다.

또한 이 시기의 웨슬리에게 일어난 또 다른 변화는 모라비아교도들과의 결별이었다. 그 이유는 그들의 '정적주의' 때문이었다. 그들은 신도들에게 참 신앙을 얻을 때까지 선행을 중지하고 정적을 지키라고 권고했다. 그래서 어떤 사람들은 산 믿음을 얻기까지 모든 은혜의 방법을 포기하고 교회에도 가지 않으며 성찬식도 받지 않고 성서도 읽지 않았다. 웨슬리는 이것이 거짓되고 비성서적인 것이라고 반박했다.

웨슬리는 약한 믿음은 약한 대로 참된 믿음이 될 수 있음을 주장하며 선행을 촉구했다. 이것 때문에 모라비아교 지도자들과 여러 차례 변론을 했지만, 1741년 9월 3일 친첸도르프 백작과의 담화를 끝으로 결별했다.

올더스게이트 회심 체험 이후 개별적-반성적 신앙을 강하게 보이던 웨슬리에게 1740년대 이후 접속적-결합적 신앙의 모습이 서서히 나타나기 시작했다. 1740년대 들어서면서 웨슬리의 반대자들이나 범죄자들에 대한 태도는 많이 달라진다. 1740년 9월 30일 설교 중에 뛰어들어 욕설과 저주를 퍼붓는 청년을 맞아들여 감화시키는 등의 일들이 있었다.

파울러는 결합적 신앙의 특징을 역설과 명백한 모순 가운데 있는 진리를 인식함으로써 자기의 생각과 경험 속의 정반대되는 것을 통일시키려고 노력한 것으로 보인다. 이로써 1740년대에 나타나기 시작한 웨슬리의 변화는 그에게 결합적 신앙으로의 변화가 일어나기 시작한 것으로 볼 수 있다. 또한 웨슬리가 올더스게이트 회심 체험 이후 수년 동안 설교하면서 발전시켜 온 신학 정신은 결합적 신앙의 상당 부분을 보여 주고 있다. 파울러는 만약 18세기에도 신앙발달이론이 있었다면 아마도 웨슬리 신학은 결합적 신앙의 한 모델이 되었을 것임에 틀림없다고 평가했다.[79]

2) 웨슬리 구원론의 신앙발달론적 이해

토머스 그룸은 "우리의 과제는 사람들을 하나님의 은총의 도우심으로 또한 그들의 신앙 안에 머물 수 있는be 능력을 통하여 양육하는 것이다. 기독교 신앙 안에 있는 한 사람이 되고 또 되어간다. 따라서 파

---

79 더글라스 미크스 편저, 『감리교 신학의 미래』, 173.

울러의 삶의 신앙적 여행에 대한 기술은 우리의 교육적 실천에 정보를 제공해 줄 수 있다"라고 파울러의 신앙발달이론에 대해 기독교 교육의 측면에서 평가하고 있다.[80]

웨슬리는 그의 영성발달의 모델을 '구원의 질서the order of salvation'라고 불렀는데, 이는 선행은총, 회개, 칭의, 중생(거듭남), 성화, 완전, 영화를 말한다. 더냄Dunnam은 구원의 단계야말로 우리의 영적 순례를 경험적으로 설명하는 것이라고 믿으며, 이것을 '구원에 이르는 순례'라고 불렀다. 아우틀러, 윌리엄스, 오던Thomas Oden 등은 웨슬리의 구원론에는 구조와 단계가 분명히 암시되어 있을 뿐만 아니라 영적 성장과 성숙의 과정도 역시 포함되어 있다고 지적했다. 매덕스Randy Maddox는 이와 같은 분명한 구원의 구조는 '책임적 은총responsible grace'의 요소이며, 이것은 웨슬리의 구원의 교리에 대한 원리적 창문과도 같다고 했다.[81]

웨슬리 신학의 중심은 성화론을 중심으로 전개한 구원론이라 할 수 있다. 그의 구원론에서 중요한 것은 구원이 단 한 번의 사건으로 완성되는 것으로 보지 않고 하나의 연속적 과정, 즉 회개, 칭의, 성결 곧 성화의 과정을 통하여 이루어지는 것으로 보고 있다. 여기에는 웨슬리 자신의 신앙적 체험이 결정적 역할을 했다고 볼 수 있으며, 그렇기 때문에 웨슬리의 구원론은 그 자신의 구원 과정의 고백이며, 그의 성화론의 형성 과정은 그 자신의 성화 과정이라고 할 수 있다.

웨슬리의 신학에 결정적인 영향을 끼친 신앙의 순례 과정을 더듬어 보면 자기 내면에서 여행의 원동력으로 작용한 것은 자기 자신에게 실시된 '신앙 훈련'이었다. 웨슬리는 그에게 실시된 신앙 훈련을 토대로 종교적 진리를 체험하게 되었고, 또한 이 체험을 토대로 형성된 그의

---

80 토마스 그룹, 『기독교적 종교 교육』, 111.
81 권희순, 『웨슬리 영성수련 프로그램』, 23.

신학 사상을 다시 생활화하고 인격화하기 위해 노력하였다. 그러므로 웨슬리의 성화 과정을 더듬어 보는 것은 그의 신학을 이해하는 데 있어서 뿐만 아니라 기독교 교육적 입장에서 양육의 중요성을 평가하는 데 있어서도 중요하다.

파울러는 앞에서 살펴본 바와 같이 그의 논문 "존 웨슬리의 신앙의 발달"에서 웨슬리의 생애를 6단계의 신앙발달 단계로 설명했으나, 웨슬리의 구원의 단계에 대해서는 논의하지 않았다. 그러나 웨슬리의 구원론이 과정적이며 단계적 특성을 가지고 있고 신앙의 성장이라는 진보적 특성을 가지고 있기 때문에, 오늘날 기독교 교육이 인간발달에 있어서 도덕발달과 신앙발달의 단계를 교육의 대상인 학생에게 올바로 적용하고 단계별로 훈육하고자 할 때 웨슬리의 신앙 훈련은 하나의 모델이 될 수 있을 것이다. 그러한 가능성을 위해 웨슬리의 구원의 단계를 파울러의 신앙발달이론과 비교하여 살펴본다.

웨슬리의 구원론의 출발은 선행은총으로 시작한다. 은총이란 '인간의 마음속에 있는 하나님의 실제적인 활동'으로, 인간을 향한 하나님의 행동하는 사랑이라고 볼 수 있다. 선행은총이란 온전한 은혜에 앞서 이미 모든 이들에게 보편적으로 주어지는 하나님의 은총으로, 우리의 회심 이전에 작용하는 하나님의 은총, 우리가 아직 죄인 되었을 때 우리에게 주어지는 은총이다. 인간이 간구하기 이전에 이미 인간 자체 안에 주어져 존재하는 것이 선행은총이다.

이러한 웨슬리의 선행은총은 다른 모든 신앙 단계에서도 기본적으로 존재하는 것이지만, 이는 파울러의 1단계(직관적-투사적 신앙)에서 3단계(종합적-인습적 신앙)까지 이르는 과정과 비슷하다. 파울러의 이 세 단계는 주어진 환경과 공동체에 아무런 비판이나 의식 없이 타인을 모방하고 순응하는 단계다. 즉 웨슬리의 선행은총 단계와 비교하면 자신이 미처 깨닫기도 전에 모든 인간에게 주어진 하나님의 보편적인 은총이다.

앞에서도 살펴보았듯이 선행은총의 작용은 하나님께로 일깨우며 구원의 필요성을 깨닫게 하고, 하나님의 은총에 응답할 수 있게 하고, 우리의 양심과 이성, 그리고 의지의 자유가 회복되는 역할을 하는데, 이러한 하나님의 보편적인 은총을 의식하게 되면 다음 단계로 발전하게 되지만 그렇지 않을 경우 그 상태에 오랫동안 머무를 수 있다. 이는 마치 자의식이 없이 주어진 환경이라는 점에서 비슷하다고 할 수 있다.[82]

파울러가 자의식을 가지는 단계로 제시한 네 번째 단계인 '개별적-반성적 신앙' 단계는, 웨슬리에게 있어서 네 단계로 좀더 자세히 설명하고 있는데, 회개, 칭의, 중생, 성화 순이다. 하나님의 선행은총에 의해 부분적으로나마 회복된 자유의지가 하나님의 은총에 응답할 때 자신의 죄를 인정하는 은총이 된다.

회개는 바로 인간이 하나님의 은총을 받아들이는 순간에 시작되고 그 순간부터 율법을 통해 자신의 죄를 깨닫게 되는 것이다. 선행은총과 회개에 이어지는 것이 칭의로, 이 칭의는 믿음으로 이루어진다. 웨슬리는 의롭다함을 받는다는 칭의는 예수 그리스도의 대속의 공로를 받아들이는 신자에게 선언하시는 하나님의 법적인 선언적 행위로, 죄에서 용서함을 받고 죄책에서 놓임을 받고 하나님에 대하여 의롭다고 선언하시는 것이다.

중생은 칭의와 동시에 시작되는데, 성령의 역사로 우리의 타락한 본성이 변화되는 것이며 우리 실존의 모습이 변화되어 하나님의 형상을 회복하는 것이다. 중생은 성화로 들어가는 문이요 입구라고 할 수 있다. 그래서 중생은 성화와 함께 시작된다. 칭의와 중생, 성화의 순서는 시간적 순서가 아닌 논리적 순서다. 선행은총을 통해 회개에 이르

---

82 같은 책, 32.

고, 그로 인해 칭의의 과정을 거쳐 중생의 과정에 이르게 되면 새로운 피조물이 되고 성화의 과정을 통해 성장하게 되는 순서를 갖게 된다.

파울러는 인간이 모든 종교적 교리와 상징을 넘어 하나님과 합일을 이루는 보편적 신앙에 까지 성장할 수 있음을 보여 주었다. 이는 인간의 영적 경험의 수준, 의식의 확장과 성장으로 자아의 성장을 촉진할 수 있다는 것이다. 이것을 기독교적 언어로 표현한다면, 거듭남과 성화의 단계를 거쳐 성화의 최고 경지인 그리스도인의 완전에까지 성숙할 수 있다는 것이다.[83]

웨슬리의 구원의 단계는 하나의 영적 지도spiritual map다. 다시 말하면 영적으로 발달해 가는 과정을 설명하는 신앙발달론으로써, 이것은 하나님의 형상을 회복해가는 점진적 과정을 보여 준다. 웨슬리는 목회적인 면에서도 구원의 단계를 제시하면서, 하나님의 은혜를 깨닫는 수준에 따라 그에 맞는 찬송가를 함께 소개했고, 감리교 신도회도 역시 신앙발달 수준에 따라 속회, 밴드, 특별신도회로 구분했다. 웨슬리는 이처럼 공동체를 지도할 때도 신앙발달 상태에 따라 공동체를 나누어 지도하였고, 편지를 통한 개인 지도를 할 때에도 구원의 단계를 토대로 하였다.

웨슬리는 하나님과 자신의 관계를 기독교라는 테두리 안에서 기독교적 언어와 문화를 배경으로 설명하며 기독교적 렌즈를 통해 인간을 자유에로 이끄는 영적 순례를 신앙발달로 보았다. 웨슬리의 구원의 단계는 인간의 심리적·인격적·영적 발달 과정에 대한 웨슬리의 이해다.

---

83 같은 책, 25-26.

5장

존 웨슬리 구원론의 교육적 실천

　존 웨슬리는 인간의 영혼을 성장하게 하는 효과적인 방법을 알고 있었다. 웨슬리는 사람들이 하나님을 추구할 수 있는 은혜의 수단을 통하여 성령께서 일하도록 했다. 그는 은혜의 수단을 하나님이 정하신 외적 표지signs, 말, 혹은 행동으로써, 그 정해진 목적은 선행, 칭의, 혹은 성화의 은총을 사람들에게 전달하는 평상적인 통로가 되게 하려고 했다.[1] 이것은 웨슬리에게 있어 강력한 영적 지도의 도구가 되었다. 은혜의 수단으로 이뤄지는 영적 지도는, 신자를 계속적인 훈련된 삶을 통하여 은혜 안에서 완전한 분량에까지 점차 성숙되도록 함을 의미한다.

　웨슬리는 하나님께서 원하시는 신앙인 즉 마음과 삶의 성결한 자가 되고자 경건 훈련에 매진했다. 웨슬리는 성화를 이루기 위한 방편으로 실천해야 하는 경건 훈련을 두 가지로 구분했다. 한 가지는 하나님을 향한 행위로 성도가 하나님과의 관계를 바르고 충실하게 하기 위한 방편으로 이를 경건의 사역works of piety이라고 말했다. 다른 하나는 세상과 이웃을 향한 사랑과 선행으로 신앙의 사회적 실천을 자비의 사역

---

1 한국웨슬리학회 편, 『웨슬리설교전집 1』, 321.

works of mercy이라고 불렀다. 웨슬리는 개인적 성화를 위한 경건의 사역은 신앙 공동체를 통하여 실천하려고 했고, 사회적 성화를 위한 자비의 사역은 이웃을 통하여 실천하려고 했다. [2]

1. 구원론과 은혜의 수단

존 웨슬리는 그의 전 생애에 걸쳐 그리스도인의 완전을 지향하며, 영적 성장을 위한 모든 방법을 추구했다. 그리고 그 방법들을 '은혜의 수단'이라고 불렀으며, 은혜의 수단이란 하나님을 체험하고 그분께 응답하는 수단을 말한다.

웨슬리가 중요시 여겼던 은혜의 수단은 그의 구원론에 있어서 중요한 의미를 갖는다. 그리스도인들은 그리스도인의 완전을 향해 나아가야 한다. 이것은 모든 그리스도인의 과제다. 존 웨슬리의 신학이 보다 실천적 신학이며 그 끝이 하나님과 이웃에 대한 사랑이란 측면에서 보았을 때도 그러하다. 웨슬리는 '하나님의 형상'으로의 회복과 이러한 완전한 사랑에 이르는 데 다음과 같이 답하고 있다.

> 부주의한 무관심이나 태만한 비활동으로서가 아니라, 활기찬 보편적인 순종, 모든 계명의 열심 있는 준수, 경성함과 고통스러움, 우리 자신을 부인하는 것과 날마다 십자가를 짐으로써, 동시에 진심으로 기도하고 금식함으로, 또 하나님의 모든 규례에 철저히 참여함으로써 대망할 것이다. 만일 어느 누가 어떤 다른 방법으로 그것을 획득하려고 꿈꾼다면(혹은 그것을 얻었을 때, 심지어 그것을 가장 큰 정도로 받았을 때 그것을 보유하려고 꿈꾼다면), 그는 자기 영혼을 기만하는

---

2 한국웨슬리학회 편, 『웨슬리설교전집 2』, 179.

것이다. 진실로, 우리는 그것을 단순한 믿음에 의해서 받는다. 그러
나 하나님은 우리가, 그가 정하신 방식으로 전적으로 부지런히 그것
을 구하지 않는 한 그 믿음을 우리에게 주시지 않으며 또한 앞으로도
주시지 않을 것이다.[3]

위에서 보면 웨슬리가 이해한 영성은 보다 현실적이고 실천적인 것
이며, 또한 수련되어야 하는 것임을 알 수 있다. 웨슬리는 그것을 '하
나님이 주신 방식들'이라고 하였다. 웨슬리는 타락이 인간을 하나님
으로부터 돌려놓았기 때문에 이러한 실천과 방법들을 통해, 훈련만이
우리를 세상의 집착에서 떼어놓을 수 있고 하나님을 섬기게 할 수 있
다고 보았다.

이 훈련이 바로 은혜의 수단인데, 웨슬리는 이 은혜의 수단을 "하나
님이 정하신 외적 표지, 말, 혹은 행동"으로 그 목적은 "선행, 칭의,
혹은 성화의 은총을 사람들에게 전달하는 평상적인 통로가 되게 하려
는 것"으로 말하고 있다. 웨슬리는 그의 설교에서 다음과 같이 표현하
고 있다.

내가 '은혜의 수단'이라는 표현을 사용하는 것은 그보다 더 좋은
표현을 모르기 때문이요, 오랜 세월에 걸쳐서 그 말이 그리스도의 교
회 안에서, 특별히 우리 영국 국교회에서 일반적으로 사용되어 왔기
때문입니다. 특히 우리 교회는 이 은혜의 수단과 영광의 소망을 인하
여 하나님께 감사하라고 지도하고 있습니다. 그리고 성례전은 '내적
인 은혜의 외적인 표상이요 그것을 받는 수단'이라고 가르치고 있습
니다.

---

3 John Wesley, *A Plain Account of Christian Perfection* (London: Epworth Press, 1968), 53-54.
  이후정, 『성화의 길』, 96에서 재인용.

이 수단의 주된 것은 다음과 같습니다. 은밀한 기도나 대중과 함께 하는 기도, 성경 연구, 주님을 기념하기 위하여 떡을 먹고 포도주를 마시며 주님의 성찬을 받는 일입니다. 이런 것이 하나님에 의하여 그 은혜를 사람들의 영혼에 전달하는 통상적인 통로라고 믿습니다.[4]

웨슬리가 평신도 설교자들과 감리교인들을 위해 작성해 놓은 은혜의 수단 목록에는 크게 세 가지로 분류되어 있다. 헨리 나이트Henry H. Knight Ⅲ는 웨슬리가 가르쳐 준 은혜의 수단을 '일반적 은혜의 수단 general means of grace', '제도적 은혜의 수단instituted means of grace', '상황적 은혜의 수단prudential means of grace'이라는 세 영역으로 구분했다.[5]

첫째, '일반적 은혜의 수단'은 그리스도인의 생활의 기본이 되는 일정한 태도와 실천에 관한 것들로써 계명을 지키는 일, 자기 부정, 매일 십자가를 지는 것을 포함한다.

둘째, '제도적 은혜의 수단'은 예배와 훈련의 행위들로써 기도, 성경 탐구, 성찬, 금식, 성도의 교제 등을 의미한다. 이것들은 성서에서 그리스도께서 명령하고 교회 전통으로 계승된 것으로써 세계의 모든 교회가 보편적으로 어느 나라 어느 시대에나 행해지는 것들이다.

셋째, '상황적 은혜의 수단'은 시대와 문화와 개인에 따라서 다양하며, 시대와 환경에 따라서 '제도적 수단'에 추가되는 것들이다. 그러나 그것은 '제도적 수단'과 같은 목적을 갖는 것이며 신자가 은혜 안에 성장하도록 돕는 수단들이다.

웨슬리의 목회는 이러한 은혜의 수단을 감리교인들에게 실행하여 진정한 그리스도인이 되도록 훈련하는 것이었다.[6]

---

4 한국웨슬리학회 편, 『웨슬리설교전집 1』, 321-22.
5 권희순, 『웨슬리 영성수련 프로그램』, 63.
6 김진두, 『웨슬리의 실천신학』, 97-98.

1. 일반적 은혜의 수단

존 웨슬리는 브리스틀 뉴룸New Room에서 1745년 8월 2일 금요일 몇 명의 사람들과 성화에 대해 묻고 답하는 식의 대화에서 일반적 은혜의 수단에 대해서 언급했다. 여기서 웨슬리는 말하길, 보편적인 복종 universal obedience, 모든 계명을 지키는 것keeping all the commandment, 깨어 있는 것watching, 자신을 부정하는 것self-denial, 날마다 십자가를 지는 것taking up our cross daily을 언급했으며, 이러한 것들이 일반적 은혜의 수단이라고 했다. 이는 하나님과의 관계를 깊이 하는 중요한 내적 수단들로, 그리스도인의 생활에 널리 스며들어 있는 신앙적 태도나 훈련을 의미한다.

나이트는 그의 책 『그리스도인의 삶의 하나님의 현존The Presence of God in the Christian Life』에서 일반적 은혜의 수단에 대해 다루고 있는데, 먼저 깨어 있는 것에 대해 설명하고 있다. 웨슬리가 말하는 깨어 있는 것이란 "성실한, 변하지 않는, 끈기 있는 연습과 단련이다. 이것은 확고부동한 믿음, 끈기 있는 희망, 사랑의 수고, 끊임없는 기도를 의미한다. 또한 이것은 영혼에 대한 모든 애정 중에 가장 큰 수고"다. 웨슬리는 '깨어 있는 것'으로 그리스도인의 성숙의 정도를 가정하지는 않았지만, 그리스도인의 삶 안에서 어떤 점에서 '깨어 있는 것'은 전적으로 노력해야 할 것으로 주장했다.

'깨어 있는 것'은 세상에 대항해서, 악에 대항해서, 우리 자신에 대항해서, 나를 에워싸고 있는 죄에 대해서 깨어 있는 것이며, 이것은 죄의 현혹에 대하여 의식을 가지고 방심하지 않는 것이다. 계속된 유혹과 그 유혹에 직면했을 때의 인간의 나약함을 위한 하나의 주의 깊음인 것이다.

'깨어 있는 것'은 다른 한편으로는 하나님의 뜻을 알기 위해 내적으로 하나님 앞에 나아가는 것이다. 그것을 하기 위한 힘을 얻고, 그로 인해서 은혜 안에서 성장하게 된다. 이것은 '하나님의 현존을 경험하기 위한 것'과 가까운 관계를 보여 준다. '깨어 있는 것' 그리고 '하나님의 현존을 경험하는 것'은 따라서 서로 보완하는 것이다.

'깨어 있는 것'은 '하나님의 현존을 경험하는 것'과 관계되어 있는 것처럼 '자기 부정'은 '자기 십자가를 지는 것'과 관계되어 있다. 자기 부정과 자기 십자가를 지는 것은 예수 그리스도를 닮게 하는 가능성을 주는데, 이는 그것들이 선행을 하는 훈련의 일부가 되기 때문이다.

보편적 은혜의 수단은 독립적으로 따로 실천되어야 하는 행동들이라기보다는 다른 두 은혜의 수단, 즉 제도적 은혜의 수단과 상황적 은혜의 수단들에 앞서는 전제조건과 같은 도구다. 이 보편적 은혜의 수단들은 서로 연결되어 있으며, 서로에게 도움을 주어 더욱더 발전시킬 수 있게 해 준다는 사실을 알 수 있다.

그리스도인들은 이 보편적 은혜의 수단을 통해서 하나님의 현존을 체험할 수 있고, 하나님에 대한 사랑과 이웃에 대한 사랑에 더욱더 다가갈 수 있게 되는 것이다. 이 보편적 은혜의 수단은 그리스도인의 삶에 있어서 중요한 비중을 차지하며 다른 수단들을 위한 전제조건과 같은 역할을 하게 되는 것이다.

2) 제도적 은혜의 수단

① 기도

존 웨슬리는 '은혜의 수단'이란 설교에서 기도를 여러 가지 수단 중에서 가장 으뜸이며 중요하다고 말하고 있다.

웨슬리는 기도의 사람이었다. 어렸을 적부터 그의 어머니 수재너로부터 철저한 기도 훈련을 받았다. 철저한 청교도적 경건 훈련을 시켰던 그의 어머니는 웨슬리에게 일어났을 때와 잘 때 주기도문을 외우게 했고, 좀더 성장한 후부터는 짧은 기도문을 외우게 했다.[7] 또한 옥스퍼드 시절 그가 신성클럽에서 회원들과 생활하면서 기도와 금식을 했던 것을 알 수 있다. 웨슬리는 매일 아침 4-5시 사이에 그리고 저녁 9-10시 사이에 기도했고, 이 두 번의 기도시간이 그에게는 가장 중요한 개인기도 시간이었다. 또한 그는 매일 오전 9시와 12시 그리고 오후 3시에 토머스 크랜머Thomas Cranmer의 '매일의 기도the Cranmerian collects and lection'를 사용하여 기도했다.[8] 이렇게 웨슬리는 규칙적인 기도의 삶을 살았고 기도를 강조했다. 그만큼 기도는 웨슬리에게 있어 그의 개인적 영성 생활에서 이미 오래전부터 큰 비중을 차지하고 있었다.

웨슬리는 기도의 목적에 대해 '산상설교' 설교에서 다음과 같이 나타내고 있다.

> 기도의 목적은 당신이 필요한 것을 하나님이 모르고 계신 것처럼 여겨 그것을 하나님께 알리려 함이 아니라, 당신이 필요한 것을 분명히 하여 깊이 마음에 간직하고 그 필요를 홀로 충족시켜 주시는 하나님을 계속하여 의지하는 데 있습니다. 그러므로 우리의 기도는 우리가 구하기 전에 벌써 우리에게 주시려고 준비하고 계신 하나님을 감동시켜 설득시키는 데 치중하는 것이 아니라, 도리어 우리 마음을 격려해서 하나님이 준비하신 좋은 선물을 기쁘게 받을 자세를 불러일으키는 것입니다.[9]

---

7 송홍국, 『존 웨슬리의 생애』 (서울: 웨슬리사업회, 1979), 13.
8 김진두, 『웨슬리의 실천신학』, 83.
9 한국웨슬리학회 편, 『웨슬리설교전집 2』, 183-84.

즉 기도의 목적은 그리스도와 계속적으로 동행하는 것을 배우는 것이며, 하나님과의 교제를 위해 나아가는 것이며, 하나님의 영광을 위해서 이루어져야 함을 말하고 있는 것이다.

웨슬리는 기도에 있어서 믿음을 선행조건으로 강조했다. 믿음은 기도에 있어서 반드시 먼저 생각되어야 할 내용인 것이다. 이러한 하나님에 대한 믿음과 신뢰가 있을 때, 하나님과의 기도를 통한 의사소통이 가능한 것이다.

이후정은 웨슬리에게 있어서 기도의 길은 궁극적으로 하나님과 사랑으로 일치하는 '성화의 길'이라고 말하고 있다.[10] 웨슬리의 영성수련 안에서 기도는 성화의 기도prayer of sanctification로 볼 수 있다는 것이다. 즉, 하나님과의 교제이며, 성화의 과정 자체로 보고 있는 것이다.

또한 기도는 은총에 있어서 중요한 통로다. 웨슬리가 가장 먼저 기도를 은혜의 수단의 앞에 놓은 것처럼, 기도는 하나님의 은총이 계속 이루어지기 위해서 계속적으로 신자의 삶 속에서 이루어져야 하기 때문이다. 기도가 끊기게 되면 은총의 길도 거기에서부터 더 이상 진행되지 않는다. 이는 웨슬리에게 강한 영향을 준 동방 교부 전통인 '신인협력설'과 관련이 있다. 웨슬리가 『그리스도인의 완전에 관한 평이한 해설』에서 기도가 신앙의 승리를 획득하는 장이라 이야기한 것처럼, 기도는 그 안에서 하나님에 대한 귀중한 사랑을 경험할 수 있는 영적인 호흡이자 중요한 은혜의 수단인 것이다.

② 말씀 묵상과 독서

존 웨슬리는 스스로를 '한 책의 사람home unius libri'이라 할 정도로 성서는 웨슬리의 삶에서 중심을 차지하는 책이었다. 웨슬리가 성서를

---

10 이후정, 『성화의 길』, 183.

중요하게 생각한 것은 그의 가정적인 배경으로부터 찾아볼 수 있다. 웨슬리 부모에게 내려온 청교도적 정신은 웨슬리에게 많은 영향을 끼쳤다. 그의 어머니 수재너는 웨슬리가 어렸을 때부터 성서를 공부시켰다. 수재너는 웨슬리에게 구약 첫 장부터 가르쳐 주었다. 웨슬리가 속해 있던 옥스퍼드 신성클럽 회원들을 보고 '성서 벌레bible moths'라고도 하고 '성서 미치광이bible bigots'라고도 했을 정도[11]로 성서는 웨슬리에게 중요한 책이었다.

이후정은 웨슬리의 성서 읽기 방법에 대해 다음과 같이 다섯 가지로 정리했다.[12]

첫째, 웨슬리는 성서를 예배하는 경배의 자세로 읽었다. 즉 조용한 시간을 내어서 질적인 목표를 가지고 집중해서 읽었다는 이야기다. 웨슬리는 많이 읽기, 즉 통독을 목적으로 해서 많은 내용을 읽으려고 하지 않았다. 대신 그는 조금씩 읽으며, 그 의미를 찾아 깊이 묵상하였다. 웨슬리에게 중요한 것은 집중과 경외심이었다. 그는 고요한 시간을 찾아서 이른 아침과 저녁에 성서를 읽었다. 웨슬리가 이렇게 묵상으로 성서를 탐구했던 것은 그의 『구약성서 주해』 서문에서 확인할 수 있다.

> 이것이 하나님의 일들을 이해하는 길이다. 밤낮을 가리지 않고 그것들을 묵상하라. 그리하면 유일하고 참되신 하나님과 예수 그리스도까지도 알 수 있는 최고의 지식을 얻게 될 것이다. 그리고 이 지식은 당신으로 하여금 하나님을 사랑하도록, 너의 온 몸과 마음과 뜻과 힘을 다하여 주 너희 하나님을 사랑하도록 이끌어 줄 것이다. 왜냐하면 그가 먼저 너를 사랑하셨기 때문이다. 그렇게 되면 그리스도 예수 안

---

11 송홍국, 『존 웨슬리의 생애』, 31.
12 이후정, 『성화의 길』, 108-10.

에 있는 그 모든 마음이 네 속에도 있지 않겠는가? 그 결과 너는 이 책에 쓰여 있는 모든 거룩한 기질을 기쁨으로 경험하는 한편, 너는 너를 부르신 그분이 거룩하신 것처럼 외적인 모든 대화에서도 거룩하게 될 것이다.[13]

둘째, 웨슬리는 성서를 체계적으로 읽었다. 그는 영국 성공회의 공동기도서의 매일 성서일과lectionary에 따라서 읽어 나갔다. 웨슬리는 이렇게 읽음으로써, 성서를 문맥에 따라 넓은 안목을 가지고 보게 되었고, 성서를 연속성을 가지고 읽을 수 있었다.

셋째, 웨슬리는 성서를 읽을 때, 이것을 개인의 삶에 실천하고 적용하는 것을 목적으로 삼았다. 웨슬리의 신학을 '실천적'이라고 표현하는데, 즉 성서의 이해와 해석을 넘어 이것을 적극적으로 기독교인의 삶에 적용시키는 것에 관심을 가졌다. 성서는 이렇게 해서 구원의 능력과 실천적인 삶의 지침이 될 수 있는 것이다.

넷째, 웨슬리는 성서 읽기를 통해 배운 것들을 남들에게 가르치는 길을 찾았다. 자신의 영성 수련으로만 삼은 것이 아니라, 은혜를 함께 나누기를 원했다. 그리고 이를 통해 다른 사람들도 영적 성장을 할 수 있으며 그러한 도움을 주길 바랐다. 이것은 나아가 교제와 나눔, 공동체적 삶과 연결되며, 서로 간의 인격적인 교통을 의미하는 것이었다.

다섯째, 웨슬리의 성서 읽기는 공동체적이었다. 함께 예배하며, 설교를 듣는 상황 아래에서 성서 읽기를 웨슬리는 강조하였다. 이것은 성서가 전체 신도들을 진정한 영성으로 나아가게 하는 중요한 수단이 되는 것이다.

웨슬리의 성서 해석 방법은 성서 영감론을 그대로 받아들였다. '감

---

13 John Wesley, *The Works of John Wesley*, ed., Thomas Jackson, vol. 14 (Grand Rapids: Zondervan, 1958-59, reprinted), 267-68.

리교인의 특징the character of a methodist'이라는 글에서 이를 말하고 있다.

> 사실, 우리는 '모든 성경이 하나님의 감동으로 된 것'임을 믿는다.
> 그리고 바로 이 점에서 우리는 유대인이나 터키인이나 불신자들과 구
> 별된다. 우리는, 하나님의 기록된 말씀이 그리스도인의 신앙과 실행
> 의 유일하고도 충분한 기준이라고 믿는다. 그리고 바로 이 점에서, 우
> 리는 로마교회의 교인들과 구별된다.[14]

그런데 웨슬리가 성서 읽기를 강조했다고 해서 다른 책들에 대한 중
요성을 간과했다는 것을 의미하지는 않는다. 웨슬리는 성서뿐만 아니
라, 영성을 위한 서적들을 읽는 것을 권고하였다. 웨슬리가 많은 영성
의 대가들의 저작들을 탐독했고, 웨슬리는 그 스스로 '기독교 문고'를
만들어 영적 독서를 장려했다.

또한 그는 영적 독서들에 대한 지침들을 말하였다.[15] 첫째, 정해진
시간에 읽을 것. 둘째, 영혼의 유익과 선을 목적으로 하면서 하나님의
뜻을 실행할 결심으로 읽을 것. 셋째, 대강 읽지 말고 진지하게 읽을
것. 넷째, 이해를 넘어서 하나님에 대한 열망이 일어나도록 읽을 것.
다섯째, 독서를 마칠 때 마음속에 뿌려진 선한 씨앗이 열매를 맺게 해
달라고 기도할 것이 바로 그것들이다. 웨슬리에게 있어서 이 영적 독
서는 하나님의 은혜를 받는 그리고 영적으로 성장할 수 있는 중요한
은혜의 수단이었던 것이다. 웨슬리는 이것을 매우 중요시 여겨서 그
의 영적 수련을 위해서 사용하였다.

---

14 한국웨슬리신학회, 『웨슬리와 감리교신학』, 49.
15 김영선, 『존 웨슬리와 감리교신학』, 372.

③ 금식

존 웨슬리는 금식이 종교의 목적은 아니지만 목적 달성을 위한 귀중한 수단으로 보았다. 금식은 하나님 자신이 제정하신 수단이며, 따라서 적절히 사용할 때 하나님께서 틀림없이 그 안에서 자신의 축복을 우리에게 주실 것이라고 믿었다.[16]

웨슬리는 금식을 은혜의 제도화된 수단으로 볼 때 금식을 금욕의 틀 속에서 보았으나, 지나치고 극단적인 왜곡된 금욕을 경계했다. 그보다는 적절한 자기 절제와 건전한 영성을 위한 금식을 선호한 것으로 보인다. 웨슬리는 육체적인 고행의 측면을 강조하기보다는 육체의 절제를 통해 건강한 정신과 몸으로써 하나님을 더 잘 섬기기 위한다는 점에서 금식의 유익을 찾으려고 했다.

그는 이러한 전통이 초대 교회 이후로 계속해서 내려오고 있는 것임을 강조했다. 금욕은 초대 교회 이후 자신을 절제하고 하나님 앞으로 나아가기 위한 중요한 수단으로 사용되어져 왔다. 웨슬리는 다음과 같은 근거에서 금식의 필요성을 이야기했다.

첫째, 죄를 슬퍼함sorrow of Sin. 둘째, 육체의 정욕을 죽임. 셋째, 전적인 순종. 넷째, 더 깊고 간절한 기도. 다섯째, 과도한 식사와 소비를 피함. 여섯째, 신체의 건강을 위해서다.[17]

웨슬리에게 있어 금식과 기도는 밀접한 관련을 가지고 있다. 하지만 웨슬리는 지나치고 극단적인 금욕을 경계했으며 건강을 해칠 정도의 금식은 권하지 않았다. 초대 교회의 관습을 중요하게 여겨서, 절반 금식half-fasts, 매주 수요일과 금요일 오후 3시까지 하는 것을 좋게 여겼으며, 완전 금식이 아니라 절식, 좋은 음식을 금하는 것도 넓은 의

---

16 한국웨슬리학회 편, 『웨슬리설교전집 2』, 199.
17 같은 책, 203-6.

미에서 금식에 포함된다고 보았다.[18] 웨슬리는 본인이 직접 이러한 금식을 실천했다. 그는 신성클럽 시절부터, 매주 수요일과 금요일에 금식을 했고, 절식을 했는데 이를 평생 동안 실천했다.

웨슬리에게 있어서 금식의 목적은 '육체의 고행'이 아니었다. 즉 육체의 절제를 통해서 건강한 정신과 몸으로써 하나님을 잘 섬기기 위한다는 점에서 금식에서 중요한 요소를 발견하려고 했다.[19]

웨슬리에게 있어서 금식은 어떠한 공로로 여겨져서는 안 되며, 은혜의 수단에서 그 자체를 중요하게 여기거나 절대시 하면 안 된다고 경고하면서 자신을 낮추며 자신에게 있는 온갖 하나님으로부터 멀어지게 하는 정욕들을 물리치며, 하나님의 형상을 회복하기 위한 수단이었다. 웨슬리의 이러한 강조에 따라 초기 감리교회는 금식을 행했다. 신도반에서는 1년에 네 번, 9월, 1월, 4월 그리고 7월에 금식일을 정해서 시행했다.

④ 성례전

웨슬리는 세례와 성찬을 성례전으로 보았는데, 이는 성서가 인정하고 그리스도가 친히 그것을 명하시고 제정하셨다고 생각했다.[20] 웨슬리는 성례전을 '내적인 은혜의 외적인 표적an outward sign of an inward grace'이라고 정의했다.[21]

---

18 이후정, 『성화의 길』, 113.
19 웨슬리에게 있어서 금식은 하나님께 더욱더 집중하기 위한 중요한 수단이었다. 인간의 온갖 욕망과 욕구에 대한 집착으로부터 벗어나 오직 하나님께 집중해서 하나님의 형상을 이루기 위한 도구인 것이다. 웨슬리는 금식이 단순히 인간이 만들어낸 수단이 아니라, 하나님께서 이미 초대 교회로부터, 사도들로부터 직접 정하시고 명령하신 사실이라고 보고 있다. 같은 책, 114.
20 김진두, 『웨슬리의 실천신학』, 151.
21 한국웨슬리신학회, 『웨슬리와 감리교신학』, 366.

성찬

18세기 성찬은 영국 교회에서 그리 자주 실행되지 않았다. 영국 교회에서 관행은 시골교회에서는 분기마다 한번 성찬을 시행했고, 도시지역에서는 매달 한 번씩 시행했다.[22] 이러한 상황 하에서 웨슬리의 감리교 형제들이 최초로 집행한 '감리교 성찬'은 병자들을 위해서 집에서 행한 성찬이었으며, 이때부터 웨슬리는 점차 성찬을 집행하게 되었다.

존 웨슬리는 영국 국교회의 영향을 많이 받아 성례전을 중시했다. 특히 웨슬리의 부친은 고교회의 성례전주의자였는데, 그가 집필한 『바르게 준비된 성찬The Pious Communion Rightly Prepared』이라는 책은 웨슬리에게 많은 영향을 주었다.[23]

존 웨슬리에게 많은 영향을 주었던 수재너의 청교도적 영성 훈련과 영성 역시 웨슬리의 성찬 신학에 영향을 주었다. 특히 그의 어머니 수재너는 성찬에서의 그리스도의 실재적 임재의 신앙을 가르쳐 주었다.[24] 이러한 영향을 받은 웨슬리는 성찬에 많은 관심을 기울이며 또 실천하게 됐다.

존 웨슬리의 성찬 신학은 그의 찬송집의 서문에 잘 나타나 있다. 첫째로 성찬은 그리스도의 고난과 죽으심을 기념하는 것이다. 성찬의 거룩한 행사에서 그리스도의 고난과 십자가에서 죽으심이 언제나 현재적으로 기념된다. 둘째로 성찬은 그리스도가 실제로 임재하는 사건이다. 성찬은 단순히 기념이나 상징이 아니다. 바르게 행해지고 수찬자가 참 믿음으로 받을 때에 그리스도가 실제로 임재하고 현존한다. 셋째로 성찬은 실제적 은총의 방편이다. 성찬은 믿음을 강하게 할 뿐

---

22 헨리 랙, 『존 웨슬리와 감리교 부흥』, 김진두 옮김(서울: 감리교신학대학교 출판부, 2001), 459.
23 김진두, 『웨슬리의 실천신학』, 166.
24 같은 곳.

아니라 회심하게 하고 중생하게 하는 복음적인 성례다. 넷째로 성찬은 희생제사다. 이는 가톨릭에서 말하는 그리스도의 수난의 재현이 아니라 유일의 골고다 위의 그리스도의 희생 사건의 영원한 현재를 경험하는 의미에서 성찬이 희생제사가 된다는 것이다. 다섯째, 성찬은 천국의 축복을 미리 맛보는 종말론적 잔치다. 감리교 성찬은 그리스도의 식탁에 둘러앉은 성도들의 기쁨에 찬 교제였고, 성찬 예배에 찬송을 결합시켜 성찬적 교제와 기쁨을 회복했다. 웨슬리는 참다운 교회는 성례전이 정당하게 행해지는 교회에서 찾으려고 했고, 성찬은 그의 교회론의 중심이었다.[25]

1730년 웨슬리는 '지속적 성찬식의 의무the duty of constant communion' 라는 설교에서 성찬의 중요성을 더욱더 강조한다.

나는 가능한 한 자주 주의 만찬을 받는 것이 모든 그리스도인의 의무라는 것을 보여주고 싶다. 그것이 그리스도인의 의무인 첫째 이유는, 그것이 그리스도의 명백한 명령이기 때문이다……모든 그리스도인이 이것을 가능한 자주 해야 하는 둘째 이유는, 성찬식을 받는 이익이, 마음속에서, 하나님께 순종하는 모든 사람에게, 매우 크기 때문이다……우리는 육이 떡과 포도주에 의해 강해지는 것처럼, 우리의 영도 그리스도의 몸과 피의 표징token에 의해 강해진다. 이것이 우리의 영의 양식이다. 이것은 우리가 의무를 수행하는 힘을 주고, 우리로 성화에 이르게 한다. 그러므로 우리가 그리스도의 명백한 명령을 소중하게 여긴다면, 우리 죄의 용서를 갈망한다면, 하나님을 믿고 사랑하고 순종하는 힘을 소망한다면, 그 때 우리는 주의 만찬을 받는 기회를 소홀히 해서는 안 될 것이다……이것을 받으려는 사람들이, 시간이 허락하는 한, 자기 성찰이나 기도로써 이 신성한 성찬식을 준비하

---

25 한국웨슬리신학회 편, 『웨슬리와 감리교신학』, 156-59.

는 것이 매우 중요하다. 그러나 이것이 반드시 필요한 것은 아니다. 만약 준비할 시간이 없다면, 절대적으로 필수적인 것, 그러니까 어떤 경우에도 꼭 없어서는 안 될 습관적 준비가 있다는 점을 알아야 한다. 이것은 첫째, 하나님의 모든 계율을 지키겠다는 완전한 마음의 의지 다. 둘째, 하나님의 모든 약속을 받아들이겠다는 진실한 열망이다.[26]

존 웨슬리에게 있어 성찬은 은혜의 수단이었다. 웨슬리는 성찬의 유용성과 한계성에 대해, 즉 성찬은 하나님의 은총을 향한 중요한 수단이 되기 때문에 반드시 행해져야 하는 것과 동시에 이는 단지 수단일 뿐이기 때문에 그 자체가 절대시 되어서는 안 된다는 것이다. 즉 목적은 분명히 하나님의 은총이지 성찬 자체에 있는 것이 아니라는 것이다. 웨슬리는 그의 설교에서 다음과 같이 말하고 있다.

　만일 외적인 수단이 하나님의 영과 분리된다면 그것이 무엇이든지 유익할 수 없고, 하나님의 지식이나 사랑으로 조금도 이끌 수 없다.……그러므로 어떤 의미로든지 수단 자체 내에 능력이 있다고 생각하는 것은 큰 잘못이다.[27]

성찬은 하나님이 제정하시고 명하신 주의 만찬으로 외적인 표적을 통해서 내적인 은혜를 나타내는 성례전으로서 믿음을 가지고 참여하는 신도들로 하여금 예방하게 하며preventing, 의롭게 하며justifying, 성화하는sanctifying 은혜의 방편이라는 것이다.[28] 여기에서 중요한 것은 성찬을 받는 이들의 믿음이다. 성찬으로 인해 신자는 그리스도와 더욱더

---

26 한국웨슬리학회 편, 『웨슬리설교전집 6』, 342-44.
27 하워드 스나이더, 『혁신적 교회갱신과 웨슬레』, 129에서 재인용.
28 한국웨슬리신학회 편, 『웨슬리와 감리교신학』, 372.

친밀한 교제를 나누게 되고 신자의 신앙을 성장시키게 되는 것이다.

존 웨슬리의 이러한 성찬에 대한 강조는 그의 일생동안 이어졌고, 1738년 그의 회심 후에 성찬에 대한 경건은 오히려 더 강조되었다. 회심 후 웨슬리에게 성찬은 더 깊은 의미를 갖게 되었다. 성찬은 웨슬리에게 의식ritualistic 중심에서 복음적으로 바뀌게 되었다. 즉 그 안에 담겨진, 하나님과의 영적 생명을 위한 수단으로 그 의미가 약간 달라졌다.

회심 전의 웨슬리는 수찬자의 자격을 엄격하게 규정했다.[29] 하지만 회심 후에는 성찬의 초점이 의식 중심에서 복음과 성찬에 참여하는 사람의 믿음으로 그 중요성이 바뀌면서 그 수찬자의 자격도 다르게 생각했다. 즉 웨슬리는 믿음을 가지고 받기를 원하는 모든 사람들에게 성찬을 허락했다. 수찬자의 자격을 그리스도의 은혜를 거부하지 않고 원하는 모든 사람에게로 그 대상과 규제를 완화했다. 웨슬리에게 있어 성찬에서 중요한 것은 바로 내적 믿음이었기 때문이었다.

초기의 감리교와 웨슬리는 성찬에 있어 그 의미가 이와 같이 매우 중요했고 예배에 있어서도 중요한 위치를 차지했다. 그리고 웨슬리는 성찬이 하나님의 은혜를 체험하고 그 앞으로 나아가는 중요한 수단임을 강조했다.

세례

존 웨슬리는 세례를 그리스도가 제정한 은혜의 수단으로 보았다. 그러나 웨슬리가 은혜의 주요 수단에 대해 논의할 때 세례에 관해 충

---

29 웨슬리는 처음에 영국 국교회의 규정에 따라 성만찬을 집행했다. 그 내용을 보면, 첫째, 영국 국교회 성직자에게 세례를 받지 않은 사람에게는 성찬을 주지 않는다. 둘째, 성찬을 받기 원하는 자는 미리 예고해야 한다. 셋째, 한 번 성찬에 적합하지 않은 자로 인정된 후로는 회개, 고행, 금식, 고백, 기도회 출석 등을 통하여 훈련받은 후에 성찬을 받게 한다. 그리고 이런 훈련의 증거가 없으면 성찬을 거절한다.

분히 언급하지 않았을지라도 세례를 은혜의 강력한 수단으로 생각했음은 분명하다. 웨슬리가 은혜의 수단에서 세례에 대한 언급을 충분히 하지 않은 이유는, 다른 은혜의 수단과는 달리 세례는 단 한 번의 사건이므로, 계속 반복해서 행해야 할 대상이 아니었기 때문이다.[30] 하지만 신자는 세례를 통해서 하나님이 값없이 주시는 은혜를 받아 칭의에 이르며, 신생을 체험하게 된다. 세례는 신앙생활에서 출발의 의미를 가지고 있다.

존 웨슬리는 1756년에 출판한 『세례에 관한 논문A Treatise on Baptism』에서 신자들이 세례를 통하여 원죄의 죄책이 씻겨서 하나님의 자녀가 된다고 하였다. 즉 이는 '세례에 의한 중생'을 긍정적으로 수용한 것으로 보인다. 즉 세례를 통해서 그리스도의 복종의 은총으로 우리가 중생된다고 웨슬리는 생각한 것이다. 웨슬리는 『세례에 대한 논문』에서 세례의 유익을 다음과 같이 설명하고 있다.

첫째, 세례에 의해 얻는 첫 혜택은 그리스도의 죽음의 공로로 원죄가 지니는 죄책이 씻기는 것이다. 인류는 아담의 죄와 형벌을 면할 수 없었지만 예수 그리스도의 대속적 죽음과 복종으로 말미암아 하늘의 씻음을 받고 의와 구원에 이르게 되었다. 둘째, 세례로 인해 하나님과 언약에 들어가는 것이다. 세례는 하나님께서 영적 이스라엘인 교회에 약속한 새 언약을 맺는 것이며, 이 언약으로 말미암아 하나님은 신도들에게 새로운 마음과 영을 주어 그들의 죄와 허물을 다시는 기억하지 않는다는 것을 표상하는 것이다. 셋째, 세례는 그리스도를 머리로 하는 교회의 일원으로 입교하는 것이다. 수세자는 그리스도와 연합하여 한 몸을 이루어 주께서 분부하신 사명을 실천할 의무를 지닌다. 넷째, 세례는 분노의 자녀였던 우리들이 하나님의 자녀가 되는 것이다. 세례를 받음으로 하나님의 양자가 되는 것이다. 다섯째, 세례는 우리들

---

30 한국웨슬리신학회 편, 『웨슬리와 감리교신학』, 381.

이 천국의 상속자가 되는 것이다. 우리가 하나님의 자녀가 되었음으로 천국을 상속할 특권을 갖게 되는 것이다.[31]

웨슬리는 세례에 있어 역시 신자의 내적 믿음이 중요함을 언급한다. 성찬에서도 외적 형식도 중요하지만 그보다 중요한 것이 성찬에 임하는 신자의 믿음이라고 하였다. 이와 같이 세례에서도 중요한 것은 '성령의 씻음'이며, 여기에서 물의 세례는 하나의 방편일 뿐이다. 세례에서 중요한 것은 바로 신자의 믿음이다. 신자의 신앙이 필수적으로 필요하다는 것이다.

세례의 방법에 있어서도 웨슬리는 어떤 특정한 형식이나 방법을 제시하지 않았다. 즉 침례와 물 뿌림, 물 부음의 여러 형태에 대해서 교회마다 다르게 사용되고 있고 어떤 특정한 방식이 성서적이라고 주장할 수 없다고 언급했다.

웨슬리는 세례를 그리스도가 제정하신 은혜의 수단으로 보았고, 이 또한 은혜의 수단이므로 세례 자체가 절대시 되어서는 안 된다는 보았지만, 세례는 분명히 하나님의 은혜 안에 들어가게 하는 중요한 통로라고 생각했다. 그러므로 비록 세례가 구원에 있어서 절대적인 필요성이 있는 것은 아니지만 중요한 수단임을 웨슬리는 분명히 언급하고 있다.

3) 상황적 은혜의 수단

존 웨슬리는 신자들의 거룩한 삶과 신앙 성장을 돕기 위하여 경건 훈련을 실천했고, 경건 훈련을 실시하기 위한 수단으로써 소그룹 조직을 활용했다. 웨슬리는 신자들의 경건 훈련을 위해 다양한 소그룹을 만들어 사용했지만 그 조직은 웨슬리가 새롭게 고안해낸 것은 아니

---

31 같은 책, 383-84.

다. 웨슬리는 당시 활동하던 여러 소그룹에 참여하여 경험했던 것들을 바탕으로 자신이 종합하여 경건 훈련을 위해 적용한 것이다.

상황적 은혜의 수단으로는 선행을 실천하는 것과 악행을 피하는 것, 속회와 밴드모임에 출석하는 것, 경건한 삶을 위한 규칙과 행위, 병자를 방문하는 것, 모든 경건과 성화에 관한 고전을 읽는 것 등이 여기에 포함된다. 이것은 시대마다 사회마다 다르게 나타나는 은혜의 수단이다.

상황적 은혜의 수단은 사회적 영향력을 행사하는 중요한 도구가 될 수 있다. 상황적 은혜의 수단은 성화되어 가는 개인에게 사회적 영향력을 행사하도록 한다. 초기 속회는 가난한 사람들을 위한 병원, 약국, 학교, 오갈 데 없는 사람들을 위한 숙식제공 시설 등을 세워 갔다. 이처럼 상황적 은혜의 수단들을 통해 영적 지도를 하는 것은 사회적 성화를 이루도록 하는 데에 중요한 것이었다. 웨슬리는 사회적 성결을 영적 지도를 통해 이뤄나갔다.

웨슬리가 상황적 은혜의 수단에서 중요시할 수밖에 없었던 것이 평신도의 양육이었다. 웨슬리의 관심은 성서적 그리스도인, 즉 거룩한 그리스도인을 양육하는 데 있었다. 웨슬리의 설교를 통해 회심한 사람들은 돌봄의 필요를 느끼게 됐고, 그들을 돌볼 목회자는 부족했다. 그래서 웨슬리는 자신의 목회적 역할을 대신할 수 있는 평신도 지도자를 찾아 그들을 양육하게 된다. 사실 웨슬리의 설교를 통해 회심을 경험한 사람들은 대략 25%에 불과했다. 나머지 75%의 회심은 양육이 이루어지는 소그룹에서 일어났는데, 그것도 대략 2-3년이라는 양육의 기간이 필요했다.[32]

감리교 운동에서 많은 이들에게는 계속적인 영적 양육이 필요했다. 조지 횟필드도 대중적인 집회와 많은 사람들을 모이게 하는 설교를 했

---

32 테오도어 러너, 『새로운 창조』, 161.

으나, 그는 설교 이후 그들을 관리하고 양육하는 구조적인 시스템에 소홀했다. 그 결과 노력의 열매가 별로 맺히지 못했다.

이러한 경험은 웨슬리도 마찬가지였다. 웨슬리도 설교에만 주력했다가 비참한 결과를 맺게 된다.[33] 이로서 경험적으로 웨슬리는 신자들의 계속적인 양육과 이를 위한 구조적인 제도가 마련되어야 하는 필요성을 인식했다. 그래서 웨슬리는 신자 간의 서로 양육하며, 돌보고, 문제들을 직고할 수 있는 제도적인 조직체들을 만들게 된다. 이러한 조직들은 신자들의 성화의 훈련을 담당하게 되는 중요한 은혜의 수단인 것이다. 특별히 이러한 대화 모임과 집회를 조직하는 방법을 '은혜의 사려 깊은, 신중한 수단prudential means of grace'이라고 불렀다.[34]

초기 감리교회 조직은 각 지역의 '신도회'들이 '연합신도회'로 결속되어 있었고, 각 신도회 안에는 모든 회원이 '속회'나 '반회'에 소속되었으며, 그 중에 소수가 '선발신도회' 또는 '참회자반'에 선별 소속되었다.

① 신도회Society

신도회란 명칭은 이미 17세기부터 있었고 감리교에서 처음 사용한 단어는 아니었다. 존 웨슬리의 아버지 새뮤얼 웨슬리도 이러한 신도회 중의 한 그룹의 설교 초청을 받기도 했고, 새뮤얼 웨슬리는 1701년 그 자신 스스로가 신도회를 엡워스에서 창립하기도 했다.

존 웨슬리가 1738년 5월 성령체험을 한 후 야외설교를 통해 전도운동이 퍼져나가기 시작했다. 많은 사람들이 회심하기 시작했고, 이들은 각자 자신의 지역에 신도회를 조직하기 시작했다. 최초의 신도회

---

33 같은 책, 162.
34 이후정, 『성화의 길』, 117.

는 브리스틀에서 시작됐다.

　1739년 여름, 웨슬리는 브리스틀의 호스페어Horsefair 지역의 토지
를 일부 매입했다. 그리고 그곳에 '뉴룸'을 처음으로 설립하였다. 이
것은 휫필드의 설교를 통해 회심했거나 강한 감화를 받은 사람들뿐만
아니라 니콜라스와 볼드윈 거리에 있는 신도회원들을 위해 웨슬리가
건립하였다. 그것은 1739년 7월 11일이었다. 웨슬리와 휫필드가 참석
한 가운데 최초의 감리교 신도회가 탄생한 것이다.[35]

　신도회는 브리스틀과 런던, 킹스우드, 뉴캐슬을 중심으로 그 수가
증가하면서 부흥하였다. 또한 스코틀랜드와 아일랜드까지 번져 나갔
으며, 웨슬리는 신도회 조직의 유익을 깊이 느낄수록 신도회를 강화
하고 철저히 돌보게 되었다.[36]
　웨슬리는 신도회의 설립 목적을 다음과 같이 말하고 있는데, 구원
의 성화를 이루어가는 성숙한 영성을 위한 양육과 훈련이 바로 신도회
의 설립 목적임을 알 수 있다.

　규칙적으로 함께 모여서 함께 경건의 능력을 추구하는 사람들이 사
귐으로써 함께 기도하며, 함께 권고의 말씀을 받으며, 사랑 안에서 서
로를 지키고 돌보아 주어, 서로의 구원을 함께 이루어가기 위해……[37]

　신도회를 통해 많은 결실을 얻었고, 서로 간의 신앙의 권면과 성숙
을 위해 많은 역할을 했지만, 성장함에 따라서 소그룹의 특징을 잃어

---

35 배리 테브러햄, 『감리교회 형성사』, 김희중 옮김(서울: 도서출판 감신, 1998), 155.
36 김진두, 『웨슬리의 실천신학』, 254.
37 같은 책, 255.

버리기 시작했다. 신도회 회원이 된 자들 중에도 다시 죄 속에 빠져 들어간 사람들도 있었다. 이러한 문제점의 해결과 필요성에 따라 웨슬리는 더 작은 속회와 반회를 만들었다.

② 속회Class Meeting

속회는 우연한 계기로 인해서 생기게 되었다. 웨슬리는 반회에서 모이는 소수의 사람들 외에 일주일에 한 번 밖에 모이지 못하는 신도회 회원들의 영적 양육을 위해 구입한 브리스틀의 새 회당의 빚에 대해 논의하던 중 은퇴한 선장 포이Captain Foy라는 사람이 빚의 청산을 위해 신도회 회원들이 매주 1페니의 기부금을 내자는 제의에 의해 시작된 것이다. 매주 이 기부금을 모으기 위해서 신도회를 10-12명의 속으로 나누고 속장Class Leader을 임명하였다.[38]

그러나 이 일은 지도자들이 단순히 헌금을 모으는 것 외에 이 보다 더 중요한 일을 하게 되었다. 곧 그들이 각 회원을 방문하여 만나게 되고 그들의 사정을 알게 되고 돌보게 되었고, 특히 그들의 영적 형편을 조사해서 웨슬리에게 보고하게 되었다. 때로는 회원들의 나쁜 행실과 잘못된 모습에 대해 웨슬리에게 보고하게 되었고, 웨슬리는 이러한 결과 신도회보다 더 세심하게 회원들을 지도할 수 있는 장치가 필요함을 인지하게 되었다. 이것이 바로 속회의 기원이며, 이 지도자를 속장으로 부르게 되었다.

이러한 속회원들의 모임 속에서 생각지도 못한 놀라운 일들이 나타나기 시작했다. 즉 그들은 성서에서 이야기하는 '그리스도인의 친교'를 체험하고 '서로의 짐을 나누어지는' 또한 '서로를 돌보는' 모습이

---

38 배리 테브러햄, 『감리교회 형성사』, 156.

나타나기 시작했다.[39]

웨슬리는 속회를 성서적 근거를 가진 상황적 은혜의 수단이라고 강조하고 그 유익을 이렇게 말했다.

> 그들은 한두 시간 동안 이와 같은 사랑의 수고를 마친 뒤 기도와 감사로 모임을 끝맺었습니다. 회원들은 이전에는 생각지도 못했던 그리스도인의 교제의 달콤함을 행복하게 경험하고 있습니다. 그들은 서로의 짐을 나눠지고 또한 스스로 기쁜 맘으로 서로를 돌보는 일을 합니다. 그들은 모일 때마다 서로를 친밀히 사귀고 더 따뜻한 애정을 나누고 있습니다. 그들은 사랑 안에서 진리를 대화하면서 모든 생활에서 우리의 머리이신 그리스도를 닮아 성장하고 있습니다.[40]

속회는 수천수만의 신도들을 소그룹으로 묶어 돌보고 양육하며 훈련시키는 가장 보편적이고 기본적인 방편이 되었다. 또한 속회는 복음전도의 기능으로도 발전되었다. 수많은 사람들이 속회를 통해서 회심을 체험했고 신앙의 부흥을 경험하였다. 속회는 영국과 미국에서 적어도 20세기 초까지 교회를 갱신하고 사회와 민족을 개혁하면서 위대한 영향력을 끼쳤고, 감리교회의 영성생활을 지속하고 발전시키는 핵심 기구였다.[41]

③ 반회Band

속회가 주로 개인의 간증과 권면의 말씀과 찬송과 기도로 이루어진

---

39 김외식, 『현대교회와 영성목회』 (서울: 감리교신학대학교 출판부, 2002), 185.
40 김진두, 『웨슬리의 실천신학』, 171.
41 같은 책, 171-72.

성도의 교제와 교육 중심의 신앙 훈련 모임disciplinary cell이라면, 반회는 내면에 대한 철저한 성찰과 죄의 상호고백과 영혼에 대한 상호 엄격한 감독을 통한 신앙고백적 영성 훈련 모임confessional group으로 운영되었다.[42]

속회에서는 일반적으로 모든 신도들이 자기의 일주일의 영적 생활의 경험을 요약하여 형제들 앞에 간증하는 형태였으므로, 영혼의 심층적 체험과 철저한 고백은 이루어지지 않았다. 속회원들 중에 자신의 영혼의 내적인 완전 성결inward holiness과 외적인 완전 성결outward holiness을 갈망하는 사람들을 위해서 보다 더 친밀한 영적 고백을 위한 연합의 수단이 필요했다. 이리하여 그리스도인의 완전을 전심으로 추구하는 신도들의 모임으로 반회가 시작되었다.[43]

반회는 상호 고백의 훈련을 통해서 서로의 영혼을 철저히 감독하는 돌봄과 영적 교제를 위해서 만들어진 기구다. 반회는 5–10명 정도로 구성되고, 나이와 성별 그리고 기혼자와 미혼자로 구분되어[44] 상호 고백이 가능한 성격의 모임으로 만들어졌다. 그들은 매주 수요일 저녁에 반장의 인도 하에 모였다. 이와 같이 반회의 핵심은 고백적 영성 훈련이었다. 반회의 목적은 "서로를 책임질 수 있는 제자직accountable discipleship"의 훈련을 통한 그리스도인의 완전의 추구였다.[45]

④ 선발신도회Select Society

존 웨슬리는 반회보다 더 제한된 모임인 선발신도회를 만들었다. 이 모임은 '그리스도인의 완전'의 교리가 감리교인들에게 확실히 증명

---

42 같은 책, 177.
43 같은 곳.
44 김외식, 『현대교회와 영성목회』, 187.
45 김진두, 『웨슬리의 실천신학』, 178-79.

되는 경험을 하는 목적으로 운영되었다. 이 모임의 회원은 신도회원 중에서도 하나님의 빛 가운데 살고 진실한 믿음 안에 온전한 순종의 증거를 보이는 자들이었다. '하나님의 빛 가운데 산다'는 것은 곧 완전을 의미하는 것으로 판단된다.

또한 이 모임의 목적은 "완전으로 정진하는 방법을 가르치고, 그들이 모든 은사를 발휘하여 서로를 더욱 사랑하고 더욱더 세심하게 감독하고 돌보게 할 뿐 아니라, 어떤 경우에도 숨김없이 고백할 수 있고 모든 형제들에게 사랑과 성결과 선행의 본이 되도록 만드는 것"이라고 설명한다. 이 모임은 그리스도인의 완전 성화에 가장 가까이 도달한 신도들의 '선별 모임'과 같은 것이었다.[46]

웨슬리는 선발신도회를 '위대한 구원', 즉 완전을 공유하는 자들의 모임으로, 신도회는 그것을 열망하며 추구하는 자들의 모임으로 분명히 구분하였다. 그래서 선발신도회는 자신들만의 특별한 회원표를 사용하였다. 이 모임은 1744년부터 시작하여 매주 월요일에 모였다. 여기는 어떤 지도자도 임명되지 않았다. 그리고 이 모임에는 특별히 따로 마련한 규칙이 없었다. 웨슬리는 "그들의 마음속에 가장 훌륭한 규칙을 이미 갖고 있기 때문에 다른 규칙이 필요 없다"고 말했다.[47]

⑤ 참회자반Penitents

존 웨슬리는 시간이 지남에 따라 신도회 안에서 처음에는 은혜 안에서 믿음의 증거를 나타내다가 서서히 유혹에 빠져 태만해지고 범죄 하는 낙심자 또는 낙오자들을 발견했다. 웨슬리는 이들이 믿음에 파선

---

46 같은 책, 183.
47 같은 책, 183-84.

을 일으킨 자들이기 때문에 '참회자들'로 따로 모인다고 설명했다. 그는 이들이 진정으로 참회하고, 다시 주께로 돌아오도록 하기 위해 매주일 저녁에 따로 신앙 훈련을 시켰다. 웨슬리는 그들이 회개하고 돌아와 훨씬 더 강한 믿음을 갖고 전보다 더욱 조심하고 온유하고 겸손하게 되는 것을 보았다고 했다.

2. 존 웨슬리 구원론의 교육적 적용

존 웨슬리는 자신의 전 생애에 걸쳐 그리스도인의 완전을 지향하며, 영적 성장을 위해 모든 방법을 추구하였고 그 방법들을 '은혜의 수단'이라고 불렀다. 웨슬리는 은혜의 수단을 사용하는 '순서order'와 '방법manner'에 대하여 실천적이고 방법론적인 제안을 그의 설교 '은혜의 수단'에서 하고 있는데, 어떤 죄인이 구원의 소원을 품게 될 때 그를 인도하여 은혜의 수단을 통해 지도하는 순서는 다음과 같다.

하나님의 섭리와 성령의 인도 속에서 먼저 하나님의 말씀을 듣게 되면, 말씀을 들음으로 죄의 의식이 깨어나게 된다. 그러면 말씀을 들을 뿐만 아니라 성서를 읽거나 진지하게 다른 영성 서적들을 읽고 싶어지게 된다. 말씀과 내용들을 깊이 묵상하게 될 때에 그 마음에 충분히 구원의 길이 진행되게 된다. 그 후 그는 자신의 깨달음을 같은 길을 걷고 있는 사람들에게 토로하고 그의 영혼을 하나님 앞에 쏟아 놓는 기도로 나아가며 주님의 집으로 향하여 더욱 하나님께 기도하도록 인도를 받는다. 이를 통해 그의 마음은 성령의 움직이심을 통해 더욱 영적으로 진보하게 된다. 웨슬리는 이처럼 "하나님께서 제정하신 모든 수단을 통해 한 단계 한 단계 그(죄인)를 인도하는 데"에서 "우리 자신의 뜻에 따라서가 아니라 하나님의 섭리와 영이 앞서 가시며 길을 여시는

대로" 행해야 한다고 제안한다.[48]

물론 웨슬리는 특정한 한 순서가 절대적인 정도라고 보지는 않는다. 어느 누구도 하나님께서 은혜로써 인간을 만나고 구원을 주시는 길을 알 수 없기 때문에, 우리는 '확실하고 일반적인 규칙'으로서 하나님께서 정하신 모든 수단을 사용해야 한다는 것이다. 이로 볼 때 웨슬리가 은혜의 수단을 영성 지도의 방편으로 제시하고 있음을 발견하게 된다.

은혜의 수단을 사용하는 '방법'에 대해서는, 먼저 수단은 단지 수단일 뿐 그 이상은 아니며, 그 수단이 가리키는바 하나님의 나타나심과 은혜를 구하는 것이 본질이라는 것이다. 능력은 오직 하나님의 영으로부터 오며, 우리가 신뢰할 것은 그 수단이 아니라 은혜를 주시는 주체이신 하나님으로, 하나님을 신뢰하고 바라보지 못하면 그 은혜의 수단은 아무 소용이 없는 것이다.

그럼에도 불구하고 이런 외적 수단을 사용해야 하는 이유에 대해 러년의 주장처럼, 웨슬리는 유한한 인간의 한계와 보이는 세계의 가치 및 의의를 '성례전적으로' 파악했다고 할 수 있다. 즉 웨슬리는 보이지 않는 영원하고 무한한 실재이신 하나님께서 이 보이는 유한한 세계를 창조하셨고, 그 속에, 그것을 통하여 내주하시며 임재하신다고 본 것이다. 따라서 우리가 하나님을 만나는 길은 단순히 이 창조세계 밖의 불가시적 세계로 초월하는 신비적 초탈에 있는 것이 아니라 '그 안에서, 그것을 통하여' 하나님의 현존을 접하고 체험하는 데 있다. 예수 그리스도의 성육신은 이러한 창조의 긍정에 대한 모형이 될 수 있다. 이것이 바로 보이는 은혜의 수단과 통로가 바로 그 상징이요 표시가 되는 이유다.[49]

---

48 이후정, 『성화의 길』, 103.
49 테오도어 러년, 『새로운 창조』, 155.

웨슬리는 이러한 은혜의 수단을 잘 활용하였다. 그러나 오늘날 이러한 은혜의 수단이 잘 활용되지 못하고 그 의미가 변했거나 형식적인 수단으로 전락해 무감각하게 진행되거나 중요성이 많이 쇠퇴해진 것을 볼 수 있다. 오늘날 개인의 내면적 영성에 관해 무관심해졌고, 웨슬리 시대의 철저한 자기성찰과 훈련과 영성수련의 측면에서 제도적 수단에 대한 활용도 많이 약해진 것을 보게 된다.

은혜의 수단이 웨슬리가 주장하는 거룩한 마음과 거룩한 삶, 성화의 중심이라고 본 매덕스는 은혜의 수단을 하나님께서 당신의 은혜로운 변형의 능력을 전달하는 일상적인 통로로 사용한다고 이해했다.

그런데 매덕스는 웨슬리가 그토록 관심과 노력을 기울였음에도 오늘날 은혜의 수단이 왜 그 가치를 인정받지 못할까에 대해 다음과 같이 지적했다. 초기 감리교 운동이 거룩함을 이루기 위해 추천된 은혜의 수단이 지성적인 면으로 발전하면서, 은혜의 수단은 회개와 정화를 위하여 도전받는 모임에 출석하는 것뿐이었다는 것이다. 또한 계속해서 영적으로 성장하기 위해 성서 읽기, 기도, 경건 문학, 간증 등 보편적인 은혜의 수단을 사용할 때 지성적인 차원에서 이 수단들을 실천하게 되었다는 것이다. 또한 심지어 경건한 연습을 통해 경건한 습관을 만들어가는 성화의 과정에서 가장 필요한 영성수련, 즉 은혜의 수단을 사용하여 어떻게 수련해야 할 지 등을 강조하기보다는 거룩한 습관을 형성하는 것은 마치 인간의 의무에 있는 것처럼 인간의 의무에 강조점을 두게 되었다고 지적했다. 주목할 것은 그들은 은혜의 수단을 사용하는 것을 주로 '의무'의 문제로 몰아가는 경향이 있었다며 사람들이 이러한 의무 개념을 좋아하지 않기 때문에 은혜의 수단을 사용하지 않게 되었다고 매덕스는 주장했다.[50]

그러나 웨슬리가 인간 구원을 위한 중요한 방편으로 생각한 은혜의

---

50 권희순, 『웨슬리의 영성수련 프로그램』, 66-67.

수단이 오늘날 형식화되고 의무의 문제가 되어 버림으로써 제 역할을 다하지 못하는 상황이라 할지라도, 은혜의 수단이 본래 가지고 있었고 보여 준 엄청난 영향력을 다시금 회복하고 이 시대에 맞게 재해석해서 적용할 수 있도록 그 방안을 모색해야 할 것이다.

1) 개인 차원의 적용

존 웨슬리는 그의 설교 '은혜의 수단'에서 기도를 우선적으로 다루고, 그 다음으로 성서 연구와 주의 성찬 참여를 다루고 있다. 웨슬리는 우리가 하나님으로부터 어떤 선물을 받으려고 생각한다면 이러한 수단을 사용하는 것이 절대적으로 필요하다고 강조했다.

웨슬리의 목회에 있어서도 개인적 차원에서 기도, 묵상, 자아 성찰, 성서연구, 그리고 성찬 참예를 실천하도록 하였고, 그 외에 금식과 같이 개인적 차원에서 실천할 수 있는 것들을 연합신도회 총칙the general rules of the united societies이나 반회 지침directions of the band 속에 포함시켜서 철저하게 교인들을 훈련시켰음을 볼 수 있다. 그리고 이러한 개인적 차원의 영성 목회는 개인으로 하여금 자기를 부인하고 죄와 세상에 대하여 죽고 그 속에 그리스도가 현존하는 삶을 통하여 하나님과 이웃을 향하여 열려진, 사랑의 관계를 맺도록 지향했음을 알 수 있다.[51]

① 기도

일반적으로 기도의 유형은 크게 둘로 나눌 수 있는데, 기도서에 나타난 기도문 등을 사용하는 예전 기도the liturgical prayer와 성령의 인도

---

51 김외식, 『현대교회와 영성목회』, 170-71.

에 따라서 자유롭게 하는 즉흥 기도the extemporary prayer가 있다. 웨슬리는 이 양자를 다 좋아했고 자신이 친히 만든 예전 기도문을 가지고 있었다. 웨슬리는 또한 개인적인 은밀 기도를 또한 중시하였다.[52]

웨슬리에게 있어 기도는 하나님과의 교제이며, 신자를 믿음과 사랑 안에서 성장하게 하는 수단이고, 하나님의 은사를 받게 하는 은혜의 수단이었다. 그리고 기도는 하나님과의 관계를 형성하므로 영성을 형성하는 데 반드시 선행되어야 할 중요한 은혜의 수단이었다. 웨슬리의 기도의 목적은 궁극적으로 성화를 이루는 수단이었으며, 기도는 우리의 신앙과 사랑을 증진시켜 주고, 하나님과 더욱 깊은 교제를 갖게 하며, 영적 성장에로 초대한다고 보았다.[53]

1733년 출판한 『기도 형식의 모음』에서 보면 웨슬리가 생각한 기도의 모범들에 대해서 볼 수 있다. 이 글의 서언에서 기도의 네 가지 요소를 보여 주고 있는데, 간구, 탄원 또는 고백, 중보, 감사와 찬양이 바로 그것이다. '간구'는 신자가 해야 할 일상의 기도를 말한다. 즉 자신의 부족과 연약함과 죄악을 발견하고 언제나 하나님께 도움과 능력과 지혜를 간구해야 하는 것이다. 이는 쉬지 말고 기도하는 신자의 '은혜 안에 성장하는 필수적인 방편'인 것이다.

웨슬리는 또한 감리교 공동체 안에서 고백의 기도와 중보의 기도를 강조했다. 공동체 안에서의 고백은 직접 하나님께 대한 고백이 되는 것이다. 이 안에서 고백이 이루어지고, 용서·사랑의 치유가 경험되며 이를 통해서 성화로 나아가는 것이다. 웨슬리는 신자는 공동체와 세상 안에서 자비를 실천할 때, 이웃과 공동체와 세상의 필요를 위하여 중보의 기도를 드리게 된다고 본다. 이를 통해 이웃과 공동체를 더욱더 사랑하며 세상을 위해 사회를 위해서 선행을 실천할 수 있게 된

---

52 같은 책, 162.
53 김홍기, 『감리교회사』 (서울: kmc, 2003), 257-58.

다. 감사는 진정한 기도의 본질적 요소라고 웨슬리는 말했다. 기도하는 자는 언제나 감사를 드리며 찬양을 한다. 찬양은 감사와 존경의 가장 높은 행위이며 표현이기 때문이다.[54]

웨슬리가 은혜의 수단으로서 기도를 강조한 것은 그만큼 기도가 은총이며 축복이요 감격임을 알았기 때문이다. 기도는 단지 영혼의 숨쉼만이 아니라 나 자신이 하나님 앞으로 나아가는 것이며 하나님과 교제하는 것이다. 우리는 기도함으로 그분의 역사에 동참하고, 그분도 기도를 통하여 우리 인간의 역사에 동참하신다. 우리는 기도를 통해 우리 스스로가 변화되고 성장하며, 하나님 또한 기도를 통해 우주와 역사를 변화·생성하신다. 그렇기 때문에 기도는 은총이자 축복이며 감격인 것이다. 동시에 기도는 이웃이나 공동체의 아픔과 고난을 함께 지는 무거운 짐이요 고통이라 할 수 있다. 그런 의미에서 기도는 하나의 십자가다. 이 괴로운 기도의 짐, 겟세마네의 기도의 사역이 없이는 진정한 기도의 의미를 발견할 수 없다.

기도의 실천적 적용을 위해서는 기도의 훈련이 필요하다. 기도를 할 줄 모르거나 기도를 어렵게 생각하고 망설이는 자들, 혹은 자신이 알고 있는 방법으로만 기도하거나 그런 기도를 고집하는 사람들이 있는데, 기도에도 다양한 차원이 있는 만큼 기도에 대한 훈련이 필요하다. 아울러 기도가 하나님과의 대화라고 하지만 자신의 일방적인 독백으로 그치는 경우가 있는데, 말하는 기도가 아니라 듣는 기도도 중요함을 알고 이를 배울 필요가 있다. 그래서 기도 훈련을 통해 자기중심적인 삶의 방식에서 하나님이 원하시는 삶의 방식으로 스스로를 변화시켜야 한다.

---

54 김진두, 『웨슬리의 실천신학』, 105-6.

② 말씀 묵상과 영적 독서

교회는 하나님의 말씀에 귀 기울이고 순응하는 삶을 살아가는 공동체다. 말씀은 그리스도인들의 삶의 유일한 기준이며 규범이며 원칙으로, 삶 속에서 수많은 결정들을 내릴 때 그리스도인들이라면 따라야 할 원칙이 하나님의 말씀이다. 웨슬리에게 있어서 성서는 단지 객관적인 표준에 그치는 것이 아니라 영적 체험을 통해 하나님과 생명적으로 만나도록 이끄는 구원의 능력을 주는 책이었다. 이런 견지에서 성서 읽기와 연구는 성서를 이성적으로 이해하는 차원에서 그치는 것이 아니라, 오히려 나에게 실존적으로 임하는 은혜의 역사를 영적으로 체험할 수 있도록 작용되어야 하는 것이다. 웨슬리는 은혜의 수단으로서 성서 탐구에 대해 말할 때, 우선 성서가 주님을 증거하고 있으며, 따라서 성서를 찾아보는 목적이 그 속에서 주를 믿고 발견하는 데 있다는 점을 강조한다.[55]

그런데 오늘날 성서의 말씀이 이 시대를 위한 살아 있는 말씀이 되지 못하고 마치 장식장 속에 갇혀 버린 과거 시대의 죽은 화석처럼 그리스도인들에게조차도 장식장용 취급을 받고 있는 현실은 안타까운 일이다. 또한 성서 말씀을 자기의 입맛에 맞는 자의적 해석을 통해 하나님의 말씀은 침묵을 강요당하고, 하나님의 이름으로 포장하지만 오히려 인간의 소리를 말하는 처지에 놓여 있다. 아울러 최근 성서보다 체험을 중시하는 경향이 늘어가고 있다. 많은 그리스도인들이 체험을 절대시 하고 자신의 체험을 잣대로 신앙과 삶을 저울질하는 잘못을 범하고 있다. 모든 것들을 자신의 체험에 비추어 보다보면, 자신의 체험이 하나님의 계시의 총체가 되고 오히려 성서는 불충분해 보인다. 체험적 신앙도 중요하지만 성서보다 중시되어서는 안 된다.

---

55 한국웨슬리학회 편, 『웨슬리설교전집1』, 330.

성서와 영성 서적을 읽고 묵상하는 영성 독서의 목적은 구원을 이루기 위한 실천적인 성화의 방법으로써, 그리스도인의 참된 기질과 인격을 형성하여 덕 있는 신앙생활을 할 수 있도록 규율과 방식이 되도록 하는 것이다. 즉 영성 독서는 하나의 훈련 방식이 되어 우리가 하나님의 은혜를 받고 영적으로 성장·성숙하게 하도록 사용되어야 한다.

③ 금식

존 웨슬리는 성서를 통해 금식기도가 하나님께 죄를 회개하고 그의 진노를 돌이켜 자비와 용서를 구할 때 사용되었으며, 하나님의 복을 회복할 수 있는 중요한 역할을 했다고 보았다. 웨슬리는 금식이 하나님의 백성에게 성화와 부흥과 갱신을 가져오는 길이라고 생각했기 때문에 부정적으로 보지 않고 영혼의 자유와 하나님과의 교제를 가능하게 하는 방편으로 이해했다.

금식은 초대 교회 이후 자신을 부인하고 하나님 앞으로 나아가는 중요한 수단으로 사용되었다. 금식을 통해 죄를 보고, 육체의 정욕을 이기며, 하나님과의 더 깊은 기도로 들어갈 수 있는 방편이 되어 왔다. 웨슬리도 매주 수요일과 금요일마다 금식을 했고, 그의 설교자들과 지도자들에게 이것을 실천하도록 주문하였다. 이는 육신의 고행이 아닌 하나님을 섬기고 그분과 가까워지려는 순수한 사랑의 표시라고 보았다. 또한 겸손함을 배우고 정욕을 물리치며, 하나님의 형상을 이루기 위한 수단이었다.[56] 금식은 목적이라기보다는 은혜의 수단이며, 하나님을 체험하며 그와 깊은 교제를 누리기 위하여 수행되어야 한다고 웨슬리는 믿었다. 이는 기독교적 실천의 본질인 자기 절제와 부인을 통한 인격의 승화와 함께 고결함과 완성으로의 길을 추구하는 수련이

---

56 이후정, 『성화의 길』, 114.

될 것이다.[57]

④ 성례전

존 웨슬리는 세례와 성찬을 성례전으로 보았는데, 이는 예수 그리스도가 친히 명하고 제정한 것이라고 여겼기 때문이다. 웨슬리에게 있어서 세례는 신앙생활의 첫 출발을 의미한다. 세례를 통해 원죄의 죄책이 씻기고 의와 구원을 이룰 수 있게 된다. 세례는 외적인 하나님과의 관계의 표시로써, 원죄를 씻고 하나님께서 자녀로 인쳐 주시고 하늘나라 공동체에 소속되는 의식이었다. 그러므로 세례는 영적 성장을 위한 중요한 출발점이 되는 것이다.

또한 웨슬리는 성찬을 하나님의 은총을 향한 중요한 은혜의 수단으로 반드시 행해야 한다고 믿었고, 웨슬리 자신도 일주일에 4회 성찬에 참여했다. 초기 감리교회에서는 성찬이 중요하게 취급되었고 예배에 있어서도 중요한 위치를 차지하였다. 이는 성찬이 하나님의 은혜를 체험하고 하나님 앞으로 나아가는 중요한 수단으로 여겼기 때문이다. 웨슬리에게 있어서 성찬은 신앙을 확인하는 성례인 동시에 회심하게 하는 성례라고 말한다.[58] 이처럼 성례전은 변화시키고 강화시키는 성령의 역사를 실어 나르는 수레였다.

그런데 웨슬리에게 중요하게 강조되고 실천되었던 성찬이 오늘날 형식적이고 감동 없는 예식이 되어 버렸다. 대부분의 한국 교회는 1년에 2-3차례 성찬을 시행하는데 이마저도 형식적으로 진행되고 있다. 그러나 분명 성찬은 하나님께서 예수 그리스도를 통해 성령의 도우심 가운데 인간을 위하여 행하신 구원의 역사를 찬양하며, 장차 하

---

57 같은 책, 116.
58 김진두, 『웨슬리의 실천신학』, 175.

나님 나라를 완성하실 모든 역사에 대하여 감사로 응답하는 것이다. 성찬은 그리스도께서 단 한 번 바치신 희생을 통하여 지금도 온 인류의 구원을 위해 역사하시는 효과적인 표징이다. 이 성찬을 통해 그리스도께서 하신 일에 대한 회상, 그분이 이루신 구속의 현재화, 구원의 종말론적 완성에 대한 기대가 성찬에서 입체적으로 실현되는 것이다. 따라서 성찬은 단지 과거의 기념행위가 아니라, 현재 참여하는 모든 성도에게 그리스도의 희생을 재현하는 기념행위인 것이다. 그러므로 성찬은 우리가 그리스도의 희생에 연합하여 하나님께 감사와 찬양의 희생제물이 되는 것을 의미하기 때문에 이런 의미를 충분히 이해하고 성찬에 참여할 수 있도록 교육하고 실천해야 할 것이다. 초대 교회 사도들이 성찬을 통해 신앙을 지키고 그리스도 안에 결속을 이루었던 것 같이 이 시대의 목회자들도 성찬에 대한 올바른 교육을 교회 안에서 시행해야할 책임이 있다. 성찬 교육에서 중요한 것은 성찬이 삶 속에서의 예전이 되도록 가르치고 도와야 할 것이다. 성찬이 우리의 삶과 연결될 때 성찬 예전은 비로소 상징이나 기념이 아닌 본질적인 실재로 부각될 수 있을 것이다.

⑤ 영적 일기와 자아 성찰

존 웨슬리는 초기 감리교인들을 위한 자아 성찰 일람표를 만들었는데, 이것은 신성클럽 활동 당시에 그 회원들의 영성생활을 위해 만든 것으로 보인다. 웨슬리는 자아 성찰을 통해 하루하루 자신의 삶을 점검하고, 영적 상태를 점검할 수 있었다. 웨슬리는 자아 성찰을 위해 점검할 수 있는 질문들이 있었고, 그 질문에 답하면서 자신을 성찰해 갔다. 그의 자아 성찰을 위한 질문들은 자세하고 구체적이었는데, '매일 아침 자신에게 하는 질문,' '주일 저녁 경건의 시간에 하는 질문,'

'하나님 사랑에 관한 질문(주일 저녁),' '이웃 사랑에 관한 질문(월요일 저녁),' '겸손에 관한 질문(화요일 저녁),' '금욕에 관한 질문(수요일 저녁),' '자기 부정과 온유함에 관한 질문(목요일 저녁),' '금욕에 관한 질문(금요일 저녁),' '감사에 관한 질문(토요일 저녁),' 이밖에도 행동을 위한 것이나 시간을 관리하는 규칙들을 만들어 자아 성찰을 위한 질문들로 사용하였다.[59]

웨슬리는 자아 성찰의 질문을 통해 영적 지도자로서 자신을 하나님과 보다 깊은 관계로 발전시킬 수 있었다. 웨슬리는 매일 아침과 저녁에 기도하기 전에 자신의 영적 상태를 점검하고 반성하며 성찰하였다. 그리고 매일 아침과 저녁의 기도문을 통해 자신을 점검해 나갔다.

또한 웨슬리는 자신의 영적 상태를 분명히 파악할 수 있도록 하는 방법으로 영적 일기를 썼다. 기도가 하나님과의 대화라고 볼 때 영적 일기는 글로써 대화하는 것이라 할 수 있다. 영적 일기는 눈에 보이지 않는 자신의 영혼의 상태를 쉽게 식별할 수 있도록 돕는다. 이를 통해 자신을 지도하고 무엇이 잘못되었는지 분별하여 하나님과 바른 관계로 이끌 수 있는 것이다. 웨슬리에게 있어 자기 영적 지도는 자기의 영혼 구원으로부터 출발했다. 그래서 그는 개인을 지도하고 공동체를 지도하기에 앞서 자기를 먼저 지도하려고 하였다.

웨슬리의 자아 성찰과 영적 일기 쓰기는 신앙인으로서 자기반성과 성찰을 위한 중요한 방법이 될 수 있다. 하루를 지나면서 수많은 만남과 사건들을 접하지만 무심히 지나버릴 때가 많다. 그러나 하루를 정리하며 영적 일기를 쓸 때 만남과 사건들을 다시 정리할 수 있고, 그를 통해 하나님의 뜻을 깨달을 수 있는 영적 시각을 얻을 수 있게 된다. 그래서 하루를 되돌아보는 영적 일기를 쓰는 것은 내일을 위한 준비이며, 하나님이 우리 삶에 어떻게 응답하고 있고, 또는 우리는 어떻게

---

59 권희순, 『웨슬리 영성수련 프로그램』, 170-77.

반응해야 할지를 결단하게 하는 중요한 도구가 될 수 있다.

⑥ 면담과 편지

존 웨슬리는 면담과 편지 쓰기로 영적 지도를 해나갔다. 면담은 가까이서 볼 수 있는 사람들을 지도하기 위한 것이었고, 편지 쓰기는 지리적인 이유로 인하여 볼 수 없는 자들에게 행해졌다. 면담은 웨슬리의 어머니 수재너가 사용했던 방식으로 웨슬리는 이 면담에 대해 좋게 생각했고, 이를 그리워했다. 웨슬리는 킹스우드 학교에서도 이 면담을 통해 교사들과 학생들을 만나 신앙 지도를 했다. 웨슬리의 편지쓰기는 일정이 바쁘더라도 틈날 때면 언제든지 편지를 써서 영적으로 지도를 하였다. 웨슬리는 목회적 돌봄과 영적 지도에 있어서 상당 부분을 편지 쓰기를 통해서 수행했는데, 편지를 통해서 그들이 진정으로 그리스도인이 될 수 있도록, 혹은 적어도 말씀이 어떻게 그들에게서 열매를 맺는지를 생생히 체험할 수 있도록 그들을 돕고 싶어 했다. 오늘날 목회자들은 성도들과 다양한 방식으로 접촉할 수 있고 대화할 수 있는 방법들도 많다. 그럼에도 성도들은 목회자의 영적 돌봄에 대해 늘 부족함을 호소하고 있다. 마음의 거리가 멀어져 있으면 그들의 영혼을 볼 수 없고, 성도들도 만족함을 얻지 못하는 것이다. 면담이나 편지 쓰기에 기본적으로 담겨져 있는 배경은 그들을 이해하고 사랑하려는 마음이 전제되어야 한다.

2) 공동체 차원의 적용

존 웨슬리는 제자화 훈련과 같은 작은 모임의 사역을 통해 감리교 운동을 전개했다. 거기에서 신자들은 자신의 영성과 신앙을 증거하고 직고直告하면서, 대화를 통해 서로 책임을 감당하는 신실한 증인이 되었다. 웨슬리는 초대 교회의 신자들의 친교를 감리교 운동의 주요 모델로 보았으며, 양육과 성장을 도모하는 소그룹 모임이 크게 필요하다고 믿었다. 그리하여 그는 다양한 성도의 공동체를 조직하여 그것들을 통한 훈련으로 신자들의 영성생활을 성숙시키려고 노력하였다.

웨슬리는 공동체 안에서 사람들의 영적 경험을 드러내므로 효과적인 지도를 할 수 있다는 것을 알았다. 사람들이 자신들의 영적 상태를 드러낼 수 있도록 분위기를 조성하고, 영적 영향력이 있는 지도자를 세우면 그 공동체는 영적 성장을 위한 나눔이 일어난다. 이는 개인지도 방법보다 효과적인 지도 방법이었다.

공동체들은 구성원의 영적 수준에 맞게 편성되었다. 오늘날 교회 안에 이뤄지는 모임들은 영적 지도를 하기보다는, 영혼을 돌보고 성장하게 하는 것과 무관하게 형식적인 모임으로 그치고 만다. 그러나 웨슬리에게 있어서 모임의 목적은 개인 영혼을 돌보고 성장하게 하는 영적 지도에 있었다. 그래서 영적 상태에 따라 공동체를 나누었고, 자연히 성장을 위해 관계와 훈련을 위한 영적 경험의 공유가 중요시되었다. 웨슬리는 여러 차례 공동체에 직접 참여하였다. 공동체 안에서 이뤄지는 훈련과 활동들을 직접 지도하고 참여하면서 효과적인 영적 지도를 해나갔다. 이를 통해 감리교 운동을 조직적으로 이끌어갈 수 있었다. 모임을 통해 웨슬리는 먼저 자신의 영혼이 성장해 감을 알았고, 공동체 안에서 영적 지도의 중요성을 깨닫게 되었다.

웨슬리의 공동체 차원에서의 신앙 지도 방법에는 신도회, 속회, 반회, 선발신도회, 참회자반 등이 있었다. 웨슬리의 공동체 지도에 있어서 가장 큰 친교의 단위는 '신도회'였다. 이 신도회는 구원의 성화를 이루어가는 성숙한 영성을 위한 양육과 훈련을 목적으로 설립되었으며 일주일에 한 번 모였다. 그들은 매주 모여 기도와 권면, 상호 돌봄의 공동체적 생활을 추구하였고, 구원을 이루고 상호 협력하는 것과 함께 봉사와 청지기직을 목표로 하였다.

속회는 오늘날 소그룹 운동처럼 12명 정도가 함께 모여 지도자를 두고 서로 간의 영적 경험들을 나누면서 서로를 돌보고 지지하며 친밀성이 강조되었다. 속회는 서로 책임을 나누어지는 가운데 훈련이 이루어지는 장이 되었고, 이러한 책임적인 제자 됨의 소그룹 공동체는 은혜 안에서 자라게 되었다. 속회는 속회 지도자(속장)들을 중심으로 형성되었는데, 그들의 임무는 일주일에 한 번 속회원들을 돌아보고 가난한 자에게 줄 것을 거두며, 그들의 영혼이 어떻게 지나는지 물어보고, 충고와 책망과 위로와 권면을 베푸는 것이었다. 즉 속장들은 질서 있는 영성 지도와 분별, 감독을 통해 속도원들의 성장과 성숙을 실천적으로 훈련하는 역할을 감당하였다.

또한 그들은 일종의 목회적 접촉과 돌봄을 평신도 지도자로서 대행하는 일과 더불어 목회자와 신도회의 청지기들을 만나 그들이 받은 것을 내고 계산하고 목회자에게 보고하는 일을 감당하였다. 속회는 영적 성장과 양육뿐만 아니라 사회적 봉사와 감리교 운동의 재정적인 지원의 외적 사역에도 관여하였다.[60]

'속회'의 경우 감리교회의 특징이자 속회 제도를 통해 성장하고 발전했지만, 오늘날 감리교회가 발생한 영국은 물론이며 세계 최대의 감리교회를 자랑하는 미국 감리교회에서도 속회가 사라진 지 오래되었다. 한국 감리교회의 경우 다행히 속회를 계속하여 왔지만 친교나 간단한 성서공부 중심의 모임으로만 유지되고 있다. 그나마 형식적으로 모이는 속회가 많고 그 내용도 예배 혹은 기도회 형식이 대부분이다.

속회의 장점이 많음에도 형식화되고 현대인의 바쁜 일상으로 인해

---

60 이후정, 『성화의 길』, 119.

약화되고 있지만, 최근 한국 교회에서 소그룹 활성화가 중요한 키워드로 부상하면서 특별히 웨슬리로부터 시작된 감리교회의 자랑인 속회에 대한 인식을 새롭게 하고 이를 목회에 잘 접목해 교회 부흥의 원동력이 되게끔 방안들을 모색하고 있는 것은 고무적인 일이라 할 수 있다. 속회는 교회의 기본적인 세포와 같아서 속회가 잘되면 교회는 반드시 부흥할 수밖에 없다.

아울러 오늘날 목회에서 사람을 세우는 일이 매우 중요하다고 강조하는 상황에서, 속회는 사람을 세우는 일에 효과적이라 할 수 있다. 중간 지도자를 세우고 그 사람이 또 다른 사람을 세우고 일할 수 있는 여건들을 만들어갈 수 있기 때문에 속회를 통해 교회는 건강해 질 수 있는 장점을 갖고 있다. 속회를 다시 교회 안에서 중요한 조직으로 재인식하고 활성화될 수 있도록 연구해야 할 것이다.

그런데 속회 제도는 훌륭하고 그 효과가 놀라웠지만 한계가 있었다. 지역 중심으로 회원들을 구성했기 때문에 연령, 직업, 신앙 성숙도 등에 다양한 차이를 보였던 것이다. 그래서 웨슬리는 속회에서 한 걸음 더 나아가 '반회' 제도를 세워 나갔다. 속회가 신자들의 기초적인 양육을 목적으로 했다면, 보다 신앙의 진일보를 원하는 자들의 요구를 채우기에는 속회가 미흡할 수밖에 없었다. 웨슬리는 이 문제를 심사숙고한 끝에 반회를 조직하였다. 속회보다는 더 작은 모임으로 영적 성숙을 더 진지하고 깊이 있게 하기 위해 남녀 구별하여 따로 조직하였다. 웨슬리는 1738년 12월에 반회의 규칙을 작성했는데, 거기서 하나님의 계명에 순종하고 잘못을 서로 고백하고 치유받기 위하여 서로를 위해 기도할 것을 이 모임의 목적으로 삼았다. 보통 5-8명으로 모인 이 모임은 속회보다 더욱 친밀한 작은 모임을 통한 간증과 신앙의 상호 검증에 있었다. 기도와 찬송 후에 지도자부터 시작하여 신도 각자의 영적 상태에 대하여 순서대로 말하면서 여러 가지 탐구하는 질문을 물어보았다. 그러는 동안에 지난 한 주 동안 지은 죄와 잘못, 빠졌던 유혹에 대하여 서로 알게 되고, 죄의 사유救宥와 평화를 체험하는 영적 치유가 행해졌던 것이다.

감리교인의 20% 정도만이 참여하던 반회는 좀더 확실한 영성 지도를 추구하면서 서로 간에 상담적·목회적 교제를 누리도록 했다는 점에서, 핵심적 영성 훈련 소그룹으로서 그 의의와 가치가 있다 하겠다.

반회의 특징은 무엇보다도 완전으로의 길을 추구하면서 영적 투쟁을 함께하는 좀더 성숙한 신자들의 '더 밀접한 일치의 수단'이었다. 나중에 이러한 완전으로의 추구는 더 나아가서 선발신도회와 같은 더 친밀한 소그룹으로 발전하였다.[61] 웨슬리는 이러한 훈련이 신도 자체의 훈련에 그치는 것이 아니라 제자들로 훈련받은 신자들이 이제 죄악된 세상에 나아가 사회를 변화시키는 사명을 감당하도록 했던 것이다.

이밖에도 웨슬리는 '선발신도회'라는 소그룹을 통하여 신자들의 영적 성장을 위해 최선을 다해 왔다. 그럼에도 불구하고 어떤 이들은 믿음이 파선 당했거나 점차적으로 자신도 모르게 퇴보하는 자들이 있었다. 웨슬리는 그들을 위한 별도의 모임, 즉 '참회자반'을 마련했는데, 이들을 토요일 저녁 시간에 만나서 특별 지도했다.[62] 참회자반의 운영 결과는 놀라웠다. 이들 중 상당수가 곧 믿음을 회복했고 전보다 더 믿음이 성장했다. 그런데 오늘날 한국 교회에 이러한 참회자반과 같은 성격의 모임이나 체계가 전무하다. 자기의 회개를 바탕으로 한 영적 지도만큼 강력한 효과를 발휘하는 것은 없다. 이 참회자반의 운영에 한국 교회가 다시금 관심을 갖고 적용 방안을 모색할 필요가 있다. 아울러 현재 교회의 중간 지도자급에 있는 평신도들을 위한 소그룹 모임을 웨슬리의 신도회나 선발신도회의 규칙과 운영을 참고하여, 속장

---

61 같은 책, 121.
62 김외식, 『현대교회와 영성목회』, 194-95.

모임, 권사 모임, 기관장 모임 등과 같은 모임들을 창조적으로 조직해 운영한다면 교회 성장의 동력으로 활용할 수 있을 것이다.

3) 사회 차원의 적용

존 웨슬리의 훈련적 영성은 개인과 신앙 공동체의 육성뿐만 아니라 나아가서 사회와 세상 속으로 들어가 그것을 거룩하게 변형시키는 실천적 영성이다. 그는 사회봉사적 차원과 사회변혁적 차원에서 과감한 목회 계획을 세우고 실천해 나갔다. 웨슬리는 제도화된 교회의 은혜의 수단 이외에 사려 깊은 비제도적 은혜의 수단에 대해서도 말했다. 이러한 부가적 은혜의 수단을 통해 그는 하나님의 복음의 사회적이고 관계적인 차원을 성취하려는 목적을 추구했던 것이다.

웨슬리의 관심은 신자들이 자기중심적인 것만이 아니라 그들의 윤리적인 삶을 통해 사회를 변형시키고 세상의 빛과 소금의 역할을 하는 것에 관심이 있었다. 이를 위해 웨슬리는 가난한 이들을 위하여 합숙소를 세웠고 실업자들을 위한 고용계획, 융자기구를 만들었고, 자선병원과 자선단체를 운영했다. 또한 학교를 설립하여 교육 사업에 힘썼으며 주류 판매 반대, 농토의 사유화 법령 폐지, 노예제도 폐지, 감옥개량, 전쟁반대 등 수많은 사회적 문제들을 위해 투쟁했고 놀라운 성과를 거뒀다.[63]

웨슬리는 그의 산상설교에서 이 점을 매우 강조했으며 기독교가 은자의 종교, 단순히 고독한 신비주의나 감추어진 칩거의 종교가 아니라 '사회적 성화'를 이루는 형제 사랑, 세상 변혁의 종교임을 역설했다. 이러한 윤리적 차원은 영적 차원과 합해져야 하며 그래야만 참된 웨슬리적 종합을 이루게 된다. 웨슬리는 이러한 자비의 일들을 통해

---

63 같은 책, 199.

생활이 성화되며 세상 속에서 사회적 빛의 역할을 하게 된다는 사실을 강조했다. 웨슬리의 영성의 핵심인 성화는 마음에서 시작하지만 결코 마음에 그치는 내면화가 아니라, 그는 성화를 마음과 함께 삶의 성화를 강조했다.[64]

웨슬리의 사회적 영성에서 윤리적인 삶은 단지 소극적인 '하지 않음'에서 그치지 않고 적극적인 선한 행실을 하는 데까지 나아간다. 웨슬리는 감리교인들로 하여금 육체를 위한 선행과 영혼을 위한 선행 양자를 모두 행할 것을 강조했다. 그 자신이 이미 옥스퍼드 신성클럽 시절에 감옥을 방문하여 가난하고 헐벗고 굶주린 사람들에게 자비를 행하는 실천적 삶을 훈련했다. 이러한 그의 시작은 그가 감리교 부흥운동을 일으키고 신도회 등의 모임들을 세워나갈 때 변함없는 원칙과 규례로 실천되었다.

3. 은혜의 수단의 기독교 교육적 실천

존 웨슬리에게 기독교 신앙의 궁극적 목표는 구원이다. 그는 인간 구원을 이해하는 데 있어서 하나님의 선행하는 은총이 존재한다고 보았고, 그것이 인간의 영혼 안에 처음 깃들여지는 순간부터 시작하여 영광 안에서 완성되는 영화 때까지를 하나님의 전쏗 역사로 보았다. 웨슬리 신학의 핵심이자 구원론의 절정은 그리스도인의 완전에 있다. 그의 사역에서 웨슬리는 '그리스도인의 완전'을 강조해 왔으며, 그의 설교, 일기, 서신들 심지어 찬송가 가사에도 이를 중요하게 다루고 있다. 종교개혁 이후 지나치게 믿음만을 강조해 온 개신교 교회들은 현대에 이르러 하나님의 은혜에 대한 인간의 책임적 응답에 소홀했다는

---

64 이후정, 『성화의 길』, 123.

평가를 받고 있다. 그리스도인의 완전을 근거로 한 웨슬리의 구원론은 오늘날과 같은 목회적 상황, 특히 기독교 교육의 현장에서 매우 절실하게 요청되는 교리임에 분명하다.

존 웨슬리는 그의 구원론을 신자들에게 양육하는 데 있어서 영적 지도의 방편으로, 은혜의 수단으로 명명하고 이를 토대로 신자들을 지도했다. 웨슬리는 은혜의 수단을 일반적, 제도적, 상황적 수단의 세 가지로 구분했다. 이것을 다시 개인, 공동체, 사회적 차원에서 어떻게 적용할 것인지를 탐구했다. 이제 은혜의 수단을 현대 교회의 교육현장에서 적용하기 위해 파울러의 신앙발달 단계에 기초한 교육 실천 모델을 제시하고자 한다. 파울러의 신앙발달 단계의 이론을 보다 현실적으로 수행하기 위해서 발달 단계를 크게 아동기, 청소년기, 성인기로 구분하여 언급하고자 한다. 따라서 '아동기'는 파울러가 말한 0 단계인 영아기와 미분화된 신앙 단계에서 시작해서 2단계인 신화적-문자적 신앙 단계까지로 구분했다. '청소년기'는 파울러의 3단계인 종합적-인습적 신앙 단계, 그리고 '성인기'는 4단계인 개별적-반성적 신앙 단계 이상으로 구분했다. 물론 청소년기라 해도 4단계인 개별적-반성적 단계에 들어선 청소년도 있고, 성인기라 해도 3단계에 머무르는 신앙인이 있을 수 있다. 이 연구에서 사용하는 발달 단계 구분은 파울러의 신앙발달 단계의 구조에서 의미하는 단계별 표준 연령대 구분을 그대로 따르고 있음을 밝혀둔다.

1) 아동기를 위한 구원론 지도

내가 구분한 구원론 교육을 위한 아동기에는 파울러의 신앙발달이론에서 정의한 아동기의 구체적 3단계가 포함된다. 첫째, 생활연령으로 구분해서 영아기(0-2세), 유치부(2-7세) 그리고 초등부(7-12세)까지이며, 둘째, 파울러의 용어로는 미분화된 신앙 단계에서, 직관적–투사적, 그리고 신화적–문자적 신앙의 단계까지가 포함된다.

파울러는 경험적 연구로는 접근할 수 없는 예비적 단계인 영아기와 미분화된 신앙 단계(0-2세)를 신앙 형성의 기초가 되는 신뢰와 불신, 희망과 좌절 등이 형성되고, 신앙의 여정이 시작되는 중요한 시기로 보았다. 이 시기 어린이는 사랑과 돌봄을 주는 사람(부모)과의 상호작용을 통해 하나님과 관련된 이미지를 형성하게 된다. 파울러는 이 시기의 경험이 좀처럼 깨닫거나 기억되지는 못한다 하더라도 무의식 세계에 누적되어 훗날 개인의 행동이나 삶의 방식에 크게 영향을 미친다고 보았다. 그렇기 때문에 그는 이 단계의 부모 또는 양육자와 자녀 사이의 관계는 박탈이나 단절의 경험이 없도록 하고 안정감이나 친밀감의 정서가 형성될 수 있도록 양육 또는 가정환경의 분위기를 만들어가야 한다고 말한다.

1단계인 직관적–투사적 신앙 단계(2-7세)의 아동은 감각적으로 경험하는 것을 의미 있게 조직하기 위해 언어와 상징적 표현들을 사용하며 자아 중심적 인지활동을 하게 되는 시기다. 즉 언어적, 인지적, 사회적, 신체적 발달 등 모든 측면의 발달이 이루어지는 시기로 인생의 기초가 형성되는 시기다. 이 기간의 경험은 성인이 되었을 때에 갖게 되는 여러 가지 특성의 기초가 된다. 예를 들어 부모에게 사랑을 받지 못한 아이는 성장해서도 대인관계에 있어서 자신감이 없거나 기피하는 증상을 보이게 된다. 그러므로 이 기간에 전인적 발달이 잘 이루어질 수 있도록 지도해야 하며, 신앙적 측면에서도 이 시기를 중요하게 취급하여 적절한 신앙 교육적 환경과 프로그램이 제공되어야 할 것이다. 파울러는 웨슬리가 이 시기에 경건한 가정교육의 덕택으로 하나님의 실재를 직접적으로 느낄 수 있었다고 평가했다.[65]

---

65 더글라스 미크스 편저, 『감리교 신학의 미래』, 148.

2단계인 신화적–문자적 신앙 단계(7–12세)의 아동은 자신이 속한 공동체의 전통들을 자신의 것으로 수용하기 시작하며 소속감을 갖고 싶어 하는 시기다. 구체적이며 논리적인 사고를 할 수 있기 때문에 환상과 실재를 구분할 수 있고 이야기로부터 삶의 의미를 파악할 수 있는 시기다.

이러한 아동기 어린이들의 특성과 학습 경향을 토대로 이 시기의 아동들에게 교육하고, 그들이 실천하기에 적합한 은혜의 수단을 탐구해 보고자 한다.

먼저, 웨슬리가 일반적 은혜의 수단으로 제시하고 있는 '보편적 복종(순종)', '계명을 지키는 것', '깨어 있는 것(자기성찰)', '자신을 부정하는 것(회개)', '날마다 십자가를 지는 것(책임)' 등은 내면적으로 자신을 성찰하고 온전한 신앙인으로 나아가기 위한 내면적 구원의 방법이다. 이 내면적 방법 가운데 '보편적 복종', 즉 '순종'은 아동기 어린이들에게 중요한 교육적 실천 방법이 될 수 있다. 이를 정리하면 아래 표 1과 같다.

표 1. 아동기를 위한 '일반적 은혜의 수단'의 지도

일반적 은혜의 수단	아 동 기
순종	– 아동기 중요한 교육적 실천 방법. 자기 의지, 주장을 관철시키려는 성향이 강한 시기로 적절한 제재를 통해 순종하도록 지도한다
자기성찰	– 자신의 행동이나 사고에 대한 잘 잘못을 가릴 줄 알기 때문에 일기나 상담 등의 방법으로 스스로를 돌아볼 수 있도록 지도한다
회개 (자기부정)	– 선과 악에 대한 형식적 사고가 가능한 시기로 '죄성', '원죄적 본성'으로부터 회개의 필요성 지도한다 – 악의 세력(죄의 유혹)으로부터 성결의 중요성을 강조한다
책임	– 주어진 일을 잘 마무리했을 때에 상응하는 보상을 줌으로써 일에 대한 성취감과 책임감을 고취한다

웨슬리의 어머니 수재너도 자녀의 의지가 경건한 부모의 신앙적 의지에 따라서 정복되고 다스려지고 훈련되고 인내되어야 한다고 믿었고, 이것을 웨슬리 집안의 가정교육의 중요한 원리로 실천하여 좋은 교육적 성과를 얻었다. '날마다 십자가를 지는 것'은 이 시기의 어린이에게는 '책임감'의 개념으로 교육되는 것이 바람직할 것이다. 이것은 순종과 더불어 아이가 어떤 주어진 일을 무사히 마쳤을 때, 거기에 상응하는 보상을 줌으로써 아이들을 책임감 있도록 양육할 수 있게 된다. 수재너의 경우 자녀를 양육하는 8가지 규칙 가운데 '약속을 하면 엄격히 지켜야 한다'는 규칙을 정해 놓고 자녀들을 책임감 있게 양육했다고 한다.[66] '깨어 있는 것'은 죄나 악, 심지어 자기 자신에 대해서 의식을 가지고 방심하지 않는 것이며, 한편으로는 하나님의 뜻을 알기 위해 내적으로 하나님 앞에 나아가는 행위를 뜻한다. 아동기 어린이에게 있어서 '깨어 있는 것'을 가르치는 구체적인 방안은 성서를 기준으로 제시하고 성서를 통해 자신을 돌아보게 하면서 성서를 실천하도록 교육하는 것이다.

'선과 악'의 개념을 이해할 수 있는 형식적 사고가 가능한 아동 후기에는 인간의 '죄성'과 '원죄적 본성'으로부터 회개함이 왜 필요한지도 알게 할 수 있다고 본다. 어린 시절 항상 '악'의 세력으로부터 자신을 성결하게 지키는 것이 왜 중요한지를 깨닫게 하는 것에 교육의 초점을 맞추는 것이 필요하다. 그래야만 청소년기에 진입했을 때, 게임 중독이나 인터넷·포르노 중독 같은 병리적 악에 빠질 위험으로부터 자신을 지킬 수 있는 자정 능력의 기초가 형성될 것이다.

---

66 John A. Newton, *Susanna Wesley and the Puritan Tradition in Methodism*, 112.

표 2. 아동기를 위한 '제도적 은혜의 수단'의 지도

제도적 은혜의 수단	아 동 기
기도	– 기도에 참여하거나 경험할 기회를 준다 – 기도에 대한 바른 습관을 갖도록 지도한다 – 자신의 행위를 반성하고 순종하는 인성을 지니도록 이끈다
말씀 묵상	– 성서를 배우고 그것을 삶 속에서 실천하도록 구체적인 행동 지침을 제공한다 – 성서 속의 인물들의 삶을 소개하고 본받도록 지도한다
금식	– 아동기는 성장하는 시기이므로 금식은 권하지 않으나 굶주린 이웃들의 아픔을 체험하고 동참하는 차원에서 사순절 등의 기간에 부분적으로 절식이나 기호식품(캔디, 초콜릿)의 금식 등을 통해 자발적으로 희생하도록 지도한다
성례전	– 아동 후기에는 성찬의 유래와 역사를 지도할 수 있다 – 이것을 받는 신자의 바른 자세와 그 의미를 충분히 이해할 수 있는 시기인 중등부 시기까지 성례에 얽힌 예수의 최후의 만찬 이야기를 확실하게 알도록 교육시킨다 – 어린이가 일상에서 지은 자신의 죄를 회개하고 새롭게 결심하는 계기로 삼는다

둘째, 웨슬리가 '제도적 은혜의 수단'으로 제시하고 있는 '기도', '말씀 묵상과 독서', '금식', '성례전' 등은 앞서 언급한 일반적 은혜의 수단들과 함께 서로 연결되어 있으면서 서로에게 도움을 주어 신앙발달을 이루어갈 수 있다. 이를 표로 정리하면 표 2와 같다. 표 2에서 나타나고 있듯이, 아동기의 어린이들을 위한 은혜의 수단 가운데 기도에 대한 바른 이해와 습관을 갖고 기도에 참여하도록 하는 것이 중요하다.

웨슬리에게 있어서 기도는 하나님과의 교제이며, 신자를 믿음과 사랑 안에서 성장하게 하는 수단이고, 하나님의 은사를 받게 하는 은혜의 수단이었다. 그렇기 때문에 어릴 적부터 기도의 대한 바른 습관과 기도에 참여하거나, 기도하는 것을 직접 경험하는 것을 통해 청소년 기와 성인기까지 지속되도록 지도해야 한다. 어린이의 기도는 그의 삶의 모든 것이 반영된다. 따라서 어린이의 인성 지도에 가장 좋은 방법은 그림일기나 편지 형식으로 하나님과 예수님께 편지를 쓰게 하는 것이다.[67]

또한 아동기 시절의 말씀 묵상과 영적 독서는 성서를 이성적인 차원에서 이해하도록 교육하는 것만이 아니라 자신의 삶과의 연관 속에서 이해할 수 있도록 지도해야 한다. 그리스도인들에게 있어서 말씀은 삶의 유일한 기준이며 규범이자 따라야 할 원칙이기 때문이다. 유치부 시기(2-7세)의 아이들은 말씀을 문자적으로 받아들이기 때문에 성서 속에서 일어났던 초자연적 현상과 기적을 소개하여 이해할 수 있도록 교육하고, 초등부 시기(7-12세)의 자녀들은 성서에 나오는 활동적인 인물이나 영웅에 관한 이야기를 좋아하므로 성서의 인물을 소개하고 그를 본받도록 지도해야 한다.

그리고 이 시기는 일종의 충성심이 생기게 되는데, 그 충성심이 하나님께 향하도록 하고 부모에게 순종할 것을 권면하며, 부모들은 죄에 대하여 정확하게 가르치고 복음을 제시해 주어 곧바로 실천으로 이어질 수 있도록 구체적인 행동 지침을 제공해 준다면 보다 효과적인 말씀 실천교육이 될 수 있을 것이다.

셋째, 아동기 어린이를 위한 '상황적 은혜의 수단'의 방법으로는 '놀이 공동체'를 통해 신앙적 성장을 촉진할 수 있다. (표 3 참조)

---

67 이지나, "어린이 기도와 하나님 이해에 관한 연구," 미간행 석사학위논문(호서대학교 연합신학전문대학원, 2006), 120-21.

표 3. 아동기를 위한 '상황적 은혜의 수단'의 지도

상황적 은혜의 수단	아 동 기
놀이 공동체	– 아동기는 놀이를 통해서도 사랑과 용서. 화해 같은 신앙의 본질을 　배운다 – 건강한 놀이를 통해 신뢰와 정직. 남을 배려하고 사랑하는 마음을 　갖고 직접 체험하도록 지도한다
교회 학교	– 분반은 어린이들에게 교육을 통한 신앙적 기초를 형성할 수 있는 　공동체의 최소 단위다 – 단순히 주입식이 아닌 대화식 교육을 통해 함께 참여하는 학습방법 　으로 신앙의 공동체성 소양이 형성되도록 지도한다

아이들은 놀이를 통해 학습하고 놀면서 배운다. 놀이 공동체에는
또한 질서가 부여되고 절제와 책임감이 부여되는 사회의 축소판이라
할 수 있다. 건강한 놀이를 통해 신앙적 개념을 배우고 옆의 동료를 사
랑하고 배려하는 마음을 배울 수 있다. 존 웨슬리나 수재너는 아이들
이 노는 것을 좋지 않게 여겼지만, 오늘날 이 놀이 공동체가 아이들의
정서적 발달에 유익한 도구가 되고 있다는 점에서 교회학교에서 신앙
교육과 접목하여 적절히 활용하는 방안을 모색해야 할 것이다.

아동기의 어린이들을 신앙적으로 양육하기 위해 고려해야 할 중요
한 요소가 있다. 어린이들은 부모나 주위의 가족들의 언어나 생활 방
식에 크게 영향을 받기 때문에 이 단계의 아동들의 신앙은 부모의 신
앙이 그대로 투영된다고 할 수 있다. 그렇기 때문에 가정교육과 교육
환경이 중요하다.

웨슬리에게 있어서도 그의 어머니 수재너의 가정교육이 웨슬리의
인성과 지성, 그리고 신앙발달에 큰 영향을 미쳤듯이, 가족의 구성원
가운데 특별히 어머니는 아동이 성장해 가는데 일차적인 교사로서 중
요한 역할을 한다. 뿐만 아니라 어머니의 양육 태도는 아동의 성격과

지적 특성의 발달에 큰 영향을 미치게 된다. 가정에서 부모는 아동의 욕구를 만족시켜 주고 바람직하게 사회에 적용할 수 있도록 기본적 습관 형성을 훈련시키며, 아동은 부모의 행동을 관찰하며 모방함으로써 학습해 나간다. 그렇기 때문에 가정에서 이루어지는 부모들의 신앙생활과 환경이 아동에게 고스란히 영향을 미치기 때문에 부모들은 경건한 가정을 이루도록 노력해야 한다.

교회는 경건한 가정을 이룰 수 있도록 영적 지도를 아끼지 않아야 하며, 자녀의 일차적 신앙 교육자로서 부모들에게 사명을 부여하고, 훈련하며, 격려하는 일을 해야 할 것이다. 그런데 주의할 점은, 파울러는 신앙 교육을 할 때, 자녀들에게 너무 많이, 너무 빨리를 주장하면 각 단계에 충실하지 못함으로 인해 후유증을 겪을 수 있다고 지적했다. 부모의 욕심으로 신앙을 강요하면 자녀들은 오히려 신앙에 대한 관심과 흥미를 잃게 된다는 것이다.[68] 따라서 부모들이 신앙 성장을 위한 가정교육을 할 때에는 각 단계의 특성을 충분히 이해하고 각 단계가 충실히 다져질 수 있도록 도와야 할 것이다.

위에서 언급한 바대로 아동들이 웨슬리가 행했던 은혜의 3가지 차원의 수단들을 다 실천하기 위해서는 무엇보다 부모가 구원받은 자가 되어야 하고, 그들이 먼저 은혜의 수단을 잘 지키는 모범적인 신앙의 실천자가 되어야 할 것이다.

2) 청소년기를 위한 구원론 지도

내가 구분한 구원론 교육을 위한 청소년기는 파울러의 신앙발달이론에서 3단계인 종합적-인습적 신앙 단계(12-18세)다. 이 단계의 청소년은 그들 개인의 경험세계가 가정을 넘어 학교, 지역사회 등으로 환

---

68 박원호, 『신앙발달과 기독교 교육』, 201-3.

경이 넓어진다. 그들의 사고는 다른 사람이 자신에 대해 어떻게 생각하는지를 느끼고, 다른 사람의 기대와 판단에 어떻게 반응하고 응답해야 하는지를 느끼게 된다. 또한 자기 혼란과 자기 역할의 정체성에 대해 고민하면서 자신의 존재 물음을 통해 주위 사람들의 기대에 호응하려고 노력하는 시기다.

청소년기를 위한 은혜의 수단은 아동기에 제시된 은혜의 수단들이 지속적으로 적용될 수 있다. 왜냐하면 은혜의 수단들은 신앙생활을 함에 있어서 기본적인 부분이기 때문이다. 단지 연령이 높아질수록 그 정도의 심화는 높여야 할 것이다. 청소년기의 일반적 은혜의 수단을 통한 지도를 표로 나타내면 아래 표 4와 같다.

표 4. 청소년기를 위한 '일반적 은혜의 수단'의 지도

일반적 은혜의 수단	청 소 년 기
순종	- 정서적으로 안정감을 갖도록 부모나 어른들과 정서적 친밀감을 형성해 준다 - 스스로 감정을 다스리는 훈련을 통해 순종을 지도한다
자기 성찰	- 자신의 정체성에 대해 깊은 실존적 질문을 하도록 한다 - 좋은 역할 모델을 성서나 기독교 성자들 속에서 제시하여 지도한다
회개 (자기 부정)	- 죄의 유혹이나 선과 악을 구별하도록 지도한다 - 어른들의 이중적 모습과 부정적 시각을 원죄의 관점에서 이해시킨다 - 원죄의 의미를 성서로부터 가르치고, 그 해방의 길이 회개와 구속의 은총임을 깨닫도록 지도한다
책임, 봉사	- 모든 행동에는 책임이 따른다는 것을 주지시킨다 - 언행 심사에 있어서도 책임 있는 선택을 하도록 가르친다 - 또래나 수위를 의식하기보다는 선한 동기에 의해 행동하도록 지도한다 - 주위의 어려운 친구와 이웃에 연민을 가지고 그들을 돌볼 수 있는 마음과 봉사를 하도록 격려한다

청소년기에는 위의 표 4에서 보듯이, '일반적 은혜의 수단' 가운데 '순종'이나 '자기 부정(반성)' 등이 약한 반면 의식의 발달로 '깨어나는 것'과 '십자가를 지는 것(책임감, 봉사)'은 높아진다. 이 시기 청소년들은 끊임없이 자신의 존재와 역할에 대한 물음을 묻는 시기이기 때문에 말씀을 통해 하나님과의 바른 관계가 형성될 수 있도록 지도하고, 자기 긍지를 갖고 말씀 속에서 자신이 소중한 존재임을 터득할 수 있도록 제도적 은혜의 수단을 적극 활용해야 할 것이다.(표 5 참조)

표 5. 청소년기를 위한 '제도적 은혜의 수단'의 지도

제도적 은혜의 수단	청 소 년 기
기도	– 기도 훈련을 통해 기도의 유익을 발견하게 한다 – 하나님과의 바른 관계가 기도를 통해 설정될 수 있도록 신앙 지도를 한다
말씀 묵상	– 학교 교과과목에 대한 부담감으로 말씀공부를 등한시하지 않도록 한다 – 매일 꾸준히 말씀을 묵상할 수 있도록 지도한다
금식	– 성장하는 시기이므로 금식을 강권하지 않는 것이 좋다 – 하루 한 끼 정도의 목적 금식이나 어려운 이웃들의 아픔에 동참하는 차원의 금식은 교육 차원에서 실시한다
성례전	– 예수의 대속적인 죽음과 원죄로 죄 된 환경에 놓일 수밖에 없는 상황에 대해서도 이해하게 된다 – 회개를 통해 죄를 씻고 죄 된 환경에서 벗어날 수 있도록 지도한다

청소년들은 자신이 속해 있는 집단의 인습에 기초해 삶을 해석하고 관계시키고 의미를 찾으려고 하는 단계이므로, 청소년기의 교육은 신앙을 주입하려고 하지 말고 스스로 물음을 가지고 씨름하도록 인내심

을 가지고 지도해야 한다.

　기도 훈련에 있어서 아동기에는 기도에 대해 참여하도록 지도했다면, 청소년기에는 기도 훈련을 통해 기도의 유익을 터득하고, 기도를 통해 하나님과의 바른 관계를 설정할 수 있도록 신앙적인 지도를 해야 할 것이다. 아동기에 부모와의 대화가 매개가 되어 하나님께 기도하는 것을 배우게 된다면, 청소년기에는 어른들(교사)의 기도나 좋은 모델 제시를 통해 청소년들이 직접적으로 기도함으로써 하나님과 교제하도록 격려해야 한다.

　청소년기는 정서적으로 질풍노도의 시기다. 그리고 자신의 정체성에 대해 깊은 실존적 질문도 할 수 있게 된다. 역할 모델을 찾고자 부모나 교사 등의 행동을 유의 깊게 관찰하기도 한다. 결국 자신의 주변에서 신앙적 역할 모델을 찾지 못할 때, 그들의 행동은 여과 없이 기성세대의 부정적인 패턴을 모방하기도 한다. 청소년기에 일어난 정체성 혼란, 역할 모델의 결핍, 일관성 없는 어른들의 세계에 대한 실망으로 신뢰보다는 불신과 회의의 정서를 더 많이 학습하게 되는 것이 청소년이다. 특히 한국 청소년의 가치관 속에 나타난 이중성은 이들이 얼마나 현실과 이상의 괴리 속에 살고 있는가를 잘 증명해 준다.[69] 따라서 청소년기를 위한 구원론은 먼저 어른 세계에 대한 부정적 시각을 '원죄'의 관점으로 이해시키는 것이 필요하다. 그리고 그것으로부터 해방되는 길이 회개와 구속의 은총으로 말미암는다는 것을 깨닫게 하는 것이 핵심이 되어야 할 것이다.

　'상황적 은혜의 수단,' 즉 공동체 차원에서 적용할 수 있는 은혜의 수단은 소그룹이다. 속회처럼 청소년들을 위한 소그룹을 제공해 구성원 사이의 동질감과 공동체성을 형성해 그것을 신앙의 동력으로 삼아

---

69 이 부분은 2010년 11월 27일 한국인문사회과학회 추계학술대회에서 발표된 한미라의 "청소년의 가치관 변화와 미래 인재교육의 방향" 참조.

야 할 것이다. (표 6 참조)

표6. 청소년기를 위한 '상황적 은혜의 수단'의 지도

상황적 은혜의 수단	청 소 년 기
소그룹 (제자학교)	– 자신이 속한 공동체에 대한 강한 긍지를 가지고 있기 때문에 공동체를 효과적으로 활용하면 신앙 성장을 꾀할 수 있다 – 주의할 점은 영적 수준을 고려하여 수준별 공동체를 편성하여 효과적인 지도가 되도록 해야 한다
교회학교 분반	– 청소년기에는 자칫 학교교육 위주의 인식으로 교회학교의 교육이 위축될 수 있다 – 지속적인 신앙 교육으로 말씀 안에서 바로 설 때 정서적으로도 안정되며 올바른 신앙인으로 자랄 수 있다 – 더욱 체계적으로 신앙 교육을 하는 데 교회학교의 역할이 중요하다

특별히 청소년기는 표 6에서 보듯이, 자신이 속한 공동체에 대한 강한 긍지와 유대를 하려는 특성이 있기 때문에 이를 잘 활용하면 청소년들을 효과적으로 지도할 수 있다. 웨슬리의 경우 신도회 등 공동체 안에서 사람들의 영적 경험을 드러내기 때문에 그들의 신앙을 효과적으로 지도할 수 있었다. 또한 그 공동체의 리더를 세워 영적 성장을 위한 나눔이 일어나도록 했다. 결국 이는 개인 지도 방법보다 효과적인 지도 방법이 되었다. 웨슬리는 구성원들의 영적 수준에 맞게 공동체들을 편성하였는데, 오늘날 한국 교회의 그룹이나 분반은 그들의 신앙적인 상태를 고려하지 않고 나이나 성별 등 획일적으로 구분하고 있어 영혼을 돌보고 성장하게 하는 것과는 무관하게 형식적인 모임이 되어가고 있다. 청소년기부터 그룹이나 분반을 편성할 때에 우선적으로 고려해야 할 것은 개인의 영적 수준을 고려하여 편성하는 것이다.

파울러가 언급했듯이 이 시기 청소년들은 교회를 자신들이 머무르는 삶의 상황으로 인식하기 시작한다. 따라서 교회는 청소년들의 삶의 중요한 상황이 되도록 모든 노력을 경주해서 신앙 교육의 효과를 극대화할 수 있도록 해야 한다.

학교 상황, 가정에서의 상황, 친구들과의 관계, 성적 스트레스, 불투명한 미래, 대학 입시 등의 부담을 안고 살아가는 한국의 청소년들에게 구원의 복음을 전하기에 앞서 그들에게 다가갈 수 있는 '구원의 문'을 활짝 열고 들어오기를 기다려야 한다. 강요하지 않으면서도 그들 스스로 신앙의 길로 들어서도록 기다려 주는 것, 기도와 말씀을 통해서도, 직유보다는 은유적 표현으로 청소년기의 힘든 삶의 상황을 잘 극복할 수 있는 권능empowering의 메시지를 주는 것에 구원론 교육의 초점을 맞추어야 한다.

어느 곳을 가든지 청소년들을 위한 자리에는 음악과 놀이가 수반된다. 경배와 찬양, 말씀공부를 위한 소그룹 모임, 그들의 시험 기간에 있는 새벽 또는 심야기도회 등은 궁극적으로 구원을 가르치지만, 그것보다 먼저 청소년기의 길고 어두운 터널을 잘 빠져 나오도록 빛을 비추어 주어 이 시기에 구원의 집으로 안내하는 교육이 되어야 한다.

청소년들을 신앙적으로 양육함에 있어서 고려해야 할 대상이 있는데 바로 교사다. 아동기의 어린이들에게 있어서 부모의 역할이 중요했던 것처럼, 청소년기의 신앙 교육에 있어서 교사가 차지하는 비중은 높다. 교사는 청소년의 영적 정체성 형성을 돕는 조력자이자 영적 모델이 되어야 한다. 신앙 교육의 장인 교회에서 교사의 영적 정체성과 신앙의 상태는 학생들의 영적 정체성과 신앙의 상태를 좌우한다고 할 수 있다. 이에 교사는 청소년들이 성서적 가르침을 내면화하고 자신의 비전을 찾아, 그 비전을 향해 나아갈 때에 그들을 격려하고 그들의 신앙의 성숙을 위해 함께 나아가야 한다. 이러한 영적 모델인 교사가 영적 정체성 형성을 돕는 조력자가 된다면 청소년의 영적 정체성은 균형 있고 긍정적으로 형성될 수 있을 것이다.

청소년기에 한국 상황에서 특별히 염두에 두어야 할 부분은 청소년이 처한 현실이다. 오늘날 한국의 기독교 교육은 입시 위주의 왜곡된 교육으로 고통당하는 학생들의 필요에 응답하지 못하고, 대안적 가치관을 제시하지 못한 채 방향을 잡지 못하고 있다. 또한 기독교 교육이 교회와 가정, 학교와 교회, 그리고 학교와 가정이 하나가 되어 통전적 교육을 추구해야 하지만 서로 분리되어 통전적 신앙 교육이 이루어지지 못하고 있다. 가정에서는 신앙 교육이 상실되어 신앙 전수에 실패함으로 기독교 교육이 효과적으로 이루어지지 못하고 있다. 또한 기독교 교육이 학업의 문제를 기독교적으로 바라볼 수 있는 관점을 제시해 주지 못해, 그들의 고민을 끌어안아 주지 못함으로 기독교 교육은 입시, 사교육의 주변에 머물 수밖에 없는 무기력한 모습을 보여 주고 있다.

우리가 다시금 추구해야 할 청소년들을 위한 기독교 교육은 교회, 가정, 학교라는 영역이 따로 분리될 수 없는, 통합된 전체 기독교 교육과정이 수립되어야 하며, 이러한 교육과정을 통해 통전적 기독교 교육이 이루어지도록 각 영역이 서로 연계하고, 각 영역의 교육은 전체 구조 안에서 양육되고 파악되어야 할 것이다.

3) 성인기를 위한 구원론 지도

파울러에 의하면 신앙발달 단계에 있어서 3단계에서 4단계인 개별적-반성적 신앙 단계로의 전이가 일어나는 때를 가장 힘든 시기로 보고 있다. 3단계에서 4단계로의 과정은 타인에 의해 형성된 신앙의 안정성을 포기하고 자기 자신의 입장에서 비판적으로 평가하기 시작하는 단계로 이분법적 사고가 주류를 이루는데, 교회의 경우 많은 청년이나 대학생들이 신앙에 대한 회의를 갖거나 이로 인해 교회를 떠나는 경우를 경험하게 된다.

4단계에서는 이전 단계의 순응적이고 의존적이던 신앙의 한계를 극복하고 스스로 설 수 있는 책임 있는 신앙의 수준으로, 자신을 하나의 독립된 개체로 정체성이 확립되고 이를 유지하기 위한 의미구조를 구축해 나가는 시기다. 5단계에서는 4단계의 이분법적 논리를 극복하고 모든 존재에 포함되어 있는 양면성을 인식할 수 있게 된다. 타인의 진리를 부정함이 없이 자신의 진리를 인정하며 보다 보편적인 공동체를 추구하고자 한다. 파울러의 6단계인 보편적 신앙 단계는 현실적으로는 도달하기 어려운 단계로 경험적으로는 증명하기 어려운 단계다.

성인기는 이분법적 논리를 극복하고 변증법적 관점에서 사물을 보거나 이해하려는 태도를 갖게 되고 동시에 사물과의 상호 관련성에 관심을 갖게 된다. 이로 인해 자기 확신과 의식적 인지 그리고 현실에 대한 정의감이 생겨난다. 이 시기는 역설과 모순 속에서도 진리를 보게 되고 생각과 경험에 있어서 양극을 결합시키려는 노력이 수행된다.[70] 그렇기 때문에 성인기의 신앙 교육은 자기 위치를 하나님의 말씀에 비추어 인식하고 삶 속에서 생성되는 문제들에 대한 해결을 성서의 입장에서 해석해 주고 자신의 자리에서 마땅히 행할 일들을 할 수 있도록 지도해야 할 것이다. 또한 가정과 사회, 나아가 사회 속에서 하나님의 자녀로 맡은 바 사명을 감당하여 예수 그리스도의 증인으로 살아가도록 이끌어야 할 것이다.

---

70 제임스 파울러, 『신앙의 발달 단계』, 317-19.

표 7. 성인기를 위한 '은혜의 수단'의 지도

은혜의 수단	성 인 기
기도	– 개인의 서원이나 욕심을 구하는 이기적인 기도에서 벗어나, 이타적이고 공동체를 위한 기도로 승화될 수 있도록 지도한다
말씀 묵상	– 자기 위치를 말씀에 비추어 인식하고, 삶의 문제에 대한 해결을 성서의 입장에서 해결하도록 해석해 준다 – 자신의 자리에서 마땅히 행할 길을 지도한다 – 말씀사경회와 성서연구반 참여를 권장한다
금식	– 금식은 자신을 부인하고 하나님 앞으로 나아가는 중요한 수단으로, 금식을 통해 죄를 보고, 육체의 정욕을 이기며, 하나님과의 더 깊은 기도로 들어갈 수 있도록 지도한다 – 그러나 금식이 목적이 되지 않도록 한다
소그룹	– 소그룹을 통해 영적 성숙과 기도와 권면, 상호 돌봄, 함께 봉사하고 청지기직을 수행하도록 지도한다 – 소그룹은 구성원의 영적 수준을 고려해 편성하고 효과적으로 신앙지도가 이루어질 수 있도록 배려한다.
비제도적 은혜의 수단	– 성인기는 사회봉사적이며 사회변혁적 차원의 욕구가 생겨나는데, 이를 복음의 사회적이고 관계적인 해석을 통해 사회에 참여하도록 지도한다 – 이를 통해 그리스도인으로서 세상의 빛과 소금의 역할을 감당하게 한다

성인기의 신앙발달을 위한 은혜의 수단은 앞서 아동기부터 언급한 일반적, 제도적 차원의 수단들이 신앙생활을 위한 기본적인 내용들이기 때문에, 청소년기는 물론 성인기에도 지속적으로 사용하되 성인에게 적합하도록 그 질적 심화 정도를 높여 활용할 수 있을 것이다. (표 7 참조) 아울러 청소년기에서 성인기로 넘어오는 과도기와 성인기에 적용해 신앙발달에 도움을 줄 수 있는 은혜의 수단은 공동체 차원과 사회 차원의 적용이 효과적일 수 있다. 웨슬리의 경우 공동체 차원에서

신앙을 지도하기 위해 적용한 은혜의 수단은 신도회, 속회, 반회, 선발신도회, 참회자반 등이 있었다. 이 공동체 차원의 모임들을 통해 웨슬리는 기도와 권면, 상호 돌봄의 공동체적 생활을 추구하고, 함께 봉사하는 것과 청지기직을 목표로 운영하였다.

오늘날 한국 교회에서 소그룹 활성화가 중요한 키워드로 등장하고 있고, 교회 부흥을 위한 중요한 도구로 인식되면서 이에 대한 다각적인 연구와 실천들이 모색되고 있다. 이러한 상황에서 감리교회는 이미 웨슬리 시대부터 속회를 비롯한 공동체적 은혜의 수단들을 통해 감리교회의 성장을 이룬 경험을 가지고 있기 때문에, 이 공동체 차원의 은혜의 수단들을 다시금 재정비하고 발전적으로 연구하여 신앙발달을 위한 도구로 활용해야 할 것이다.

속회를 비롯한 각 공동체들은 교회의 기본적인 세포와 같아서 이러한 공동체들이 잘되면 교회는 반드시 부흥할 수밖에 없다. 오늘날 목회가 사람을 세우는 일을 강조하고 있는 상황에서 각 공동체를 구성하기 위해서는 자연스럽게 지도자들이 양산되기 때문에, 이러한 공동체의 활성화는 교회의 부흥과 개인의 신앙발달을 이루어 가는 데 유용한 도구가 될 수 있을 것이다.

또한 성인기는 사회적 차원의 은혜의 수단을 통해 신앙발달을 이루어갈 수 있다. 성인기는 사회봉사적이며 사회변혁적인 차원의 욕구가 발생하는데, 이러한 욕구를 웨슬리는 제도화된 교회의 은혜의 수단이 아닌 비제도적 은혜의 수단을 통해 복음의 사회적이고 관계적인 차원을 성취하려고 했다. 그래서 웨슬리는 가난한 이들을 위한 합숙소, 융자기구, 자선병원, 노예제도 폐지 등과 같은 사회적 문제들에 대해 노력하였고, 이를 통해 가시적인 성과를 거두었다. 성인기의 현대인들을 위해 사회적 차원의 비제도적 은혜의 수단들을 다각도로 활용하고 참여하게 함으로써 그리스도인으로서의 사회에 대한 빛과 소금의 역할을 감당하게 하고, 아울러 개인의 신앙발달도 이끌어 낼 수 있을 것이다.

성인들의 신앙 특성은 언제부터 믿기 시작했는가, 어떤 동기가 그를 기독교 신앙으로 안내했는가에 따라 각기 다른 발달 속도를 갖는다. 파울러는 한 성인이 정상적으로 어린 시절부터 기독교 신앙을 가지고 성장하여 청소년기를 거쳐 성인기에 이르렀다면, 그들의 신앙 특성은 반성적이며, 통전적 신앙의 성숙 단계까지 다다를 수 있다고 전망하였다. 만일 성인 신자들이 모두 다 이와 유사한 신앙의 여정을 걸어 왔다면, 그들은 이 시기에 웨슬리가 말하는 일반적 은혜의 수단인 "자기 부정, 깨어나기, 십자가를 짊, 순종" 등과 같은 신앙의 덕목은 이미 통달할 정도가 되어야 할 것이다.

물론 아동기와 청소년기에도 이와 같은 일반적 수단에 잘 적응할 수 있으나 문제는 수단에 익숙해지고 친숙해지는 것이 아닌, 그 수단에 의해 변화된 개인의 질적 삶과 성숙한 믿음의 정도다. 예를 들어, 다음은 교회를 20년 이상 출석한 성인 신자가 자신이 진정 구원받은 신자인지를 확인하여 주는 질문의 예다. 나는 어느 정도의 자기 진정성을 가지고 살아가고 있는가? 자신의 주변과 공동체에 일어나고 있는 불의와 재난에 대해 얼마나 관심과 의식을 가지고 참여하고 있는가? 교회와 공동체를 위해 어느 정도 책임감을 가지고 봉사에 임하고 있는가? 하나님의 부르심에 얼마나 순종하고 있는가? 자신의 소명에 대해 얼마나 잘 인식하고 있는가? 위와 같은 질문들은 성숙한 성인 신자들의 구원의 확신을 점검할 수 있는 좋은 준거가 될 것이다. 이러한 일반적 은혜의 수단을 통해 끊임없이 자기 부정, 자기 각성, 소명과 책임을 연마하도록 안내한다면 성화의 경지에 다다를 수 있을 것이다.

성인기의 구원론 교육을 위해서 한국 교회가 가장 잘하고 있는 것 중 하나가 제도적 은혜의 수단이다. 기도, 말씀, 성례전 등에 참여는 한국 성인 신자들이 가장 충성되게 잘하고 있는 교회의 주요 종교적 활동이다. 그러나 '구원'이라는 교리적 주제에 따라 제도적 수단을 얼마나 내용적으로 일치시켜 교육을 해 왔는가는 미지수다.

왜냐하면 오래 신앙생활을 한 성인 신자라 할지라도 성찬의 의의와 바른 참여를 잘 모르고 있거나, 성서공부 시 그 본문이 의미하는 실천적 메시지를 잘 깨닫지 못하여 삶에서 신앙을 제대로 실천하지 못하는 것이 이것을 잘 반증하고 있다. 즉, 구원받은 신자라면, 파울러에 의하면 자신의 믿음 자체도 비판적으로 반성할 수 있어야 한다.

웨슬리는 성화된 신자가 나타내야 하는 궁극적인 목적은 영화라고 하였다. 베드로나 바울처럼, 자신의 믿음의 행위와 죽음조차 하나님께 영광을 드리는 하나의 수단이 될 때, 그것은 하나님의 영광을 드러내는 도구가 될 것이요, 비로소 영화의 단계에 이르는 것이다. 살아 있을 때에 하나님의 영화를 위한 도구가 되는 것이 아마도 웨슬리가 모든 성인 신자에게 기대했던 것으로 보인다.

지금까지 살펴본 아동기, 청소년기 그리고 성인기의 은혜의 수단을 통해 신앙발달을 이룰 수 있는 방안을 연구했다. 그런데 이러한 각 시기에 중요하게 작용하는 기본적이며 배경적인 요인이 있는데 바로 가정이다. 특별히 가정은 다음세대로의 신앙 계승의 핵심 장소다. 그러나 현대의 가정들은 비록 가족들이 각각 신앙을 가지고 있고, 교회에 출석하기는 하지만 가정이 하나의 신앙 공동체로서 역할과 기능을 제대로 발휘하지 못하고 있다.

특히 오늘날 한국 교회는 2차적 회심자들(유아세례 교인들, 또는 기독교 가정에서 자란 이들)의 비중이 커지면서 '명목상 기독교인'들이 갈수록 늘어가고 있는 추세다. 즉 그리스도인 됨에 주체적이고 분명한 의식 없이 살아가는 신자들이 늘어가고 있다. 이러한 현상은 신앙의 역동성을 저해하고 기독교를 문화적 종교로 안주하게 만들 수 있는 우려가 있다.

이러한 2차적 회심자들의 잠복된 신앙을 일깨우고 활력을 불어넣을 수 있는 교회교육이 필요하다. 바로 웨슬리가 자신의 가정에서의 교육과 신앙 경험이 그의 삶과 신학에 큰 영향을 미쳤던 것처럼, 가정을 신앙 공동체로 든든히 세워 갈 수 있도록 가정교육을 다시금 정착시켜야 할 것이다. 가족 구성원들이 서로 영적 대화를 나누며, 함께 중보기도하며, 가정사가 신앙의 일정에 맞춰 진행되도록 함으로써 가정을 신앙 공동체로 든든하게 세워 나가야 할 것이다.

또한 한국 교회가 다음 세대를 믿음으로 세우는 일은 무엇보다 시급한 과제다. 그동안 한국 교회가 수평적 복음전파에 치중해 왔다면, 이제는 다음 세대로의 수직적 복음전수가 중요한 과제로 등장하고 있다. 이제 목회도 교육 목회의 비중을 높이고 방향도 바뀌어야 한다. 그래서 사람에게 초점을 맞추는 목회, 사람을 세우는 목회, 특히 다음 세대에 초점을 두는 목회를 추구해야 할 것이다. 이를 위해 웨슬리도 속회와 같은 모임을 통해 신앙 공동체를 든든히 세워 나갔던 것처럼, 교회 안의 작은 교회, 초대 교회의 소 공동체, 슈페너Philipp J. Spener의 경건의 모임, 모라비아교의 헤른후트 형제단과 같은 모임을 통해 교회의 부분적인 기능만 수행하는 것이 아니라 그 자체 안에 교회의 거의 모든 기능을 그대로 수행하는, 그 자체로 교회 안의 또 하나의 작은 교회를 만드는 것이 필요하다.

이렇게 교회학교가 교회 안의 작은 교회 구조를 띠게 될 때 교육구조와 과정은, 교사와 학생 사이의 수직적 관계가 아니라 서로 신앙인이라는 수평적 관계로 바뀔 수 있을 것이다. 그럼으로써 학생들은 단지 학습에 있어 피동적인 존재가 아니라 신앙과 삶을 살아가는 참여자가 될 수 있으며, 교사는 단지 가르치는 자만이 아니라 하나님의 말씀안에서 학생들과 함께 신앙과 삶을 살아가는 순례자로서 살아갈 수 있을 것이다. 이러할 때 교사는 신앙 안에서 살아가면서 위임된 생명을 돌보는 작은 목회자로서의 역할을 하게 되는 것이다.

영적 성숙을 위한 기독교 교육은 그리스도인이 하나님의 뜻에 따라 영원한 생명을 소유하고, 성숙한 삶을 살 수 있도록 인간 행위의 변형을 위한 의도적인 과정을 의미한다. 하나님의 인간 창조와 구원의 역사라는 관계 속에서 이루어지는 교육 행위는 교사의 가르침과 성령의 역사 과정 속에서 나타난다. 하나님께서 인간을 부르시는 궁극적인 목적은 인간을 그의 아들 예수 그리스도의 성품으로 변형시키는 것이다. 교회의 교육과정은 이 교육 목적의 기본 구조 안에서 이루어져야 할 것이다.[71]

기독교 교육이 추구하는 목표는 인간이 하나님의 형상을 회복하는데 있다. 그리스도인의 완전은 전체적인 하나님의 형상을 마음속에 회복하는 것이다. 즉 하나님의 완전한 형상을 마음속에 회복하는 것은 전심으로 하나님을 사랑하고 이웃을 우리 자신처럼 사랑하는 것이 다.

---

71 장종철, 『존 웨슬리의 교육신학』, 73-74.

6장
나가는 말

1. 요약

127년의 선교 역사를 가지며 괄목할 만한 성장을 한 한국 기독교는 다음세대로의 기독교 신앙의 전승을 위해 전력투구하고 있다. 그러나 매일 문 닫는 교회가 증가하고 교회학교가 없는 교회들이 속출하는 오늘의 한국 기독교의 위상을 일선 교사들의 노력과 열정만으로 회복하고 부흥하는 데 한계가 있다. 이와 같은 시대적 이슈는 어느 특정 교파의 문제가 아닌 사실상 한국 모든 교회들의 당면 과제이기도 하다. 교회학교를 회복시키기 위한 노력은 다각도로 경주될 수 있으나, 나는 그것을 인간의 구원의 본질을 잘 가르치는 것에서 찾아야 한다고 보았다.

18세기 영국의 시대적 상황에서 존 웨슬리는 지금 한국 교회가 경험하고 있는 것과 같은 차세대로의 신앙 전승의 위기를 인식한 탁월한 예언자적 목회자요 교육가였다. 웨슬리는 특별히 신앙 교육에 대해 지대한 관심을 갖고 이를 그의 목회와 삶 속에서 구체적으로 실천하고자 노력한 실천적 인물이었다. 그의 구원 이해는 여타의 신학자들의 것과는 달리 그가 체험하고 깨달은 구원을 체계적으로 신자들에게 가르치기 위해 설교를 통해 전달되었다. 웨슬리의 설교에 나타난 구원에 대한 가르침은 교리적 체계를 세우기보다는 평이한 어조로 신자들에게 '구원'의 깊은 의미와 구원받은 자의 삶의 특징과 변화에 대해 이해하도록 하는 것이 목적이었다.

그러나 우리가 웨슬리 구원론을 목회와 교육의 현장에서 직접 교육하기 위해서는 학습자의 인지적, 종교적 발달 단계를 고려해야 효과를 극대화할 수 있을 것이다. 더욱이 현대 학습자들은 웨슬리 시대와는 많은 면에서 다른 발달 특성을 보이기 때문에 신앙발달에 기초한 학습자 속성을 고려한 '구원론' 교육이 되어야만 교육의 성과를 기대할 수 있을 것이다. 이를 위해 파울러의 신앙발달이론에 근거하여 웨슬리의 구원의 단계를 해석하고 교육적 적용의 가능성을 탐구했다.

존 웨슬리의 구원론을 발달론과 접목하여 기독교 교육적으로 재해석하는 작업은 먼저 구원론 자체에 대한 역사적, 신학적 배경의 심층적인 고찰이 선행되어야 한다. 따라서 이 연구는 18세기 영국의 사회적 상황의 고찰을 통해 웨슬리 구원론의 모티브를 탐구했다. 사회적 혼란과 도덕적 타락, 영적 지도력의 상실, 종교적 열정과 사랑의 실종 등은 당시 영국의 시대적 이슈요 문제이자 위기였다. 웨슬리는 이런 영국의 문제를 불경건의 만연에서 원인을 찾고, 이것을 치유하기 위한 처방으로 '구원'을 확신하는 신앙 교육에서 찾으려고 했다.

존 웨슬리는 이러한 열악한 영국의 사회상에도 불구하고 그 시대를 구원하고자 두 가지 방법으로 그의 사상을 설파했다. 하나는 복음적인 설교였고, 다른 하나는 교육이었다. 웨슬리는 특별히 교육을 통해 그 시대에 적합한 임무를 찾고자 노력했고, 그 시대에 필요한 교육원리들을 연구하여 실제적인 교육 이론을 만들어 이를 실천하고자 노력했다.

존 웨슬리가 교육에 관심을 갖게 된 배경에는 많은 영향들이 있었지만, 특별히 그의 어머니 수재너로부터 받은 가정교육의 영향이 컸다. 수재너는 엄격한 규칙 아래 교육을 실시했고, 청교도 전통에 따른 경건주의 교육을 실시했다. 또한 웨슬리는 모라비아교도들의 교육 방법에도 강하게 매력을 느껴 그 방법들을 배우고 연구하여 그가 설립한 킹스우드 학교의 교육 모델로 삼고 실천적으로 시행했다. 웨슬리가 교육에서 가장 중요하게 생각한 것은 신앙 교육이었고, 교육의 궁극적인 목적은 하나님의 형상을 회복하고, 사랑과 봉사의 삶을 사는 것이었다.

존 웨슬리의 신학의 핵심은 구원론이라 할 수 있다. 그의 구원론은 그가 접한 수많은 신앙의 선배들의 학문적 유산과 그 연구를 통하여 얻어졌는데, 동방 교회와 서방 교회 그리고 루터와 칼빈 같은 종교개혁자들, 그리고 영국 성공회와 가톨릭으로부터도 많은 영향을 받았다. 웨슬리에게 있어서 구원의 역사 전체는 하나님이 개입하시는 은총에 의하여 이루어진다.

웨슬리의 구원론의 단계는 선행은총, 회개, 칭의, 중생, 성화, 영화의 6단계다. 첫째 단계인 '선행은총'은 죄인인 인간이 구원을 얻을 수 있도록 이미 모든 이들에게 보편적으로 주어지는 하나님의 은총이다. 이 선행은총은 인간을 둘째 단계인 '회개'로 안내하는 하나님의 은혜의 역사다. 회개는 바로 인간이 하나님의 선행은총을 받아들이는 순간부터 시작된다. 선행은총과 회개에 이어지는 것은 셋째 단계인 '칭의'로 믿음과 함께 이루어진다. 칭의는 죄에서 용서함을 받고 죄책에서 놓임을 받고 하나님에 대하여 의롭다고 선언하시는 것이다. 이어 넷째 단계는 '중생'으로, 우리를 그리스도 안에서 새로운 피조물이 되게 하는 변화를 의미한다. 중생은 영적 생명의 탄생이라는 점에서 하나의 독립된 사건이지만 성화의 관점에서 중생은 성화의 첫 단계라고 할 수 있다. 웨슬리의 구원론의 다섯 번째 단계는 '성화'로써, 성화는 단번에 되는 것이 아니라 전 생애적인 과정을 통해 점진적으로 이루어진다고 보았다. 마지막으로 여섯 번째 '영화'의 단계로 완전하고 흠이 없는 거룩한 영적 인격의 완성 내지는 성취를 말한다.

존 웨슬리는 이러한 구원의 단계를 통해 그리스도인의 완전을 지향하며 영적 성장을 위한 모든 방법을 추구했고, 그 방법들을 '은혜의 수단'이라고 불렀다. 이것은 웨슬리에게 강력한 영적 지도의 도구가 되었다. 그런데 오늘날 은혜의 수단이 제대로 활용되지 못하고 형식적인 수단으로 전락해 버렸다. 이에 웨슬리가 그의 인간 구원을 위한 중요한 방편으로 생각한 은혜의 수단을 오늘날 다시금 회복하고 재해석해서 적용할 수 있도록 그 방안을 개인 차원, 공동체 차원, 사회 차원으로 적용 방법을 모색했다.

존 웨슬리는 개인적인 차원에서 기도, 묵상, 자아 성찰, 성서연구 그리고 성찬 참예를 실천하도록 하여 철저하게 교인들을 훈련시켰다. 공동체 차원에서 웨슬리는 제자화 훈련 같은 작은 모임의 사역을 통해 서로 책임을 감당하는 신실한 종이 되기를 원했다. 웨슬리는 개인과 공동체를 통한 것만이 아니라 사회적 차원에서의 실천 가능한 방법들을 모색해 적용해 나갔다. 웨슬리의 관심은 신자들만이 아니라 그들의 윤리적 삶을 통해 사회를 변형시키고 세상의 빛과 소금의 역할을 하도록 하는 것에 관심을 가졌다. 그래서 비제도적 은혜의 수단을 통해 하나님의 복음의 사회적이고 관계적인 차원을 성취하려는 목적을 추구했다.

지금까지 탐구한 웨슬리의 구원론이 탁월하고 그의 은혜의 수단이 교육적 실천 중심의 특성을 갖는다 해도, 이는 18세기 신자들을 대상으로 한 적용과 해석이었기 때문에 오늘날 현대 학습자들을 대상으로 적용하기 위해서는 현대적 이론을 통한 재해석 작업이 이루어져야 한다. 이를 위해 제임스 파울러의 신앙발달이론을 통해 웨슬리의 구원의 단계를 재해석했다.

제임스 파울러는 신앙은 인간의 보편적 현상으로 특정 종교에만 해당하는 것이 아니라 모든 인간에게 보편적이고 선천적인 특징이라고 보았다. 또한 신앙은 관계적이어서 서로 주고받는 현상이며 상호 활동적이며 사회적인 것이고, 경험을 알고 분석하고 해석하는 능동적인 앎의 행위로 이해했다. 파울러는 신앙의 본질적인 문제인 '신앙의 내용'보다는 '신앙의 구조'에 그 강조점을 두는 구조주의적 신앙발달 접근 방법을 택하고, 이 방법을 통해 신앙의 발달을 이론적으로 체계화하는 성과를 거두었다. 신앙발달의 각 단계는 각각 별개가 아닌 구조적인 전체로 각 단계는 다른 단계와 계층적이며 연속적으로 연관되어 있다. 파울러는 여섯 개의 명백하고도 인지될 수 있는 단계들이 있음을 주장하고, 각 단계는 나름대로의 온전한 구조를 갖고 있으며 위계적이고 연속적으로 서로 연결되어 있다고 보았다. 파울러는 하나님과 합일을 이루는 보편적 신앙에까지 성장할 수 있다고 보았는데, 이는 인간의 영적 경험의 수준, 의식의 확장과 성장으로 자아의 성장을 촉진할 수 있다는 것이다. 이것은 거듭남과 성화의 단계를 거쳐 성화의 최고 경지인 그리스도인의 완전에 까지 성숙할 수 있다고 보았다.

존 웨슬리의 구원의 단계는 하나의 영적 지도地図다. 영적으로 발달해 가는 과정을 설명하는 신앙발달론이라 할 수 있다. 이를 신앙 교육에 효과적으로 적용하기 위해 파울러의 신앙발달 단계를 준거 틀로 삼아 그의 발달 단계를 크게 아동기, 청소년기, 성인기로 구분하여 적용하고자 했다.

아동기에는 모든 측면에서 인생의 기초가 형성되는 기간임으로 아동기 어린이들을 위한 신앙 교육은 그들의 특성과 학습 경향을 토대로 체계적이고 단계적으로 진행되어야 할 것과 은혜의 수단들을 실천할 수 있는 구체적인 행동 지침을 제공해 생활 속에서 체화할 수 있도록 해야 한다. 아동기 시기에는 가정이 중요한 역할을 수행하기 때문에 경건한 가정을 이룰 수 있도록 영적 지도指導를 아끼지 말아야 할 것이다.

청소년기는 자기 혼란과 자기 정체성에 대해 고민하는 시기이면서 자신이 속한 공동체에 대한 강한 긍지와 유대를 하려는 특징이 있다. 그래서 소그룹과 같은 공동체를 적극 활용해 그것을 신앙의 동력으로 삼아야 한다. 소그룹을 구성할 때에는 개인의 영적 수준을 고려하여 편성해야 할 것이다. 그리고 이 시기에 신앙적으로 양육함에 있어서 교사의 역할이 중요한데, 교사는 청소년들의 영적 정체성 형성을 돕는 조력자이자 영적 모델이 되어야 할 것이다. 또한 한국 상황에서 청소년기 기독교 교육의 큰 장애가 되는 것은 바로 입시 위주의 교육 현실로, 청소년들을 위한 교육의 장에서 밀려나고 있다. 이제 기독교 교육은 큰 틀에서 교회, 가정, 학교를 통합하는 전체 기독교 교육과정을 수립해야 하며 이 과정 안에서 교회, 가정, 학교가 서로 연계하여 양육되고 파악될 수 있도록 해야 할 것이다.

성인기의 신앙 교육은 하나님의 말씀에 비추어 자기 위치를 인식하고, 자신의 삶의 자리에서 하나님의 자녀로 맡은 바 사명을 감당하여 예수 그리스도의 증인으로 살아가도록 이끌어야 할 것이다. 성인기의 신앙발달에 도움을 줄 수 있는 은혜의 수단은 공동체 차원과 사회적 차원의 적용이 효과적이라 할 수 있다. 최근 한국 교회에서 소그룹이 중요한 키워드로 부상하고 있는데, 교회 내 공동체들이 잘되면 교회는 반드시 부흥할 수밖에 없다. 이러한 공동체적 은혜의 수단들을 발전적으로 연구하여 신앙발달을 위한 도구로 활용해야 할 것이다. 또한 성인기는 사회봉사적이며 사회변혁적인 차원의 욕구가 발생하는데, 비제도적 은혜의 수단들을 다각도로 활용하고 참여하게 함으로써 그리스도인으로서의 사회에 대한 빛과 소금의 역할을 감당하게 하고,

아울러 개인의 신앙발달도 이끌어 내야 할 것이다.

존 웨슬리의 신학의 핵심은 그리스도인의 완전에 있다. 하나님의 은혜에 대한 인간의 응답과 반응으로서 성화의 삶을 요청하고 있다. 이러한 그리스도인의 완전을 기초로 한 웨슬리의 구원론은 오늘 이 시대와 특별히 기독교 교육의 현장에서 매우 절실하게 요청되고 있다.

2. 제언

존 웨슬리는 자신이 살았던 시대의 신학적 임무를 성실히 수행하고자 노력했다. 웨슬리의 해결 방법이 오늘 이 시대에 그대로 적용하는 데 있어서 적합하다고는 말할 수 없다. 시대와 상황이 바뀌고 이론적 근거들이 많이 변했기 때문이다. 그러나 그의 시대의 물음에 대해 끊임없이 답을 구하고 이를 적용하려 했던 실천적 노력이 타락했던 18세기 영국을 구할 수 있었던 원동력이 되었다.

나는 웨슬리의 구원론을 오늘 이 시대에도 적용 가능하게 하기 위해 제임스 파울러의 신앙발달이론을 준거 틀로 삼아 해석했고, 파울러의 신앙발달이론을 보다 현실적으로 수행하기 위해서 발달 단계를 크게 아동기, 청소년기, 성인기로 구분하여 해석한 결과 다음과 같은 실천 원리들이 발견되었다.

제임스 파울러의 신앙발달 단계 가운데 아동기에 속하는 어린이들은 모든 측면의 발달이 이루어져 인생의 기초가 형성되는 시기로, 이 기간의 경험은 성인이 되었을 때에 갖게 되는 여러 가지 특성의 기초가 된다. 그렇기 때문에 아동기 어린이들을 위한 신앙 교육은 그들의 특성과 학습 경향을 토대로 체계적이고 단계적으로 진행되어야 한다. 이 시기에 웨슬리의 내면적 성찰의 방편인 일반적 은혜의 수단들은 중요한 교육적 실천 방법이 될 수 있다. 아동기 어린이들도 어떤 행동을 했을 때에 그것이 죄인지 아닌지, 악한 것이지 아닌지에 대한 인식이 있으며, 그 스스로 죄를 회개하고 반성하는 능력을 가지고 있다. 또한 남을 위해 중보기도도 할 수 있다. 그렇기 때문에 죄나 악한 것으로부터 자신을 성결하게 지키는 것이 왜 중요한지를 깨닫게 하는 것과 같은 교육이 필요하다.

신앙 교육의 외적인 틀로서 기도, 말씀 묵상 등 제도적 은혜의 수단들은 아동기 어린이들에게 곧바로 실천될 수 있도록 구체적인 행동 지침을 제공해 주고, 생활 속에서 체화될 수 있도록 교육해야 할 것이다. 또한 아동기 어린이들에게 있어서 중요하게 고려되어야 할 부분은 바로 가정이다. 이 시기의 아동들은 부모의 신앙이 그대로 투영되기 때문에 가정교육과 교육환경이 중요하며, 교회는 경건한 가정을 이룰 수 있도록 영적 지도를 아끼지 말아야 할 것이다.

파울러의 신앙발달 단계 가운데 청소년기는 자신의 경험세계가 가정을 넘어 학교, 지역사회로 환경이 넓어지며 타인과의 대인관계에 민감하게 반응하는 시기다. 그러면서 자기 혼란과 자기 정체성에 대한 고민을 하는 시기다. 이 시기는 자신이 속한 공동체에 대한 강한 긍지와 유대를 하려는 특징이 있기 때문에 소그룹과 같은 공동체를 적극 활용해 그것을 신앙의 동력으로 삼아야 한다. 청소년들은 자신이 속해 있는 집단의 인습에 기초해 삶을 해석하고 관계시키고 의미를 찾으려고 하는 단계이므로 이들을 위한 신앙 교육은 신앙을 주입하려 하지 말고 스스로 물음을 가지고 씨름하도록 인내심을 가지고 지도해야 한다. 소그룹을 구성할 때에 주의해야 할 점은 청소년들의 신앙 상태를 고려하지 않고 나이나 성별 등 획일적으로 구분하는 방법을 지양하고, 개인의 영적 수준을 고려하여 편성해야 할 것이다. 또한 이 시기에 신앙적으로 양육함에 있어 중요하게 고려해야 할 대상이 있는데,

바로 교사다. 아동기에 부모가 중요하듯, 청소년기에 신앙 교육에 있어서 교사의 역할 비중은 높다. 교사는 청소년들의 영적 정체성 형성을 돕는 조력자이자 영적 모델이 되어야 할 것이다.

한국 상황에서 청소년기 기독교 교육의 큰 장애가 되는 것은 바로 입시 위주의 교육 현실이다. 교회는 왜곡된 교육으로 고통당하는 학생들의 필요에 응답하지 못하고 대안적 가치관을 제시하지 못한 채 청소년들을 위한 교육의 장에서 밀려나고 있다. 이제 기독교 교육은 큰 틀에서 교회, 가정, 학교를 통합하는 전체 기독교 교육과정을 수립해야 하며 이 전체적인 과정 안에서 교회, 가정, 학교가 서로 연계하고 전체 구조 안에서 양육되고 파악될 수 있도록 해야 할 것이다.

성인기의 신앙 교육은 자기 위치를 하나님의 말씀에 비추어 인식하고 삶 속에서 생성되는 문제들에 대한 해결을 성서적 입장에서 해석해 주고, 자신의 자리에서 마땅히 행할 일들을 할 수 있도록 지도해야 할 것이다. 또한 가정과 사회, 나아가 사회 속에서 하나님의 자녀로 맡은 바 사명을 감당하여 예수 그리스도의 증인으로 살아가도록 이끌어야 할 것이다.

성인기의 신앙발달에 도움을 줄 수 있는 은혜의 수단은 공동체적 차원과 사회적 차원의 적용이 효과적이라 할 수 있다. 최근 한국 교회에서 소그룹이 중요한 키워드로 부상하고 있는데, 속회를 비롯한 교회 내 공동체들은 교회의 기본적인 세포와 같아서 이러한 공동체들이 잘 되면 교회는 반드시 부흥할 수밖에 없다. 이러한 공동체적 은혜의 수단들을 발전적으로 연구하여 신앙발달을 위한 도구로 활용해야 할 것이다. 아울러 오늘날 목회에서 사람을 세우는 일이 강조되고 있는 상황에서, 각 공동체를 구성하기 위해서는 자연스럽게 지도자들이 양산되기 때문에, 이러한 공동체의 활성화는 교회의 부흥과 개인의 신앙발달을 이루어 가는 데 유용한 도구가 될 수 있을 것이다.

또한 성인기는 사회적 차원의 은혜의 수단을 통해 신앙발달을 이루어 갈 수 있는데, 성인기는 사회봉사적이며 사회변혁적인 차원의 욕구가 발생한다. 웨슬리도 이러한 욕구를 제도화된 교회의 수단이 아닌 비제도적 은혜의 수단을 통해 복음의 사회적 차원을 이루어갔던 것처럼, 성인기의 현대인들을 위해 사회적 차원의 비제도적 은혜의 수단들을 다각도로 활용하고 참여하게 함으로써 그리스도인으로서의 사회에 대한 빛과 소금의 역할을 감당하게 하고, 아울러 개인의 신앙발달도 이끌어 내야 할 것이다.

지금까지 아동기, 청소년기 그리고 성인기의 은혜의 수단을 통한 신앙발달을 이룰 수 있는 방안을 모색해 보았다. 이러한 방안들이 효과적으로 수행되기 위해서는 이를 실행하고 지도해야 할 한국 교회와 교회교육의 현실 또한 고려하지 않으면 안 된다. 오늘날 한국 교회와 교회교육에 대한 많은 문제점들이 지적되고 있다. 그러한 문제들은 오늘 이 시대와 사회가 안고 있는 많은 문제들과 함께 얽혀 있어 해결을 위한 방안들이 쉽지만은 않다. 그러나 가장 기본적인 것부터 하나씩 풀어 나간다면 해결할 수 있으리라 본다. 이러한 기본적인 것 몇 가지를 제언하고자 한다.

첫째, 교육의 주체를 바로 세워야 한다. 교사 중심 위주의 교육은 지나가고 있다. 이는 교사 무용론을 말하는 것이 아니다. 교사가 중심이 되는 교육은 필연적으로 어린이, 청소년을 교육의 대상으로 여기게 되며, 이들은 교육의 주체가 아닌 교육의 객체로 전락하게 된다. 오늘날 한국 교회의 기독교 교육의 저변에 흐르는 근원적인 문제는 신앙 결핍도, 교사 부족도, 교육자료 빈곤도, 교육 방법의 부재도 아닌 어린이와 청소년들을 교육의 중심으로부터 변두리로, 객체로 몰아낸 것에 있다고 볼 수도 있다. 오늘의 청소년들을 바로 이해하고 그들을 주체로 세워가기 위해서는 그들의 삶의 현장을 제대로 파악해야 한다. 즉 교회는 그들을 교회 안에서의 청소년으로만 보지 말고 그들이 속한 가정, 학교 그리고 사회를 포함하여 총체적으로 이해할 수 있어야 한다. 그들과의 진정한 만남을 통한 총체적인 이해를 바탕으로 청소년 선교의 장을 열어야 할 것이다. 어린이와 청소년들은 객체가 아니라 하나님 앞에서의 주체다. 그래서 패러다임의 전환이 필요하다. 즉 교사 중심의 패러다임에서 과감히 벗어나 교사와 어린이, 청소년이 함께 엮어가고 또 창조하는 공동적 패러다임을, 모든 교육 현장에 과감히 도입하여 새로운 교육 패러다임을 창조해야 할 것이다.

둘째, 그동안의 교육은 개인의 다양한 적성과 능력을 발견해 이를 최대한 신장시켜 주는 것을 목표로 하고 있기 때문에 교육의 목표, 내용, 방법 등에 관한 연구에 있어서도 개인주의를 토대로 개별화 수업이나 경쟁 학습을 강조해 왔다. 그러나 경쟁 학습은 서로 대립적으로 활동하도록 조장하고, 소수만이 목표에 도달할 수 있는 단점을 가지고 있다. 결국 교육 기간 동안에 만성적으로 실패를 경험하는 학생들은 학습에 소극적이거나 포기하게 되고, 또한 지나친 경쟁 상황은 학습자에게 불안을 야기해 상대적으로 지적 요구 강도를 약화시킨다는 단점을 가지고 있다. 피아제는 아이들의 인지발달은 상호작용을 통해 이루어진다고 주장한다. 즉 지적 자극은 친구나 동료들과의 토론을 통해 상호 발달을 이루며 혼자 공부하는 것보다 함께 공부하는 것이 효과가 크다는 것이다. 이러한 협동을 통한 학습은 특별히 분반 형태로 진행되는 교회학교에서 실천하기가 용이하며 성적을 내거나 평가할 이유가 없기 때문에 경쟁 구도를 탈피해 상호 존중과 협력을 이루고 창의적인 학습을 통해 상호 발달을 이루어 갈 수 있다. 이를 위해서는 교회학교 분반 교육의 내용도 단순히 성서 학습 위주에서 벗어나 창조적인 협동 학습이 될 수 있는 교육과정과 교재가 개발되어야 할 것이다.

셋째, 교회교육은 주일 오전이나 오후에 한정되어 이루어진다는 인식에서 벗어나야 한다. 말씀을 듣고 깨달으며 삶의 실천을 다짐하는 것은 매순간 일어날 수 있다. 어느 때든지 말씀을 나눌 수 있는 시간이라면 그때가 바로 가르침과 배움의 시간이 될 수 있다. 어느 시간이든지 말씀을 배우고 나눌 수 있는 여건을 만들어 교회교육을 위한 시간으로 만들어 가야 할 것이다. 점차 인터넷을 통한 가상공간이 시간적 제약을 의미 없게 만들어 가고 있다. 인터넷을 통한 소통과 대화를 통해 다양한 교육적 가치들을 만들어 갈 수 있을 것이다.

또한 교회의 공간 중에 교회학교를 위해 배려된 공간을 가지고 있는 일부 중대형교회들을 제외하고는 대다수 교회가 공간 부족으로 시간대별로 구분해 사용하고 있다. 교육 공간이 안정적으로 확보되지 않음으로 인해 교육 여건과 교육 내용은 부실해질 수밖에 없다. 그러나 우리는 공간적인 제약에서 벗어나야 한다. 부족하고 없는 공간만을 탓하기보다, 공간은 '건물'이 아니라 '사람'이라는 것에 초점을 맞추는 것으로부터 시작해야 한다. 예수가 필요한 사람들을 찾아가셨듯이 교회 건물 안에 찾아온 사람들만이 가르칠 대상은 아니다. 길거리, 공원, 쇼핑몰 등 어디에서든지 말씀의 가르침은 일어날 수 있다. 또한 사이버 공간 안에서도 창조적으로 학습자들을 만날 수 있다. 시간과 공간의 제약으로부터 벗어나 교육 방법과 내용을 다각적으로 검토해서 체계화해 적용할 수 있도록 해야 할 것이다.

마지막으로, 예수는 자신을 '길이요 진리요 생명'(요 14:6)이라고 말했다. 예수는 자신이 가르치는 교훈과 방법을 따르라고 말하지 않고 자신의 삶 자체가 진리라고 말하고 있는 것이다. 이는 우리가 교회학교 교육을 논할 때 '지식의 이해'를 위한 가르침이 아니라 '삶의 경험'으로의 가르침이 되어야 함을 보여 주고 있다. 수십 년 동안 교회학교의 교육을 받고서도 하나님과의 영적 교제가 없다면 수많은 성서의

'조각' 지식들은 무슨 소용이 있으며, 영성의 심원에 다다르지 못한 메마른 지식들은 무슨 의미와 가치가 있겠는가? 교회교육에서는 기도를 통한 영성 체험을 할 수 있도록 도와야 할 것이다. 웨슬리도 은혜의 수단으로 기도를 강조하고 이를 통해 하나님과의 영적 교제를 이루어 간 것처럼 기도를 통해 하나님에 대해 배우고 하나님께서 가르쳐 주시는 삶을 살 수 있도록 경험적 가르침을 주어야 할 것이다.

참고문헌

1. 단행본

강순복, 『피아제의 인지발달이론과 기독교 교육』, 서울: 장로회신학대학 출판부, 1980.

권희순, 『웨슬리 영성수련 프로그램』, 서울: kmc, 2006.

김영선, 『존 웨슬리와 감리교신학』, 서울: 대한기독교서회, 2010.

_____, 『사진으로 따라가는 존 웨슬리』, 서울: kmc, 2007.

김영일, 『그리스도교 윤리』, 서울: 대한기독교서회, 1998.

김외식, 『현대교회와 영성목회』, 서울: 감리교신학대학교 출판부, 2002.

김진두, 『웨슬리와 사랑의 혁명』, 서울: 감리교신학대학교 출판부, 2006.

_____, 『웨슬리의 실천신학』, 서울: kmc, 2000.

_____, 『존 웨슬리의 생애』, 서울: kmc, 2009.

_____, 『웨슬리의 뿌리』, 서울: kmc, 2005.

_____, 『웨슬리와 우리의 교리』, 서울: kmc, 2009.

김택수 편역, 『구조주의의 이론』, 서울: 인간사랑, 1990.

김홍기, 『구원의 완성을 향한 순례』, 서울: 기독교대한감리회 홍보출판국, 2000.

_____, 『존 웨슬리 신학의 재발견』, 서울: 대한기독교서회, 1999.

_____, 『존 웨슬리의 구원론』, 서울: 성서연구사, 2007.

_____, 『현대교회 신학운동사』, 서울: 한들출판사, 2008.

_____, 『감리교회사』(서울: kmc, 2003)

김홍기 외, 『존 웨슬리의 역사신학적 조명』, 서울: 감리교신학대학 출판부, 1995.

노로 요시오, 『존 웨슬리의 생애와 사상』, 김덕순 옮김, 서울: 기독교대한감리회 홍보출판국, 1998.

더글라스 미크스 편저, 『감리교 신학의 미래』, 변선환 옮김, 서울: 기독교대한감리회 교육국, 1987.

데이비드 새퍼 외, 『발달심리학』, 송길연 외 3인 옮김, 서울: 시그마프레스,

2005.

데이비드 햄튼, 『성령의 제국 감리교』, 이은재 옮김, 서울: CLC, 2009.

랄프 월러, 『존 웨슬리』, 강병훈 옮김, 서울: kmc, 2004.

랜디 매닥스, 『웨슬리 신학 다시 보기』, 이후정 옮김, 서울: 기독교대한감리회
　　　홍보출판국, 2000.

레오 조지 칵스, 『존 웨슬리의 완전론』, 김덕순 옮김, 서울: 은성, 1998.

로렌스 콜버그, 『도덕교육철학』, 이기문 옮김, 서울: 대한예수교장로회출판국,
　　　1985.

로벳 웜즈, 『존 웨슬리의 신학과 유산』, 이은재·이관수 옮김, 서울: 진흥, 2005.

리처드 아스머, 프리드리히 슈바이처 공편, 『공적신앙과 실천신학』, 연세기독교
　　　교육학포럼 옮김, 서울: 대한기독교서회, 2005.

리커구스 스타키, 『존 웨슬리의 성령신학』, 김덕순 옮김, 서울: 은성, 1994.

박원호, 『신앙의 발달과 기독교 교육』, 서울: 장로회신학대학대 출판부, 1996.

박창훈, 『존 웨슬리, 역사비평으로 읽기』, 서울: 대한기독교서회, 2008.

배리 테브러햄, 『감리교회 형성사』, 김희중 옮김, 서울: 도서출판 감신, 1998.

변선환 아키브 편집, 『요한 웨슬리 신학과 선교』, 천안: 한국신학연구소, 1998.

서봉연·유안진, 『인간발달』, 서울: 서울대학교 출판부, 1982.

성형란 외, 『인지발달』, 서울: 학지사, 2001.

송흥국, 『요한 웨슬레』, 서울: 대한기독교서회, 1979.

＿＿＿, 『웨슬레 신학』, 서울: 대한기독교서회, 1988.

＿＿＿, 『웨슬레 신학과 구원론』, 서울: 대한기독교서회, 1975.

＿＿＿, 『존 웨슬리의 생애』, 서울: 웨슬리사업회, 1979.

＿＿＿, 『웨슬리 총서 4·10』, 서울: 한국교육도서출판사, 1976.

알버트 아우틀러, 『웨슬리 설교 해설』, 조종남 옮김, 서울: 대한기독교서회,
　　　2005.

＿＿＿, 『웨슬리 영성 안의 복음주의와 신학』, 전병희 옮김, 서울: 한국신학연
　　　구소, 2008.

알프레드 버디, 『존 웨슬리와 교육』, 장종철·주신자 옮김, 서울: 기독교대한감
　　　리회 교육국, 1995.

오인탁 외, 『기독교 교육론』, 서울: 대한기독교교육협회, 1991.

유영주, 『가족관계학』, 서울: 교문사, 1983.

윌리암 캐논, 『웨슬레 신학』, 남기철 옮김, 서울: 기독교대한감리회 교육국,

1986.

이금만, 『발달심리와 신앙 교육』, 서울: 크리스챤 치유목회연구원, 2000.

이선희, 『복음주의적 감리교신학의 모색』, 대전: 도서출판 복음, 2003.

이성덕, 『소설 존 웨슬리』, 서울: 기독교대한감리회 홍보출판국, 2003.

_____, 『존 웨슬리, 나의 삶이 되다』, 서울: 신앙과지성사, 2011.

이숙종, 『코메니우스 교육 사상』, 서울: 교육과학사, 1996.

이원규, 『한국 교회 어디로 가고 있나』, 서울: 대한기독교서회, 2000.

이후정, 『성화의 길』, 서울: 대한기독교서회, 2001.

장종철, 『존 웨슬리의 교육신학』, 서울: 감리교신학대학교 출판부, 1990.

장휘숙, 『인간발달』, 서울: 박영사, 2000.

정옥분, 『발달심리학: 전생애 인간발달』, 서울: 학지사, 2004.

제임스 파울러, 『신앙의 발달 단계』, 사미자 옮김, 서울: 한국장로교출판사, 2002.

_____, 『변화하는 시대를 위한 기독교 교육』, 박봉수 옮김, 서울: 한국장로교 출판사, 1996.

조복희 외, 『인간발달』, 서울: 교문사, 2010.

조종남, 『요한 웨슬레의 신학』, 서울: 대한기독교출판사, 1980.

_____, 『웨슬레 신학의 개요』, 부천: 서울신학대학 출판부, 1984.

_____, 『웨슬리의 갱신운동과 한국 교회』, 서울: 대한기독교서회, 2006.

조지 셀, 『존 웨슬리의 재발견』, 송홍국 옮김, 서울: 대한기독교출판사, 1982.

존 웨슬리, 『존 웨슬리의 일기』, 나원용 옮김, 서울: kmc, 2007.

존 캅, 『은총과 책임』, 심광섭 옮김, 서울: 기독교대한감리회 홍보출판국, 1997.

최임선, 『신앙의 발달과정』, 서울: 종로서적, 1985.

케네스 콜린스, 『존 웨슬리의 생애』, 박창훈 옮김, 부천: 서울신학대학교 출판 부/현대기독교역사연구소, 2009.

_____, 『존 웨슬리의 신학』, 이세형 옮김, 서울: kmc, 2012.

콜린 윌리암스, 『존 웨슬리의 신학』, 이계준 옮김, 서울: 전망사, 1983.

클라이버·마르쿠바르트, 『감리교회 신학』, 조경철 옮김, 서울: kmc, 2007.

테오도어 러년, 『새로운 창조』, 김고광 옮김, 서울: 기독교대한감리회 홍보출판 국, 2001.

데오도어 러년 편, 『웨슬리와 해방신학』, 변선환 옮김, 서울: 전망사, 1987.

토마스 그룸, 『기독교 교육적 종교 교육』, 이기문 옮김, 서울: 한국장로교출판
사, 2003.

하워드 스나이더, 『혁신적 교회갱신과 웨슬레』, 조종남 옮김, 서울: 대한기독교
출판사, 1986.

한국웨슬리신학회 편, 『웨슬리와 감리교신학』, 서울: 감리교신학대학교 출판
부, 1999.

한국웨슬리학회, 『존 웨슬리 논문집 I』, 서울: 한국웨슬리학회, 2009.

한국웨슬리학회 편, 『웨슬리설교전집 1-7』, 서울: 대한기독교서회, 2006.

한미라, 『개신교교회교육』, 서울: 대한기독교서회, 2005.

한미라 외, 『기독교 교육 개론』, 서울: 대한기독교서회, 2006.

헨리 랙, 『존 웨슬리와 감리교의 부흥』, 김진두 옮김, 서울: 감리교신학대학교
출판부, 2001.

홍성철, 『불타는 전도자 존 웨슬리』, 서울: 도서출판 세북, 2005.

Erikson, Erik, *Childhood and Society*, New York: W, W, Norton, 1963.

Fowler, James W., *Becoming Adult, Becoming Christian*, San Francisco, CA: Hanper &
Row, 1984.

Levinson, Daniel J., *The Seasons of a Man's Life*, New York: Knoopf, 1978.

Newton, John, *Susanna Wesley and the Puritan Tradition in Methodism*, London: Epworth
Press, 2002.

Wesley, John, *A Plain Account of Christian Perfection*, Lodon: Epworth Press, 1968.

_____, *The Works of John Wesley*, ed., Thomas Jackson, vol. 14, Grand Rapids, MI:
Zondervan, 1958-59.

2. 정기간행물 및 미간행 학위논문

김국환, "신앙발달 이론의 한 유형으로서 종교적 판단 발달 이론,"「한국기독교
신학논총」, Vol. 21, 2001.

이지나, "어린이 기도와 하나님 이해에 관한 연구," 미간행 석사학위논문, 호서
대학교 연합신학전문대학원, 2006.

한미라, "청소년의 가치관 변화와 미래 인재교육의 방향," 한국인문사회과학회
추계학술대회 자료집, 2010.

Fowler, James W., "Faith and the Structuring of Meaning," ed., Christine
    Brusselams, *Toward Moral Religious Maturity*, Morristown: Silver Burdett
    Company, 1980.

Loder, James E. & Fowler, James W., "Conversations on Fowler's Stage of Faith and
    Loder's The Transformation Moment," *Religious Education* 77, 1982.

찾아보기(인명)

교회교육을 위한
은혜의 수단

2012년 11월 8일 1판 1쇄 발행

지은이 ㅣ 정택은
펴낸이 ㅣ 김영명
펴낸곳 ㅣ 삼원서원
　　　　주 소_ 강원 춘천시 사농동 809 롯데캐슬더퍼스트 104 - 401
　　　　전 화_ 070-8254 - 3538
　　　　이메일_ kimym88@hanmail.net
　　　　싸이월드_ http://club.cyworld.com/swlecturehall
등 록 ㅣ 제397-2009-7777
보급처 ㅣ 하늘유통
　　　　전화_ 031-947-7777
　　　　팩스_ 031-947-9735

ISBN　978-89-968401-3-8 03230

값 14,000원
※ 잘못된 책은 바꾸어 드립니다.